Claudia Weber

GENUSSTOUREN *durch die deutschen Weinregionen*

HÖHEPUNKT der Weinkultur

1
Die Höhepunkte der Weinkultur sind auf den Karten mit Ziffern gekennzeichnet.

A1
Die schönsten »Weinsichten« sind auf den Karten mit Buchstaben gekennzeichnet.

€

Preise für ein dreigängiges Menü ohne Getränke:
€€€€ ab 60 €
€€€ ab 35 €
€€ ab 25 €
€ bis 25 €

Hallwag

Inhalt

DIE SCHÖNSTEN *Weinsichten*

WISSENSWERTES ÜBER *Deutschlands Weinregionen* 174

ONLINE UNTERWEGS IN *Deutschlands Weinregionen* 184

Der Blick vom Staatsweingu
Meersburg reicht bis zu
den Alpen

WILLKOMMEN IM *Weinland Deutschland*

Die Rebhänge und Steillagen der deutschen Weinregionen sind so unterschiedlich wie die Weine, die sie hervorbringen.

Deutscher Qualitätswein wird in 13 unterschiedlichen Regionen angebaut. Rheinhessen ist mit über 26 900 Hektar bestockter Rebfläche das größte Anbaugebiet, danach folgen die Pfalz mit rund 23 700 Hektar und Baden mit 15 800 Hektar. Zu den kleinsten Regionen zählen Sachsen mit 490 Hektar, Mittelrhein mit 470 Hektar und Hessische Bergstraße mit 460 Hektar. Auf den insgesamt 103 000 Hektar Rebfläche nehmen Weißweinsorten mit rund 68 900 Hektar zwei Drittel der bundesweiten Gesamtrebfläche ein. Unter den weißen Rebsorten dominiert der Riesling mit knapp 25 Prozent der Anbaufläche; weltweit produzieren die deutschen Winzer sogar 40 Prozent aller Rieslingweine. Die wichtigsten deutschen Riesling-Anbaugebiete sind Pfalz mit 5 900 Hektar, Mosel mit 5 400 Hektar und Rheinhessen mit 4 900 Hektar. Im Rheingau nimmt der Riesling mit 2 500 Hektar fast 80 Prozent der Rebfläche ein. Müller-Thurgau, auch unter dem Namen Rivaner bekannt, nimmt deutschlandweit 11,5 Prozent ein, Grauburgunder 7 Prozent. Bei den Rotweinen führt Spätburgunder mit 11 Prozent den Sortenspiegel an, gefolgt von Dornfelder mit 7 Prozent. In Rheinland-Pfalz befinden sich rund zwei Drittel der deutschen Rebfläche sowie sechs der 13 Weinregionen: Ahr, Mittelrhein, Mosel, Nahe, Pfalz und Rheinhessen. Die größten Weinbau betreibenden

Gemeinden Deutschlands sind ebenfalls in der Pfalz zu finden: Landau und Neustadt an der Weinstraße.

Das Mikroklima macht's

Deutschlands Rebflächen liegen vorrangig im Bereich des 50. Breitengrads und südlich davon. Dass so weit nördlich überhaupt Qualitäts- und Prädikatsweine gedeihen, liegt an den geschützten Lagen, die Flüsse und Böden als Wärmespeicher nutzen und so ein ideales Mikroklima für den Weinbau bilden. Die meisten deutschen Spitzenlagen sind mit Riesling bestockt. Die anspruchsvolle, spät reifende Rebsorte, die Weine mit fruchtiger Säure hervorbringt, repräsentiert wie keine andere die deutsche Weinkultur.

Die Römer brachten die Reben

Weinreben kamen vermutlich mit den römischen Legionären an Mosel und Rhein. Während Kaiser Domitian im Jahr 92 n. Chr. den Weinbau außerhalb des römischen Kernlands noch verboten hatte, erlaubte Kaiser Probus im 3. Jahrhundert auch den Provinzen, Reben zu besitzen und Wein herzustellen. In Piesport an der Mosel wurde eine römische Kelteranlage ausgegraben, in der bereits vor 1700 Jahren bis zu 130 Arbeiter an die 60 000 Liter Wein im Jahr herstellten. Im pfälzischen Ungstein bei Bad Dürkheim fand man neben einem mehrgeschossigen Herrenhaus mit Thermenanlage und Stallungen auch einen Keltertrakt, in dem nicht nur Rebmesser und Weinbergshacken, sondern auch Traubenkerne gefunden wurden. Eine Untersuchung der Rebsamen ergab, dass die Römer am Fuß des Pfälzerwalds frühe Formen der Riesling-, Traminer- und Burgunderreben kultivierten.

Im Mittelalter waren es dann vor allem die Klöster, die die Weinbautradition pflegten. Auf dem Gebiet der Abtei Disibodenberg, wo im 12. Jahrhundert Hildegard von Bingen lebte und wirkte, wurden im Jahr 2005 die ältesten Weinreben auf deutschem Boden gefunden: fünf knorrige Weinstöcke der Rebsorte Orleans, die 500 bis 900 Jahre alt sind. In der Renaissance und im Barock übten auch die weltlichen Fürsten entscheidenden Einfluss auf den Weinbau aus. Davon zeugt noch heute das Riesenfass im Heidelberger Schloss, das für Kurfürst Karl Theodor von der Pfalz gebaut wurde und stolze 219 000 Liter Wein fasste. An den Lößnitzhängen bei Dresden feierte der sächsische Kurfürst August der Starke im Jagdschloss Hoflößnitz rauschende Feste, bei denen der Wein direkt aus dem angeschlossenen Weingut kam.

Weinkultur und Natur erleben

Seit 2010 zeichnet das Deutsche Weininstitut herausragende Kulturdenkmäler aus, die den Weinbau in den deutschen Anbauregionen repräsentieren. Geschichte und Tradition sind dabei genauso wichtig wie Innovation und Fortschritt. Neben den 52 »Höhepunkten der Weinkultur« werden auch die seit 2012 gekürten »Schönsten Weinsichten« vorgestellt, die zu Wanderungen durch die Kulturlandschaften der deutschen Weinbaugebiete einladen.

UNTERWEGS IN *Deutschlands Weinregionen*

Rebzeilen prägen die Landschaft am Fuß des südlichen Schwarzwalds, wie hier in Ballrechten-Dottingen.

Jede der deutschen Weinregionen hat ihre charakteristischen Eigenheiten. Mal sind es Steillagen an Flussschleifen, mal sanfte Hügel oder Terrassenweinberge.

Ahr

Schroffe Felsen und wildromantische Uferhänge begleiten die Ahr auf ihrem Weg durch Nordrhein-Westfalen und Rheinland-Pfalz von der Eifel in den Mittelrhein. Auf den Weinbergsterrassen wachsen Weine der Spitzenklasse.

Am Westrand des Ahrgebirges bei Blankenheim in der Eifel entspringt die Ahr. Bis zur Mündung in den Rhein zwischen Remagen-Kripp und Sinzig passiert sie traditionsreiche Weinorte wie Altenahr, Mayschoß, Rech, Dernau, Walporzheim, Bad Neuenahr-Ahrweiler und Heimersheim. In Jahrmillionen hat der Fluss das Rheinische Schiefergebirge fast senkrecht eingeschnitten. Besonders an der Mittelahr ist das Tal eng und das Ufer steil. Hier beginnt die Weinregion mit ihren sonnenverwöhnten Weinbergsterrassen an den Südhängen. Bei Rech weitet sich das Tal bis zum Felsvorsprung »Bunte Kuh« (s. S. 13), der den Übergang zur unteren Ahr markiert. Die eindrucksvolle Flusslandschaft mit den nach Süden hin abfallenden Rebflächen und den bewaldeten Nordhängen wird immer wieder von bizarren Felsformationen durchbrochen. Seltene Tiere wie Eisvogel und Wildkatze sind hier zu Hause, und auch botanisch gilt das Ahrtal als artenreichstes Gebiet im Rheinischen Schiefergebirge.

◀ Unterhalb der Saffenburg bei Mayschoß bringen steile Rebhänge, zerklüftete Terrassenweinberge und schroffes Schiefergestein die charakteristischen Ahrweine hervor.

Sonnenverwöhnte Südhänge

Mit rund 560 Hektar Anbaufläche umfasst die kleine Weinregion den Bereich Walporzheim/Ahrtal mit der Großlage Klosterberg und 40 Einzellagen. Im Regenschatten von Eifel und Hohem Venn heizen sich die steilen, felsigen Südhänge in der Sonne rasch auf. Die kargen Böden speichern die Wärme und geben sie nachts an die Reben ab. Wo sich das Tal weitet, sind die Flussterrassen mit fruchtbarem Löss überzogen.

Rotweinparadies

Mikroklima und Böden eignen sich hervorragend für den Anbau roter Reben. Mit weit über 80 Prozent ist ihr Anteil hier so hoch wie nirgendwo sonst in Deutschland. Unter den roten Rebsorten nimmt Spätburgunder gut 65 Prozent der Rebfläche ein; der »König der roten Reben« zeichnet sich an der Ahr vor allem durch Aromen von Kräutern und dunklen Beeren aus, hinzu kommt eine elegante mineralische Note. Daneben werden auch Portugieser, Dornfelder und die lokale Spezialität Frühburgunder angebaut. Weiße Sorten spielen im Rotweinparadies eine untergeordnete Rolle. Dennoch bringt die Region auch qualitätvolle Weißweine hervor; unter den zum Anbau zugelassenen weißen Rebsorten sind vor allem Riesling und Müller-Thurgau zu nennen.

Die ersten Reben wurden vor rund 2000 Jahren von den Römern in das abgelegene Seitental des Rheins gebracht. Später setzten die Klöster die Tradition des Weinanbaus fort. Der Spätburgunder kam jedoch erst nach dem Dreißigjährigen Krieg an die Ahr und wurde zunächst wie ein Weißwein verarbeitet. Seiner blassen Farbe wegen nannte man ihn »Ahrbleichert«. Von historischer Bedeutung ist auch die Gründung der weltweit ersten Winzergenossenschaft in Mayschoß im Jahr 1868.

(1) Winzergenossenschaft Mayschoß

Unter dem mächtigen Felsen der Saffenburg liegt der Weinort Mayschoß. Hier wurde am 20. Dezember 1868 die erste Winzergenossenschaft der Welt gegründet. Missernten, Schäden durch die Reblaus und politische Krisen hatten Weinbau und Weinhandel in eine schwere Notlage gebracht. In dieser Situation versprach die Gründung einer Winzergenossenschaft Hilfe zur Selbsthilfe. Die 18 Mayschoßer Gründungsmitglieder bekamen rasch Gesellschaft: 1881 zählte ihre Genossenschaft bereits 141 Winzer. Der Erfolg der Mayschoßer Winzer löste einen regelrechten Boom aus: Ende des 19. Jahrhunderts bestanden an der Ahr rund 20 weitere Winzergenossenschaften, die ihre Interessen gemeinsam vertraten. Heute sind rund 90 Prozent der Ahrwinzer genossenschaftlich organisiert.

Wiege der Winzergenossenschaften

Die inzwischen mit Winzern aus Altenahr und Walporzheim zur Winzergenossenschaft Mayschoß-Altenahr fusionierte Gemeinschaft umfasst aktuell rund 450 Mitglieder. Auf einer Rebfläche von etwa 150 Hektar bauen sie überwiegend rote Sorten

Die weltweit erste Winzergenossenschaft wurde 1868 in Mayschoß an der Ahr gegründet. Noch heute sind 90 Prozent der Ahrwinzer genossenschaftlich organisiert.

an, allen voran Spätburgunder, aber auch Frühburgunder, Portugieser und Domina. Unter den weißen Rebsorten dominiert der Riesling. Besonders stolz sind die Winzer auf ihren Blanc de Noirs aus Spätburgundertrauben, der wie ein Weißwein verarbeitet wird.

Besucher erhalten bei Führungen durch den historischen Holzfasskeller Einblick in die Geschichte der Winzergenossenschaft. Multimedia-Stationen runden das Informationsangebot über den Weinanbau und die Weinbereitung ab. Das angeschlossene Weinbaumuseum informiert mit seiner kleinen Ausstellung historischer Weinbaugeräte über den einstigen Arbeitsalltag der Ahrwinzer.

Wer durch die Weinberge hinauf zur Saffenburg wandert, wird mit einem herrlichen Ausblick auf das Saffenburger Ländchen belohnt. Die Burgruine aus dem 11. Jahrhundert wurde 1704 durch französische Truppen zerstört. An eine einstige Bewohnerin der Burg, die 1646 verstorbene Gräfin Katharina von der Mark, erinnert das Grabmal aus schwarzem Marmor in der Mayschoßer Pfarrkirche St. Nikolaus.

Winzergenossenschaft Mayschoß-Altenahr • Mayschoß, Ahrrotweinstr. 42 • Tel. 0 26 43/ 9 36 00 • www.wg-mayschoss.de • Weinprobe (nur nach Voranmeldung) mit Kellerführung und Weinbaumuseum ab 8,50 €

(2) Kloster Marienthal

Die Hundertseelengemeinde Marienthal liegt an der Mittelahr zwischen den Weinorten Walporzheim und Dernau. Reben schmiegen sich an die Steilhänge nördlich des Flusses. Das Ortsbild beherrscht die Ruine des ältesten Klosters im Ahrtal. Kloster Marienthal geht auf eine Stiftung der Grafen von Saffenburg aus dem nahen Mayschoß zurück. Um 1135 gründeten sie an den Hängen über der Ahr ein Augustinerinnenstift, in dem 40 Nonnen lebten und die umliegenden Landparzellen bewirtschafteten, darunter auch Weinberge. Während des Dreißigjährigen Kriegs wurde das Kloster zweimal geplündert – 1632 von schwedischen, 1646 von französischen Truppen. 1792 verließen die Nonnen das Kloster; seine Ausstattung ging an Kirchen in der Umgebung. Teile finden sich in der Pfarrkirche St. Nikolaus zu Mayschoß, der Altar steht heute in der Kirche von Arenberg in der Eifel.

Weinprobe im Gewölbekeller

Im Zuge der Säkularisation wurde das Marienthaler Klostergelände verkauft und wechselte mehrmals den Besitzer. 1925 zog die Staatliche Weinbaudomäne ein. Seit 2004 ist das Anwesen mit dem dazugehörigen Rebland Eigentum des »Weinguts Kloster Marienthal«. Von der Klosteranlage sind hauptsächlich die mächtigen Mauern der Kirche erhalten. Die mit Efeu bewachsene Ruine bildet heute einen stimmungsvollen architektonischen Rahmen für Veranstaltungen. Auch der Weinkeller mit seinen massiven Tonnengewölben stammt noch aus dem 12. Jh. Hier finden Weinproben statt, bei denen die Besucher neben gutseigenen Klosterweinen wie Cuvée Blanc, Cuvée Rouge, Spätburgunder Weißherbst und Spätburgunder Klostergarten auch Weine der Winzergenossenschaft Mayschoß-Altenahr, der Dagernova Ahr Weinmanufaktur, des Weinguts Meyer-Näkel und weiterer Partnerweingüter verkosten können. Das Weingut Kloster Marienthal veranstaltet auch Fassweinproben, Themenabende rund um den Wein sowie Wanderungen durch die zum Gut gehörenden Weinberge. Wer mehr wandern möchte, kann ein Stück

An der malerischen Ruine des Weinguts Kloster Marienthal führt der Rotweinwanderweg durchs Ahrtal vorbei.

des Rotweinwanderwegs zurücklegen; er führt an Kloster Marienthal vorbei und ist zum Teil als Weinlehrpfad angelegt. Ein beliebtes Ziel ist die »Bunte Kuh« (s. S. 13), eine Felsformation zwischen Marienthal und Walporzheim, von der aus man einen herrlichen Blick auf das Ahrtal hat.

Weingut Kloster Marienthal • Marienthal, Klosterstr. 3–5 • Tel. 0 26 41/9 80 60 • www.weingut-kloster-marienthal.de

③ Vinothek Jean Stodden

Für die gelungene Verbindung von Tradition und Fortschritt wurde die Vinothek des Rotweinguts Jean Stodden 2013 im Rahmen eines Architekturwettbewerbs als Höhepunkt der Weinkultur ausgezeichnet. Seit 1578 kultiviert die Winzerfamilie aus Rech bereits Reben im Ahrtal. Dieses Traditionsbewusstsein zu bewahren und gleichzeitig aufgeschlossen gegenüber Neuem zu sein, ist ein Balanceakt, der sich auch in der Architektur des Weinguts zeigt, insbesondere in der alten Lagerhalle, die die Stoddens zur repräsentativen Vinothek mit Räumen für Verkauf und Verkostung umbauen ließen.

Tradition und Innovation

Schlanke senkrechte Fensterstreifen strukturieren die nüchtern gehaltene Fassade und flankieren den Eingang in den Verkaufsraum. Die Innenarchitektur der Vinothek ist modern, doch keinesfalls kühl. Stein und Holz bestimmen das Ambiente und verströmen eine erdverbundene Atmosphäre, die sich auf das Essenzielle konzentriert: den Fels, auf dem die Reben wachsen, und das Holz der Eichenfässer, in dem die Weine reifen. Diese beiden Stoffe stellen die wesentlichen Elemente der architektonischen Gestaltung dar. So sind die Wände überwiegend mit Drahtkörben verkleidet, die mit Bruchsteinen aus den Weinbergen gefüllt wurden. Nicht weniger ungewöhnlich ist die Wandverkleidung aus Holz: Hierfür wurden in Parketttechnik Eichenholzlamellen aufbereitet, die nun als zeitgemäßes Wandpaneel mit dem traditionellen Schriftzug des Weinguts Jean Stodden kontrastieren. Der graubraune Steinfußboden, der beide Räume verbindet, nimmt sich bewusst zurück und lässt die Wände ihre volle Wirkung entfalten. Die schwer und massiv wirkenden Bruchsteinwände bilden einen spannungsreichen Kontrast zur Leichtigkeit der Möbel und zur teils verglasten Fassade. Die Transparenz setzt sich nach hinten hin fort: Während der Weinverkostung fällt der Blick durch die verglaste Wand auf die Edelstahltanks und Barriquefässer, in denen die Weine lagern.

»Die Weinberge sind das Pfund, mit dem wir wuchern können«, sagt Alexander Stodden. Seine preisgekrönten Spätburgunder bestätigen ihn, sobald sie ihre Aromen in der eindrucksvollen Atmosphäre der Vinothek entfalten – vor allem, wenn während der Verkostung das Feuer im Kamin knistert.

Jean Stodden – Das Rotweingut • Rech/Ahr, Rotweinstr. 7–9 • Tel. 0 26 43/30 01 • www.stodden.de

WUSSTEN SIE, DASS ...

... die »Bunte Kuh« die engste Stelle des Ahrtals markiert? Bei Walporzheim öffnet sie sich zur breiteren Talsohle der Unteren Ahr.

Erdverbunden und dennoch transparent: Stein, Holz und Glas bestimmen das Ambiente in der Vinothek des Rotweinguts Jean Stodden in Rech an der Ahr.

Ziele in der Umgebung

SEHENSWERTES

Die »Bunte Kuh«

In der Nähe von Walporzheim ragt die »Bunte Kuh« über das Ahrtal. Der kuriose Name bezeichnet eine Felsnase, die hoch über dem Fluss hervorspringt. Da der Fels nicht an eine Kuh erinnert, ranken sich allerlei Sagen um seinen Namen. Ein Deutungsversuch führt in die Zeit des Spanischen Erbfolgekriegs Anfang des 18. Jh. zurück: Französische Truppen sollen im Ahrtal den dortigen Wein als »bon de goût« (»gut im Geschmack«) bezeichnet haben, was von den Ahrwinzern als »Bunte Kuh« verstanden wurde. Oberhalb des Felsens liegt das Weinhaus »Zur bunten Kuh«, von dessen Gartenterrasse man einen einzigartigen Blick hat.

Weinhaus »Zur bunten Kuh« • Walporzheim/ Ahr, Marienthaler Str. 60 • Tel. 0 26 41/ 3 46 06 • www.weinhaus-bunte-kuh.de

Dernau

Wahrzeichen des größten Weinorts an der Ahr ist der Krausberg. Bei klarer Sicht sieht man von dort sogar den Kölner Dom. Wenn auf dem Aussichtsturm die weiße Fahne weht, ist die Wanderhütte auf dem Krausberg bewirtschaftet. In Dernau ist außerdem die größte Winzergenossenschaft der Region zu Hause, die Dagernova Ahr Weinmanufaktur.

www.krausberg-dernau.de

Golfclub Bad Neuenahr

Der einmalig gelegene Golfplatz auf den Höhen nordöstlich von Bad Neuenahr gehört mit seiner 18-Loch-Meisterschaftsanlage zu den Spitzenplätzen im Raum Köln-Bonn und sogar zu den »Leading Golf Courses of Germany«. Im renommierten Restaurant »Schönherr's am Köhlerhof« auf dem Gelände des Golfclubs sind auch Nicht-Golfer herzlich willkommen.

- **Golf- und Landclub Bad Neuenahr • Bad Neuenahr-Ahrweiler, Großer Weg 100 • Tel. 0 26 41/95 09 50 • www.glc-badneuenahr.de**
- **Schönherr's am Köhlerhof • Tel. 0 26 41/ 66 93 • www.schoenherrs-koehlerhof.de**

Rech

Das sehenswerte Wahrzeichen des alten Weindorfs im Saffenburger Ländchen ist die malerische Sankt-Nepomuk-Brücke, deren steinerne Bogen die Ahr überspannen. 1723 erbaut, überstand sie als einzige Ahrbrücke die große Flut von 1910 – vielleicht, weil der Brückenheilige sie beschützte. Rech liegt am Mittellauf der Ahr, ganz in der Nähe des reizvollen Abschnitts, wo der Fluss die engsten Schleifen zieht.

www.rech-weindorf.de

AKTIV UNTERWEGS

Ahrtalradweg

Vom Rhein bei Sinzig bis zur Quelle im Eifelort Blankenheim fährt man auf dem Ahrtalradweg »gegen den Strom« durch die wunderschöne Flusslandschaft. Weinbergsterrassen und zerklüftete Felswände wechseln sich mit Waldpartien und romantischen Burgruinen ab. In den Winzerdörfern gibt es Einkehrmöglichkeiten für jeden Geschmack. Wegen des geringen Gefälles ist der Radweg auch für Familien und Senioren bestens geeignet.

www.ahrweg.de

Vom Rotweinwanderweg zweigen Pfade in die Winzerorte im Ahrtal ab.

OUTDOOR-TIPP

Rotweinwanderweg

Über eine Strecke von 35 km verbindet der malerische Rotweinwanderweg die Weinorte zwischen Bad Bodendorf und Altenahr. Durch Weinberge und an bizarren Felsformationen vorbei bietet er zu jeder Jahreszeit spektakuläre Aussichten ins Ahrtal. Festes Schuhwerk empfiehlt sich. Gut ausgeschilderte Wege führen in die Winzergemeinden, wo die Wanderer sich in Weinstuben und Straußwirtschaften erholen können.
www.rotweinwanderweg.de

ESSEN UND TRINKEN

Brogsitter Sanct Peter

In Walporzheim lädt das historische Gasthaus seit 1246 seine Gäste ins Gourmetrestaurant Brogsitter, in die Weinkirche und in die Kaminstube. Kreative Feinschmeckerküche, regionale Spezialitäten und hochwertige Weine edler Herkunft genießt man im stilvollen Ambiente der traditionsreichen Mauern aus dem 13. Jh. Von 1246 bis 1805 gehörte das Anwesen als Gasthof und Weingut dem Kölner Domstift, dessen Domherren den vorzüglichen Ahrwein so sehr schätzten, dass sie ihm den Namen »Perle des Domschatzes« verliehen.
Bad Neuenahr-Ahrweiler, Walporzheimer Str. 134 • Tel. 0 26 41/9 77 50 • www.sanct-peter.de • €€€€

FESTE UND EVENTS

Weinmarkt der Ahr

An Pfingsten haben Besucher die einmalige Gelegenheit, Weine aus dem ganzen Ahrtal zu probieren. Beim Weinmarkt in der historischen Altstadt von Ahrweiler präsentieren Winzer und Genossenschaften nicht nur ihre Weine, sondern auch Sekte und Brände. Das Highlight des Markts ist die Krönung der neuen Ahrweinkönigin am Freitag vor Pfingsten.
Pfingstwochenende • www.ahrtal.de

Historisches Weinfest Heimersheim

In Heimersheim wird jedes Jahr im August das Mittelalter lebendig. Dann ziehen Ritter, Edelfrauen, Mönche und Hexen durch die Straßen. Spielleute, Trommler, Lautenschläger und Bärenführer sorgen für Unterhaltung und Livemusik. Bogenbauer, Töpfer und Käsemacher zeigen ihre Handfertigkeiten, und ein Mäuseroulette sorgt für Kurzweil. Die köstlichen Ahrweine fehlen natürlich auch nicht.
3. Wochenende im August • www.wir-für-heimersheim.de

WEITERE INFORMATIONEN

Im Weinkulturkalender des Deutschen Weininstituts finden Sie immer eine Auswahl der aktuellen weinkulturellen Highlights. Über Weinfeste und Events, Wander- und Radtouren, Winzer und Weinproben im Anbaugebiet Ahr informieren:

- **Ahrwein e. V. • Bad Neuenahr-Ahrweiler, Oberstr. 8 • Tel. 0 26 41/91 71 26 • www.ahrwein.de**
- **Ahrtal-Tourismus Bad Neuenahr-Ahrweiler e. V.• Bad Neuenahr-Ahrweiler, Oberstr. 8 • Tel. 0 26 41/ 9 17 10 • www.ahrtal.de**
- **Weinkulturkalender des DWI: www.deutscheweine.de (Tourismus)**

Baden

In der wärmsten Region Deutschlands, eingebettet in schützendes Gebirge, liegt das Weinbaugebiet Baden. An den sonnenverwöhnten Rebhängen herrschen optimale Bedingungen für hochwertige Weine.

Wie ein schmales, langes Band zieht sich die Weinbauregion Baden über 400 km rechts des Rheins entlang – vom Bodensee im Süden bis zur Badischen Bergstraße im Norden, wo sie ostwärts bis nach Tauberfranken reicht. Die Gebirgszüge der Vogesen, des Schwarzwalds, des Pfälzerwalds und des Odenwalds umgeben das Gebiet, in dem aufgrund der geschützten Lage und der intensiven Sonneneinstrahlung fast mediterrane Bedingungen herrschen.

Burgunderland

Das mit rund 16 000 Hektar Rebfläche drittgrößte Anbaugebiet Deutschlands ist in neun Bereiche, 16 Großlagen und 306 Einzellagen gegliedert. Die südlichen Bereiche sind Bodensee, Markgräflerland, Tuniberg, Breisgau und Kaiserstuhl, die wärmste Region Deutschlands. Richtung Norden folgen Ortenau, Kraichgau und Badische Bergstraße, nach Nordosten Tauberfranken. Ausreichende Sommerniederschläge, Schutz vor kalten Winden und die Sonneneinstrahlung bieten

◀ **Zu Füßen der Burg von Staufen im Breisgau findet Anfang August das Markgräfler Weinfest statt.**

optimale Bedingungen für den Weinbau. Als einziges deutsches Weinbaugebiet gehört Baden zur EU-Weinbauzone B – alle anderen deutschen Regionen gehören zur kühlsten Zone A. Für die badischen Winzer bedeutet dies, dass ihr Wein ein höheres natürliches Mindestmostgewicht aufweisen muss. Baden ist ein Burgunderland: Spät-, Grau- und Weißburgunder machen gut die Hälfte der angebauten Sorten aus. Beim Spätburgunder zählt Baden sogar zu den bedeutendsten Anbaugebieten der Welt. Dank der vielfältigen Böden – Wärme speichernder Moränenschotter am Bodensee, Muschelkalk und Keuper im Kraichgau und an der Tauber, Kalk-, Ton- und Mergelböden, riesige Lössablagerungen, vulkanische Böden am Kaiserstuhl und im Markgräflerland – gedeihen auch Müller-Thurgau, Grauburgunder, Weißburgunder, Riesling, Silvaner, Traminer und die regionale Spezialität Gutedel.

Von der Bergstraße zum Bodensee

Der Weinbau in Baden geht auf die Römer zurück. Sie hatten vor über 2000 Jahren westlich des Rheins mit dem Anbau begonnen. Von dort breitete sich der Anbau über die Oberrheinische Tiefebene ostwärts aus. Bereits im 1. Jh. n. Chr. sollen im heutigen Baden die ersten Reben gepflanzt worden sein; urkundlich belegt ist der Weinbau seit dem 8. Jh. Von der langen Tradition zeugen über 100 Weinfeste, zahlreiche Lehrpfade und Themenwanderwege – und natürlich die vielen Weinlokale. Auch international genießen die hochwertigen Weine aus Baden größte Wertschätzung und haben auf der ganzen Welt Freunde gefunden.

4 Vineum Bodensee

In den Räumen des ehemaligen Heilig-Geist-Spitals in Meersburg ist seit 2016 das »Vineum Bodensee« zu Hause – ein außergewöhnliches Museum, das zu einem interaktiven Rundgang durch die Kulturgeschichte des Weins einlädt. Im Eingangsbereich werden die Besucher vom »Heilig-Geist-Torkel« begrüßt. Das mächtige, hölzerne Prachtstück stammt aus dem Jahr 1607 und ist eine der ältesten und größten noch funktionsfähigen Weinpressen Europas.

Museum für alle Sinne

Das neugestaltete Weinmuseum wartet mit einem innovativen Konzept auf, das alle Sinne anspricht. Interaktive Stationen laden zum Ausprobieren und Mitmachen ein, darunter Weindispenser, an denen man den Rebensaft der Region kosten kann, und Duftamphoren, die die typischen Aromen des Bodenseeweins erlebbar machen. Verschiedene Themenräume stellen den Wein als Heil-, Genuss- und Rauschmittel vor. Darüber hinaus wird anschaulich und unterhaltsam die Geschichte des Weins vermittelt – vom Anbau über die Herstellung bis zum Verzehr.

Vineum Bodensee • Meersburg, Vorburggasse 11 • Tel. 0 75 32/44 02 61 • www.vineum-bodensee.de • Eintritt 7 €

5 Insel Reichenau

So malerisch wie heute hat die Reichenau im Jahr 724 sicherlich nicht ausgesehen. Als Wandermönch Pirminius die Insel

Sehen, fühlen, hören, riechen, schmecken – das Vineum Bodensee (s. S. 17) versteht sich als Museum für alle Sinne.

erreichte und dort ein Benediktinerkloster gründete, glich sie eher einem Urwald. Bereits 818 pflanzte Abt Hatto I. die ersten Reben, die so prächtig gediehen, dass ein Jahrhundert später Rebleute auf die Insel geholt wurden, um die Arbeit bewältigen zu können. Doch nicht allein der Wein machte die nur 4 x 1,5 km große Insel berühmt – im Mittelalter war die Reichenau mit ihren zahlreichen Kirchen und Klosteranlagen ein bedeutendes kulturelles Zentrum. Etliche Kirchen und Wandmalereien sind erhalten und können besichtigt werden. Seit dem Jahr 2000 zählt die Reichenau zum Weltkulturerbe der UNESCO.

Wo im Wasser Wein entsteht

Über Jahrhunderte war der Weinbau die wirtschaftliche Grundlage der Inselbewohner. Das milde Bodenseeklima mit seinen geringen Temperaturschwankungen bietet dafür beste Bedingungen. Später kam der Gemüseanbau als weiterer Wirtschaftszweig hinzu. Doch auch das günstige Klima schützte die Bewohner der Reichenau nicht vor Rückschlägen. So kam es im 19. Jh. wiederholt zu Schädlingsbefall und Missernten, die die Existenz der Winzer bedrohten. Daraufhin gründete der Reichenauer Pfarrer Meinrad Meier 1896 mit 62 Winzern den Winzerverein Reichenau. Badens kleinste selbstständige Winzergenossenschaft bewirtschaftet heute rund 22 Hektar Rebfläche – 1913 waren es noch 140 Hektar. Die neue Vinothek im historischen Weinkeller befindet sich beim Münster St. Maria und Markus in Mittelzell, direkt im Durchgang zum Klosterhof.

– **Tourist-Info • Reichenau, Pirminstr. 145 • Tel. 0 75 34/9 20 70 • www.reichenau-tourismus.de**

– **Winzerverein Insel Reichenau e. G. • Reichenau, Münsterpl. 2a • Tel. 0 75 34/ 2 93 • www.winzerverein-reichenau.de**

6 Das Große Fass im Heidelberger Schloss

Größer als jedes andere Fass auf Erden sollte es werden, das Weinfass des Pfalzgrafen Johann Kasimir. Nach dem Tod seines Bruders, Kurfürst Ludwigs VI. von der Pfalz, übernahm er 1583 als Vormund seines neunjährigen Neffen Friedrich die Regentschaft über die Kurpfalz. Der Landauer Küfer Michael Werner wurde mit dem Bau des Fasses beauftragt. Nach mehrjähriger Arbeit stellte er 1591 ein Fass fertig, in das 127 000 Liter Wein passten. Es war so gigantisch, dass im Heidelberger Schloss erst ein passender Lagerraum gebaut werden musste: der Fassbau unmittelbar neben dem Königssaal. Das war vor allem bei großen Festen praktisch, denn so konnte schnell für Nachschub gesorgt werden, wenn der Wein in den Gläsern knapp wurde. »Fürwahr, dieses Werk ist bei Gott wert, dass man's besichtigt, wenn sich eine passende Gelegenheit ergibt. Solch ein Gefäß mit so großer Gabe des Weinstocks, glaub ich, gibt's nicht, so weit der riesige Erdkreis reicht«, schrieb Pfarrer Anton Praetorius, der das überdimensionale Fass 1595 besichtigte. Welchem Zweck es diente, ist unklar; möglicherweise war es für den Zehntwein der Kurpfalz bestimmt.

Knapp 222 000 Liter Fassungsvermögen

Zwischen 1618 und 1648 wurde das Johann-Kasimir-Fass im Dreißigjährigen Krieg zerstört und das Holz verfeuert. Daraufhin gab Kurfürst Karl Ludwig 1664 ein noch größeres Fass in Auftrag. Das 195 000 Liter fassende Karl-Ludwig-Fass war oben sogar von einem Tanzboden überdeckt. Zwar überstand es die Zerstörungen des Schlosses 1688/89 und 1693, doch die nötigen Reparaturen waren nicht sonderlich erfolgreich. So wurde im Jahr 1728 das dritte Fass gebaut – mit 202 000 Litern Fassungsvermögen noch größer als seine Vorgänger, jedoch leider undicht. Sein Auftraggeber, Kurfürst Karl Philipp, brachte aus Tirol einen 100 kg schweren Kleinwüchsigen mit großem

Kloster Reichenau war schon zur Zeit Karls des Großen bedeutend – nicht nur wegen des Weinbaus, den die Mönche auf die Insel brachten.

An die 222 000 Liter Wein passten ursprünglich in das Riesenfass im Heidelberger Schloss. Gefüllt wurde es aber nur dreimal – weil es undicht war.

Durst mit. Der trinkfreudige Mann, der als Hofmeister und Mundschenk im Dienst des Kurfürsten stand, soll auf die Frage, ob er das Fass allein austrinken könne, geantwortet haben: »Perché no?« – »Warum nicht?« Das brachte ihm den Spitznamen Perkeo ein. Sein Denkmal steht heute neben dem Großen Fass, das bereits das vierte seiner Art ist. Es entstand 1751 unter Kurfürst Karl Theodor und hatte ein Volumen von 221 726 Litern. Leider war es genauso undicht wie sein Vorgänger und soll nur dreimal befüllt worden sein.

Inzwischen ist sein Fassungsvermögen um über 2700 Liter gesunken, da das Holz eingetrocknet ist. Dennoch ist das Große Fass im Kellergewölbe des Heidelberger Schlosses ein Publikumsmagnet und lockt jedes Jahr rund eine Million Besucher an. Sehenswert ist auch die weltberühmte Schlossruine, von der man einen herrlichen Blick auf Heidelberg und das Neckartal hat. Neben Themenführungen für jeden Geschmack lohnt sich ein Besuch des Schlossgartens und des Deutschen Apothekenmuseums. Das Schloss ist bequem per Bergbahn zu erreichen. Wer gut zu Fuß ist, kann von der Talstation in der Altstadt den gepflasterten Burgweg nutzen – zum Schloss sind es nur wenige Gehminuten.

Heidelberger Schloss • Besucherzentrum • Tel. 0 62 21/53 84 72 • www.schloss-heidelberg.de • Eintritt 7 € (Kombikarte für Bergbahn, Schlosshof, Großes Fass, Apothekenmuseum), Führungen ab 6 €

7 Vulkanfelsgarten Winklerberg

Mitten im Kaiserstuhl, nicht weit von Freiburg entfernt, gibt es einen wahrlich exotischen Flecken. Zwischen den steilen Weinbergen des Ihringer Winklerbergs wachsen wilde Feigenkakteen mit süßsauren Früchten, und auf den Trockenmauern sonnen sich seltene Smaragdeidechsen. Man findet Orchideen, Gottesanbeterinnen und Rotflügelige Ödlandschrecken, die in Deutschland ebenfalls sehr rar sind. Den ungewöhnlichen Tieren und Pflanzen bieten das milde Klima und die Lavaböden eines vor 15 Millionen Jahren erloschenen Vulkans den optimalen Lebensraum.

Verwinkelte Rebterrassen

Hier gedeiht auch, was Deutschlands wärmsten Flecken berühmt gemacht hat: der edle Kaiserstühler Wein. Die erste urkundliche Erwähnung des am Kaiserstuhl gelegenen Winzerorts Ihringen stammt aus dem Jahr 962 und erwähnt bereits den Weinanbau. Den gab es dort aber vermutlich schon viel länger. Der Winzer Georg Ernst Lythin pflanzte 1813 die ersten Burgunder-, Traminer- und Muskatellerrebstöcke. Bis heute gedeihen sie an den steilen Terrassenhängen hervorragend, und das Vulkangestein verleiht ihnen ihre spezielle vulkanische Geschmacksnote. Mit rund 750 Hektar bewirtschafteter Rebfläche gehört Ihringen zu den größten Weinorten in Baden-Württemberg. Seine berühmteste Lage ist der Winklerberg, der seinen Namen der verwinkelten Rebanlage verdankt. Auf dem Winklerberg ist viel Arbeit von Hand nötig, da die steile Anlage so gut wie gar nicht mit Maschinen bearbeitet werden kann. Wer den Winklerberg selbst erkunden will, kann dies auf dem beschilderten Rundweg »Vulkan-

Ihringens berühmteste Lage: der Winklerberg mit seinen verwinkelten Weinbergen

Puristische Ästhetik am Fuße des Enselbergs: Wie in der Architektur geht das Weingut Abril auch in der nachhaltigen Erzeugung ökologischer Spitzenweine neue Wege.

felsgarten-Pfad«, der an einer Infotafel an der Kreuzung Winklerberg/Achkarren beginnt. Beim Aufstieg hat man einen grandiosen Blick bis zu den Vogesen, zum Schwarzwald und zum Schweizer Jura. Für den 2,4 km langen Weg sollte man gutes Schuhwerk tragen und etwa eineinhalb Stunden Gehzeit einplanen.

Tourist-Info • Ihringen am Kaiserstuhl, Bachenstr. 38 • Tel. 0 76 68/93 43 • www.ihringen-touristik.de, www.kaiserstuhl.eu

8 Weingut Abril

Am Fuße des Enselbergs, einer der Spitzenlagen am Kaiserstuhl, hebt sich der langgestreckte Bau des Weinguts Abril bei Bischoffingen in warmem Rotbraun vom Grün des Reblands ab. Um die Fassade aus korrodiertem Cortenstahl läuft ein Metallband mit knorrigem Weinrebendekor. Die klare Linienführung des Außenbaus setzt sich im Inneren fort. Dort geben großzügige, lichtdurchflutete Raumfluchten mit breiten Fensterbändern den Blick frei – nicht nur auf die Weinberge des Kaiserstuhls, sondern auch über die Rheinebene auf das Elsass und die Vogesen.

Hauptsache, ökologisch!

Herzstück des Weinguts – Kelterhaus und Pressenraum – liegen unter der Erde, wo auch Tank- und Flaschenlager, Barriquelager und Holzfasskeller untergebracht sind. Respekt vor der Natur ist oberster Leitsatz, bei der Arbeit im Weinberg und beim Ausbau der Weine im Keller. Daher ist es nur konsequent, dass das Weingut kontrolliert ökologisch und nachhaltig bewirtschaftet wird. Zum Sortenspiegel gehören Spätburgunder, Weißburgunder, Grauburgunder, Muscaris, Blauer Silvaner, Chardonnay, Müller-Thurgau und Scheurebe.

Weingut Abril • Vogtsburg-Bischoffingen im Kaiserstuhl, Am Enselberg 1 • Tel. 0 76 62/ 9 49 32 30 • www.weingut-abril.de

WUSSTEN SIE, DASS ...

... »Winzerweckle« ein traditionelles Gericht der Winzerküche im Markgräflerland sind? Die Zubereitung ist einfach: rohen Schinken würfeln und mit geriebenem Hartkäse und Schmand verrühren, auf ein Stück Bauernbrot streichen und überbacken. Wer's vegetarisch mag, ersetzt den Schinken durch Zwiebelwürfel.

Ziele in der Umgebung

SEHENSWERTES

Mummelsee

Um den geheimnisvoll dunklen Bergsee ranken sich verschiedene Sagen. Eine, nach der in der Nacht schöne Seejungfrauen, die Mümmlein, aus dem Wasser steigen und tanzen, hat Eduard Mörike im Jahr 1829 zu seiner Ballade »Die Geister am Mummelsee« inspiriert. Der Mummelsee liegt am Fuß der Hornisgrinde, dem höchsten Berg des Nordschwarzwalds. Um den See herum führt ein Rundwanderweg mit Werken zeitgenössischer Künstler.

Berghotel Mummelsee • Seebach/Mummelsee, Schwarzwaldhochstr. 11 • Tel. 0 78 42/ 9 92 86 • www.mummelsee.de

Am Fuß der Hornisgrinde, dem höchsten Berg des Nordschwarzwalds, liegt der sagenumwobene Mummelsee.

Der Türmersturm (hinten) ist das Wahrzeichen von Tauberbischofsheim.

Freiburg im Breisgau

Rund um das Freiburger Münster plätschern die »Bächle« durch die Altstadt – kleine Wasserläufe, die mit Flusswasser aus der Dreisam gespeist werden. Im 12. Jh. haben sie die Bewohner mit Wasser versorgt, heute sind sie vor allem im Sommer eine willkommene Erfrischung für müde Füße. Unter den unzähligen Sehenswürdigkeiten ragen neben dem Münster das Historische Kaufhaus und die Stadttore hervor, aber auch hochmoderne Architektur wie die Universitätsbibliothek oder das zum Augustinermuseum gehörende Haus der Graphischen Sammlung. Im Colombipark kann man im Schatten alter Kastanien entspannen, und vom Schlossberg hat man einen fantastischen Blick über die Stadt und ihre Umgebung.

Tourist-Info am Rathausplatz, Freiburg • Tel. 07 61/3 88 18 80 • www.visit.freiburg.de

Müllheim im Markgräflerland

Im Herzen des Markgräflerlands empfängt Müllheim seine Besucher mit südlichem Flair. Das Markgräfler Museum im feinen Blankenhorn-Palais informiert über die Geschichte der Region und ihren Weinbau. Bei den geführten Thementouren ist für jeden etwas dabei, vom Schlemmer bis zum Gruselfan. Zu den Höhepunkten im Veranstaltungskalender zählt der jährliche Weinmarkt im April – der älteste Badens. Wer mag, kann den Müllheimer Winzern bei der Arbeit über die Schulter schauen und mit anpacken. Oder die Rebenhügel zwischen Südschwarzwald und Rheinebene auf Rundwanderwegen erkunden. Deutschlands einziges Weinetikettenmuseum befindet sich im nahen Zunzingen.

Tourist-Info • Müllheim, Wilhelmstr. 14 • Tel. 0 76 31/80 15 00 • www.muellheim-touristik.de

Tauberbischofsheim

Wo die Romantische Straße auf das liebliche Taubertal trifft, liegt die Weinstadt Tauberbischofsheim. Fränkische Fachwerkhäuser säumen die verwinkelten Gassen der Altstadt, die man beim Rundgang mit »Büschemer« Originalen – vom Nachtwächter über die »Bürgersfraa« bis zur Winzerin – kennenlernen kann. Highlight der Stadtführung ist die Besteigung des Türmersturms. Er ist das 28 m hohe Wahrzeichen der Stadt und der ideale Aussichtspunkt über Tauberbischofsheim, das Taubertal und die Weinberge im Bereich Tauberfranken.

Tourist-Info • Tauberbischofsheim, Marktpl. 8 • Tel. 0 93 41/8 03 33 • www.tauberbischofsheim.de

Vogtsburg im Kaiserstuhl

Die alten Winzerorte Achkarren, Bickensohl, Bischoffingen, Burkheim, Oberbergen, Oberrotweil und Schelingen haben sich 1975 zur Stadt Vogtsburg im Kaiserstuhl zusammengeschlossen. Mit ihren rund 1400 Hektar Rebfläche bilden sie die größte Weinbaugemeinde Baden-Württembergs. In der alten Zehntscheuer von Achkarren ist das Kaiserstühler Weinbaumuseum zuhause. In Burkheim beherbergt der Weinkeller eines historischen Winzerhauses das Kaiserstühler Korkenziehermuseum, das einzige seiner Art in Deutschland; die kuriose Sammlung präsentiert 800 Korkenzieher, von Raritäten aus dem 18. Jahrhundert bis hin zum zeitgenössischen Designerstück.

Tourist-Info • Vogtsburg-Oberrotweil, Bahnhofstr. 20 • Tel. 0 76 62/8 12 62 • www.vogtsburg.de

Badische Weinstraße

Von Laudenbach an der Bergstraße bis Weil am Rhein nahe der Schweizer Grenze führt die Badische Weinstraße über 440 km durch sieben der neun Weinbaubereiche Badens. So abwechslungsreich die Landschaft ist, so vielfältig sind die Möglichkeiten, sie zu erkunden. Das Angebot reicht von Wanderungen zu Fuß über Touren mit dem Segway, Fahrrad,

Das archäologische Freilichtmuseum in Unteruhldingen (s. S. 26) zeigt, wie die Menschen vor 6000 Jahren am Bodensee lebten: auf Pfahlbauten über dem Wasser.

E-Bike oder Mountainbike bis hin zu Fahrten mit dem Cabrio, Unimog oder Jeep. Noch reichhaltiger ist das gastronomische Angebot, das von Straußwirtschaften über Weinstuben bis zu Gourmettempeln reicht.

Infos und Tourenvorschläge: Tel. 07 61/ 8 96 46 88 • www.badische-weinstrasse.de

AKTIV-TIPP

Badischer Weinradweg

Im äußersten Süden von Baden, in Grenzach-Wyhlen am Dreiländereck von Schweiz, Frankreich und Deutschland, beginnt der Badische Weinradweg, der über 460 km nach Norden führt und in Laudenbach, 9 km nördlich von Weinheim, endet. Die Route ist in acht Etappen gegliedert, die zwischen 43 und 78 km lang sind. Unterwegs radelt man durch die unterschiedlichen Landschaften der Weinbaubereiche Markgräflerland, Kaiserstuhl, Tuniberg, Breisgau, Ortenau, Kraichgau und Badische Bergstraße. Überall laden Winzerhöfe, Vinotheken, Weinstuben und Straußwirtschaften zum Ausschnaufen und Verkosten ihrer Weine ein. Übernachten kann man in schicken Weinhotels, urigen Winzerhöfen oder Bett&Bike-Unterkünften.

Karte: www.schwarzwald-tourismus.info • digitale Route: www.touren-schwarzwald.info

MUSEEN

Freilichtmuseum Vogtsbauernhof

Wie haben die Menschen im Schwarzwald früher gelebt? Und wovon? Was haben sie gearbeitet? Welche Trachten haben sie getragen? Und warum waren ihre Betten so kurz? Diese und viele weitere Fragen beantwortet Baden-Württembergs größtes Freilichtmuseum. Die Gebäude, vom Vogtsbauernhof bis zum Tagelöhnerhäuschen, können ebenso besichtigt werden wie Bauerngärten, Ställe, Backöfen, Mühlen, Sägen etc. Am ältesten ist das Schlössle von Effringen, ein herrschaftliches Anwesen aus dem Jahr 1379.

Schwarzwälder Freilichtmuseum Vogtsbauernhof • Gutach • Tel. 0 78 31/9 35 60 • www.vogtsbauernhof.de • Eintritt 10 €

Pfahlbaumuseum Unteruhldingen

Das 1922 eröffnete Pfahlbaumuseum führt die Besucher in die Stein- und Bronzezeit. Es lädt zu einer Reise in die Vergangenheit ein und zeigt, wie die Menschen vor 6000 Jahren am und buchstäblich im Bodensee siedelten. Die Pfahlbauten wurden so originalgetreu wie möglich rekonstruiert und geben einen lebendigen Eindruck vom beschwerlichen Leben ihrer Bewohner. In den Ausstellungsräumen des Museums sind spektakuläre Originalfunde und wechselnde Begleitausstellungen zu sehen.

Pfahlbaumuseum Unteruhldingen • Uhldingen-Mühlhofen, Strandpromenade 6 • Tel. 0 75 56/92 89 00 • www.pfahlbauten.de • Eintritt 10 €

AKTIV UNTERWEGS

Markgräfler Wiiwegli

Das »Wiiwegli« (alemannisch für Weinweglein) ist ein 90 km langer Wanderweg über die sanften Hügel des Markgräflerlands.

Eins der Highlights auf dem Badischen Weinradweg: der Texas-Pass zwischen den Kaiserstuhlorten Oberbergen und Kiechlinsbergen

Die Route verläuft, mal leicht, mal mittelschwer, von Grenzach-Wyhlen nach Freiburg. Die herrliche Landschaft zwischen Südschwarzwald und Rheinebene lässt sich in fünf Tagestouren durchwandern. Eine rote Raute mit gelber Weintraube dient als Wegweiser. Auf dem Wiiwegli kann man das ganze Jahr über wandern, besonders empfehlenswert ist es im Frühjahr zur Obstbaumblüte und im Herbst zur Weinlese. Unterwegs laden Straußwirtschaften, Weingüter und Winzerstuben zur Einkehr ein.

Schwarzwald Tourismus • Tel. 07 61/89 64 60 • www.schwarzwald-tourismus.info (mit Tourdaten und GPS-Track zum Download)

Museumszug Rebenbummler

Gemütlich schnaufend zuckelt der »Rebenbummler« mit historischer Dampflok ab Endingen durch die Weinberge am Kaiserstuhl. In der Ferne sind Belchen, Schauinsland und der Breisacher Münsterberg zu sehen, bevor man nach 26 km in der »Holzklasse« oder im gemütlichen Barwagen die Altstadt von Breisach erkunden kann. Von Mai bis Dezember gibt es Erlebnisfahrten mit unterschiedlichen Themenschwerpunkten, darunter auch »Rollende Weinproben«.

Kaiserstühler Verkehrsbüro • Tel. 0 76 42/ 68 99 90 • www.rebenbummler.de

Weinwanderweg Letzenberg

Im Nordwesten des Kraichgaus, nördlich des Weinorts Malsch, erhebt sich der Letzenberg, von dem aus man einen herrlichen Rundblick hat: auf den Odenwald im Norden, den Schwarzwald im Süden, den Pfälzerwald im Westen und das Kraichgauer Hügelland im Osten. Wo im Jahr 1525 der Bauernkrieg im

Hochstift Speyer begann, steht heute eine neoromanische Wallfahrtskapelle. Um den rebenbewachsenen Letzenberg verläuft ein gut 7 km langer Weinwanderweg. Infotafeln entlang der Strecke informieren über die angebauten Rebsorten, die Arbeit der Winzer im Jahresverlauf, die Geschichte des Weinbaus in Malsch, Baden u. v. m. Die örtlichen Weingüter laden zur Weinprobe; in den Gasthäusern und Besenwirtschaften kann man sich nach der Wanderung stärken.

Infos zum Wanderweg und zum Weinort Malsch (bei Wiesloch): Gemeinde Malsch • Tel. 0 72 53/9 25 20 • www.malsch-weinort.de • Tourdaten: www.outdooractive.com

ESSEN UND TRINKEN

Schwarzer Adler

Weit über die Region hinaus bekannt ist das zum Weingut Franz Keller gehörende Restaurant »Schwarzer Adler«, das französische Einflüsse mit der vielgerühmten badischen Kochkunst verbindet. Stilvolle Gastlichkeit und persönliche Weinberatung ergänzen den zeitgenössisch interpretierten kulinarischen Charakter des Hauses im Herzen des Weinorts Oberbergen im Kaiserstuhl.

Badbergstr. 23, Vogtsburg-Oberbergen • Tel. 0 76 62/9 33 00 • www.franz-keller.de • €€€€

Zehners Stube

Im historischen Rathaus von Pfaffenweiler im Schneckental, 10 km südwestlich von Freiburg, befindet sich heute ein klassisch-elegantes Gourmetrestaurant, dessen Küchenchef Friedrich Zehner als »König der Soßen« gilt. Im einstigen Bürgersaal mit Kreuzgewölbe gibt es edle badische Weine zu den Kreationen des mit einem Guide-Michelin-Stern ausgezeichneten Küchenkünstlers.

Pfaffenweiler, Weinstr. 39 • Tel. 0 76 64/ 62 25 • www.zehnersstube.de • €€€€

Jägersteig

Vorzügliche badische Küche und eine traumhafte Sicht bis zu den Vogesen bietet das Restaurant Jägersteig in Bühl unterhalb der romantischen Burgruine Windeck.

Bühl, Kappelwindeckstr. 95a • Tel. 0 72 23/ 9 85 90 • www.jaegersteig.de • €€€

Zur Lilie

Zwischen Ihringen und Wasenweiler zweigt der Weg ab ins idyllische Liliental. Dort befindet sich im ehemaligen Gutsverwalterhaus das Gasthaus »Zur Lilie«, in dem gutbürgerliche badische Küche zeitgemäß interpretiert wird. Dazu passen die Weine der Kaiserstühler Weingüter perfekt.

Ihringen, Lilienhof 5 • Tel. 0 76 68/ 9 95 63 93 • www.lilie-lilienthal.de • €€

FESTE UND EVENTS

Mittelalterliche Winzertage Steinbach

Im Juni werden vor der malerischen Fachwerkkulisse des Baden-Badener Stadtteils Steinbach die Mittelalterlichen Winzertage veranstaltet. Dann finden im »Städtl« rund um die 750 Jahre alte Stadtmauer Ritterspiele, Theateraufführungen und Autorenlesungen statt. Sportlicher Höhepunkt des dreitägigen Fests ist das Marktschesenrennen um die Kirche. Was es damit auf sich hat, fragt man am besten einen Einheimischen. Zu den kulinarischen Spezialitäten der

Region wird eine große Vielfalt badischer Weine angeboten.
Veranstaltungszeit: Anfang bis Mitte Juni • Mittelalterliche Winzertage Steinbach • Baden-Baden, Steinbacher Str. 55 • Tel. 0 72 23/93 12 60 • www.winzertage-steinbach.de

Freiburger Weinfest

Anfang Juli steht Freiburg eine Woche lang im Zeichen des Weinfests. Vor der traumhaften Kulisse des Freiburger Münsters präsentieren sich Winzergenossenschaften und Weingüter der Region. Außer einer üppigen Auswahl an Weinen wird badische Küche angeboten, beim abendlichen Fest immer begleitet von Livemusik unterschiedlichster Stilrichtungen.
Anfang Juli • Freiburg Wirtschaft Touristik und Messe • Tel. 07 61/38 81 01 • www.weinfest.freiburg.de

Kurpfälzisches Winzerfest

Ende August feiern die Kurpfälzer zehn Tage lang ausgelassen das Winzerfest in Wiesloch. Auf dem Festplatz bei der Eisweinhalle reihen sich Buden und Fahrgeschäfte um weiße Pagodenzelte. Ein paar Schritte weiter, im Gerbersruhpark, präsentieren Kurpfälzer Weingüter ihre Erzeugnisse im gemütlichen Weindorf. Am Eröffnungsabend werden die »Kurpfälzischen Weinhoheiten« gekrönt; am zweiten Winzerfestsamstag steht die Wieslocher Innenstadt ganz im Zeichen von »Wein und Markt«, und zum krönenden Abschluss des Winzerfestes gibt es ein eindrucksvolles Feuerwerk.
Veranstaltungszeit: Ende August/Anfang September • Stadt Wiesloch • Tel. 0 62 22/8 40 • www.wiesloch.de

Nach der Weinwanderung kann man an der Letzenbergkapelle ausruhen und die Aussicht genießen.

WEITERE INFORMATIONEN

Im Weinkulturkalender des Deutschen Weininstituts finden Sie immer eine Auswahl der aktuellen weinkulturellen Highlights. Über Weinfeste und Events, Wander- und Radtouren, Winzer und Weinproben im Anbaugebiet Baden informieren:

- **Badischer Wein GmbH • Baden-Baden, Mauerbergstr. 32 • Tel. 0 72 23/ 8 30 30 77 • www.badischerwein.de**
- **Badischer Weinbauverband e. V. • Freiburg, Merzhauser Str. 115 • Tel. 07 61/45 91 00 • www.badischer-weinbauverband.de**
- **Weinkulturkalender des DWI: www.deutscheweine.de (Tourismus)**

Franken

Sanft geschwungene Hügel und steile Felsen säumen die Ufer des Mains und seiner Nebenflüsse. Hier gedeiht der Frankenwein, der nicht nur mit Bocksbeutel und Silvaner für Aufsehen sorgt.

Zwischen Rhön und Taubertal, Spessart und Steigerwald liegt die Weinregion Franken. Die meisten Rebflächen des Anbaugebiets erstrecken sich beiderseits des Mains, darum hat der Ausspruch »Mainfranken ist Weinfranken« durchaus seine Berechtigung. Innerhalb der fränkischen Schichtstufenlandschaft ziehen sich die Weinberge über knapp 100 km von Schweinfurt im Osten bis Aschaffenburg im Westen. Als Erkennungsmerkmal des Frankenweins gilt der Bocksbeutel, eine Flachkugelflasche mit kurzem Hals. Den ältesten bekannten Vorläufer dieser charakteristischen Form präsentiert das Museum für Franken (s. S. 46): ein keltisches Tongefäß aus der Zeit um 1400 v. Chr., das in Wenigumstadt bei Aschaffenburg gefunden wurde. Heute steht der Bocksbeutel für Wein gehobener Qualität.

Mainfranken ist Weinfranken

Die Weinbauregion ist in drei Bereiche unterteilt: »Maindreieck« zwischen Schweinfurt, Marktbreit und Gemünden,

◀ Frankenapostel Kilian vor dem Wahrzeichen Würzburgs, der Festung Marienberg

»Mainviereck« zwischen Lohr, Wertheim, Miltenberg und Aschaffenburg sowie »Steigerwald« in der Gegend um Iphofen und Castell. Die Rebflächen verteilen sich über rund 6140 Hektar mit 23 Großlagen und 216 Einzellagen; Terrassen- und Steillagen nehmen etwa 20 Prozent ein. Unter den Rebsorten überwiegen die weißen mit 82 Prozent, allen voran Silvaner, das Aushängeschild fränkischer Winzerkunst, gefolgt von Müller-Thurgau; lokal bedeutend sind auch Bacchus, Riesling, Scheurebe und Rieslaner. Bei den roten Rebsorten sind Spätburgunder, Domina, Portugieser und Regent führend.

Heimat des Bocksbeutels

Im Allgemeinen ist Frankens Klima zwar kontinental geprägt, doch in den geschützten Regionen des Maintals, seinen Seitentälern und an den Hängen des Steigerwalds ist das Mikroklima wie am Mittelmeer – ideale Bedingungen also für den Weinbau. Die Böden sind so vielfältig wie die Landschaft: Am Steigerwald dominiert Keuper, im Maindreieck Muschelkalk und im Mainviereck Buntsandstein; an der Mainschleife bei Volkach herrschen Lettenkeuper und Flugsande vor, während die Weinreben im Raum Aschaffenburg auf kristallinem Urgestein gedeihen. Das nährstoffreiche Terroir bringt Weine von mineralischem, erdigem Charakter hervor. »Frankenwein ist tief und rein wie ein Glockenton« – so brachte es Kurt Tucholsky auf den Punkt.

Laut einer Schenkungsurkunde Karls des Großen reicht der Weinbau in Franken mindestens ins Jahr 777 zurück. Als älteste Weinlage mit eigener Weinlagenbezeichnung gilt der »Würzburger Stein«. Die Weine, die in der Steillage nördlich von Würzburg wachsen, hatten es bereits Johann Wolfgang von Goethe angetan. »Sende mir noch einige Würzburger, denn kein anderer Wein will mir schmecken, und ich bin verdrüsslich, wenn mir mein gewohnter Lieblingstrank abgeht«, schrieb er 1806 in einem Brief an seine Frau Christiane. Heute stellt der Würzburger Stein die größte Einzellage Deutschlands dar.

9 Staatlicher Hofkeller Würzburg

Wenn es um die Würzburger Residenz geht, ist fast immer von der prachtvollen Schlossanlage mit dem berühmten Treppenhaus und dem gigantischen Deckenfresko die Rede. Selten denkt man dabei an die weitläufigen Keller. Dabei ist die Unterwelt der Residenz genauso interessant – nicht nur für Architekturinteressierte, sondern auch für Weinliebhaber. Seit dem 13. Jh. residierten die Fürstbischöfe von Würzburg in der Festung Marienberg hoch über dem linken Mainufer, gegenüber dem alten Stadtkern. Im Zeitalter des Absolutismus wollten sie dann – wie viele Herrscher in ganz Europa – ihren Herrschaftsanspruch auch in der Architektur ihrer Residenz ausdrücken. So entstand unter Fürstbischof Johann Philipp Franz von Schönborn die neue Fürstbischöfliche Residenz östlich des Stadtkerns. Die Baupläne erstellte Balthasar Neumann, ein damals noch relativ

In den Gewölben unter der Würzburger Residenz werden zwischen den flüssigen Schätzen des Staatlichen Hofkellers elegante Diners veranstaltet.

unbekannter Baumeister, der aber bald Karriere machte. Für die Innenausstattung verpflichtete der Fürstbischof Künstler aus ganz Europa, allen voran den Venezianer Giovanni Battista Tiepolo, der im Treppenhaus das größte zusammenhängende Deckenfresko der Welt schuf und auch für die Fresken und Stuckarbeiten im Kaisersaal und in der Hofkirche verantwortlich war. Wegen der internationalen Zusammensetzung des Baubüros, dem ehrgeizigen Bauprogramm und der Originalität der Anlage wurde die Würzburger Residenz 1981 von der UNESCO als das außergewöhnlichste und einheitlichste aller Barockschlösser zum Weltkulturerbe erklärt.

Die Unterwelt der Residenz

Die Kellerei geht auf eine Schenkungsurkunde des Würzburger Bischofs Embricho von 1128 zurück und bestand – seit Ende des 12. Jh. als »Fürstbischöflicher Hofkeller« – bis zur Säkularisation Anfang des 19. Jh. Nach dem Wiener Kongress fiel der gesamte Weinbergsbesitz des Würzburger Fürstbischofs an das Königreich Bayern und wurde nach 1814 »Königlich Bayerischer Hofkeller« genannt. Als Ludwig III., der letzte bayerische König, im November 1918 abdankte, wurde aus dem Hofkeller das bayerische Staatsweingut »Staatlicher Hofkeller Würzburg«. Heute stellt der Würzburger Hofkeller das älteste Weingut dar, das ununterbrochen im Hoheitsbesitz der jeweiligen Landesregierung war. Seine bewegte Geschichte lässt sich auch an den Weinbergen ablesen, die über die gesamte Anbauregion verstreut sind.
Mit einer Rebfläche von 120 Hektar und einer Jahresproduktion von rund 850 000

Flaschen zählt es zu den größten deutschen Weingütern. Im Rosenbachpalais unmittelbar neben der Residenz befindet sich der Verwaltungssitz. Die weitläufigen Kelleranlagen der Residenz stehen auch Besuchern offen. Die Gäste werden gleich am Eingang vom historischen »Kellerrecht« erwartet, einer Art Hausordnung, die besagt: »Es ist verboten das Zanken, Fluchen, Zotenreißen, mit großen Worten um sich schmeißen, das Kratzen, Schreiben an den Wänden, das Klopfen an das Fass mit Händen, Fürwitz und ander Ungebier, geziemet sich durchaus nicht hier!«

Flüssiger Sold

Danach geht es in die Unterwelt der Residenz, in der über 890 Meter Kellergänge eine Fläche von 4557 Quadratmetern erschließen. Die Temperatur liegt zwischen 15 und 18 °C. Der Holzfasslagerraum bietet Platz für etwa 600 000 Liter Wein. Das Kernstück der historischen Gewölbe ist der Stückfasskeller, in dem 100 kleine Stückfässer lagern; das »Stück«, eine alte fränkische Maßeinheit, fasst rund 1200 Liter. Der anschließende ovale Rondellkeller mit dem mächtigen zentralen Rundpfeiler gilt als ingenieurbauliche Meisterleistung Balthasar Neumanns; einst fing das Gewölbe die gewaltigen Lasten des Fürstbischöflichen Theaters ab, in dem sich heute die Gemäldegalerie befindet. Vom Rondellkeller gelangt man in den Kammerkeller, wo nur die edelsten Weine der Fürstbischöfe lagerten. Im Beamtenweinkeller wurde der flüssige Sold des Hofstaats in drei gigantischen Riesenfässern aufbewahrt. Unter der Hofkirche, im Südflügel des Kellers, lagern charaktervolle Rotweine, während im angeschlossenen Eiskeller hochwertige Rotweine in Barriquefässern reifen. Nord- und Südteil des Kellers sind durch einen rund 60 Meter langen Tunnel verbunden, an dessen Wänden die wichtigsten Stationen der knapp 900-jährigen Geschichte des Hofkellers dargestellt sind – von seinen Anfängen im 12. Jh. bis heute.

Staatlicher Hofkeller Würzburg, Rosenbachpalais • Würzburg, Residenzpl. 3 • Tel. 09 31/ 3 05 09 23 • www.hofkeller.de

(10) Bürgerspital zum Heiligen Geist

Jeden Tag ertönt um 11, 13, 15 und 17 Uhr in Würzburg ein Glockenspiel. Im Fachwerkgiebel des Hauses an der Ecke von Theaterstraße und Semmelstraße spielen 13 Glocken das Kilianslied, während über ihnen Figuren von Wallfahrern am Frankenapostel St. Kilian und seinen Gefährten St. Kolonat und St. Totnan vorbeiziehen. Danach schlägt eine weiße Taube dreimal mit den Flügeln, und zum Lied »Die Würzburger Glöckli« drehen sich die Figuren eines Winzerzuges um die drei Heiligen. Zum Abschluss prostet ein Kellermeister aus einem kleinen Fenster den Passanten zu. Das Glockenspiel stammt aus dem Jahr 1956 und gehört zu einem geschichtsträchtigen Gebäudekomplex: dem Bürgerspital zum Heiligen Geist. Die Anlage, zu der neben dem Spitalbau auch ein Wirtschaftshof und eine Spitalkirche gehören, geht auf eine Stiftung des frühen 14. Jh. zurück. Um das Jahr 1316 gründete Johann von Steren, ein wohlhabender Würzburger Patrizier, vor den Toren der Stadt das »Neue Spital« zur Aufnahme armer und pflegebedürftiger Menschen.

Ein Maß Wein pro Tag

Zinseinnahmen und Erträge aus Grundbesitz sicherten den Unterhalt. Doch bald reichten die finanziellen Mittel der Stifterfamilie nicht mehr aus, und weitere wohltätig gesinnte Bürger beteiligten sich. Wie die Liste der Stifter wurde auch der Name länger; erst lautete er »Neues Spital der Bürgerschaft von Würzburg«, seit dem 16. Jahthundert heißt die Stiftung »Bürgerspital zum Heiligen Geist«. Laut dem Würzburger Vermögensverzeichnis von 1583 gehörten auch Liegenschaften außerhalb von Würzburg zum Besitz des Bürgerspitals. Neben dem umfangreichen Grundbesitz trugen die Erträge von 58 Hektar Ackerland und 10 Hektar Weinbergen zur Unterhaltung des Spitalbetriebs bei. Im Jahr 1334 waren die ersten Weinberge hinzugekommen und hatten den Grundstock für das stiftungseigene Weingut gelegt. Die Weine dienten zunächst zur Versorgung des eigenen Bedarfs. Aus dem Jahr 1598 ist überliefert, dass jeder Spitalbewohner ein Maß Wein am Tag erhielt – das entspricht etwa 1,2 Litern. Doch das galt nur bei einwandfreiem Verhalten. Wer sich nicht benahm, bekam zur Strafe Wasser in den Wein gegossen; bei schwerwiegenden Vergehen wurde der Trunk komplett gestrichen. Als der Rat der Stadt Würzburg 1726 im Kampf gegen das Weinpanschen die Bocksbeutelflasche zum Gütezeichen für reine, unverfälschte Weine erklärte, wurden die ersten mit dem Stadtwappen versiegelten Flaschen in den Kellern des Bürgerspitals eingelagert. Im Rahmen einer Kellerführung können historische Bocksbeutelflaschen in den Gewölben besichtigt werden.

Steinwein von 1540

Heute gehören zum Bürgerspital rund 120 Hektar Rebfläche, hauptsächlich Hang- und Steillagen mit Steigungen bis zu 60 Prozent. Angebaut werden vorwiegend klassische Rebsorten wie Riesling, Silvaner und Burgunder. Mit Weinbergen in renommierten Lagen in Würzburg, im Maindreieck und im Steigerwald gehört das Bürgerspital zu den Spitzenweingütern Frankens. Die »Großen Weine« des Bürgerspitals kommen von seinen Spitzenlagen, allen voran Würzburger Stein und Stein-Harfe. Bei einer Kellerführung geht es zunächst vom Weingutshof in die Kelterhalle, danach in den Weinkeller, Weinprobe inklusive. Dort erwartet die Besucher nicht nur einer der ältesten Holzfasskeller Deutschlands mit rund 200 teils reich verzierten Eichenfässern, sondern auch eine absolute Rarität: eine Flasche Steinwein des Jahrtausendjahrgangs 1540 – der älteste noch trinkbare Weißwein der Welt. Als Teil der Stiftung unterstützt das Weingut mit jeder verkauften Flasche Wein das soziale Engagement des Bürgerspitals, das seinem ursprünglichen Zweck – der Aufnahme pflegebedürftiger Menschen – seit über 700 Jahren nachkommt. Im Gebäudekomplex befindet sich auch die Bürgerspital-Weinstube, die neben gutseigenen Weinen auch Klassiker der fränkischen Küche wie Blaue Zipfel und Schäufele anbietet.

Stiftung Bürgerspital zum Heiligen Geist • Würzburg, Theaterstr. 19 • Tel. 09 31/ 3 50 30 • www.buergerspital.de • Kellerführung mit Weinprobe ab 8 €

(11) Juliusspital Würzburg

Am 12. März 1576 wurde der Grundstein zum Würzburger Juliusspital gelegt.

Seinen Namen erhielt es nach dem Stifter, Fürstbischof Julius Echter von Mespelbrunn. Im Wasserschloss Mespelbrunn in einem Seitental des Mains zwischen Würzburg und Frankfurt aufgewachsen, wurde der ehrgeizige Mann bereits mit 28 Jahren Fürstbischof von Würzburg und damit auch Herzog in Franken. Er gilt als bedeutender Vertreter der Gegenreformation und finanzierte die erneute Gründung der Universität. Gleich zu Beginn seiner Amtszeit kaufte er vor den Toren der Stadt Ländereien auf, darunter den jüdischen Friedhof, den er einebnen ließ. Auf dem Gelände wurde ein Spital für Arme und Kranke errichtet; auch Waisen und vorbeiziehende Pilger sollten hier Unterkunft und Verpflegung erhalten. Zur Finanzierung gründete er eine Stiftung, in die er umfangreichen Grundbesitz samt Weinbergen in Toplagen einbrachte. Das stiftungseigene Weingut vergrößerte sich im Laufe der fast 450-jährigen Geschichte stetig. Weinberge in unterschiedlichsten Weinbaugemeinden wurden hinzugekauft, während klimatisch ungünstig gelegene und ertragsschwache Lagen verkauft wurden.

Silvaner, Silvaner, Silvaner

Heute verfügt das Spital mit 180 Hektar Rebfläche nicht nur über das zweitgrößte Weingut Deutschlands, sondern auch über die besten Lagen in allen Bereichen des fränkischen Weinbaugebiets. Je nach Standort werden Riesling, Müller-Thurgau, Weiß-, Grau- und Spätburgunder sowie

Bei den Kulturtagen im Würzburger Weingut Juliusspital gilt bei guter Laune, Musik und fränkischem Wein das Motto »Leben wie Gott in Franken«.

traditionelle Rebsorten wie Muskateller und Traminer kultiviert. Besonders stolz ist das Juliusspital auf seinen Silvaner, und zwar in all seinen Facetten: von saftig, frisch und unkompliziert über trocken und immer gut balanciert in seiner Säure bis zu dicht, strukturiert, wahrlich zupackend. Mit 40 Prozent Silvaner innerhalb des Sortenspektrums ist das Juliusspital das größte Silvaner-Weingut der Welt. Die Seele des Weinguts ist der 250 Meter lange historische Holzfasskeller; unter seinen Gewölben reifen die Weine in 220 Eichenfässern heran. Daneben werden auch Weine in Edelstahlfässern ausgebaut. Die 90-minütigen Kellerführungen sind sachkundig, kurzweilig – und mit Gänsehautgarantie! Sie führen rund 1500 Meter über das Stiftungsgelände und durch das Weingut, inklusive Verkostung dreier ausgewählter Weine.

Weingut Juliusspital • Würzburg, Klinikstr. 1 • Tel. 09 31/3 93 14 01 • www.juliusspital-weingut.de • Führung mit Weinprobe 14 €

(12) Fürstlich Castell'sches Domänenamt

Am Westrand des Steigerwalds befindet sich die Wiege des deutschen Silvaners. Vor über 360 Jahren wurde er in Castell zum ersten Mal auf deutschem Boden angepflanzt. Der unterfränkische Weinort, der heute rund 500 Einwohner zählt, war bis 1806 Hauptstadt der reichsunmittelbaren Grafschaft Castell. Zwischen

Das Barockschloss von Castell liegt am Fuß des Schlossbergs, wo im Jahr 1659 der erste deutsche Silvanerweinberg angelegt wurde.

Weinbergen, Wiesen, Wald und Feldern schmiegen sich die Häuser an den Hang des Schlossbergs, auf dem sich einst der Stammsitz des fränkischen Adelsgeschlechts Castell befand. Seit 1691 residiert die Familie im Barockschloss zu Füßen des Schlossbergs. Dort betreibt Ferdinand Erbgraf zu Castell-Castell das familieneigene Weingut, das Fürstlich Castell'sche Domänenamt. Sein Vorfahr Wolfgang Dietrich zu Castell ließ am 6. April 1659 am Fuße des Schlossbergs in der Lage Reitsteig 25 »Österreicher Fechser« pflanzen – »Fechser« ist ein alter Ausdruck für Stecklinge, und »Österreicher« war die bis ins 19. Jh. geläufige Bezeichnung für die Rebsorte Silvaner. Die wohl aus Österreich eingeführten Reben waren robust und gediehen in der Kälteperiode, die als »Kleine Eiszeit« in die Klimageschichte einging. Sie trieben spät aus und waren damit nicht so anfällig für Frühjahrsfröste. So nahm die Bedeutung des Silvaners in der Weinbauregion Franken stetig zu. Bis heute dominiert der Silvaner mit fast 40 Prozent die Mehrheit der Rebflächen des Fürstlich Castell'schen Domänenamts. Die Weinberge des 70 Hektar großen Weinguts liegen unmittelbar um den Stammsitz der bis ins Jahr 1057 zurückreichenden Familie.

Heimat des Silvaners

Die älteste urkundliche Erwähnung eines Weinbergs am Schlossberg reicht ins Jahr 1266 zurück. An seinen Süd- und Westhängen mit Steigungen zwischen 40 und 70 Prozent wachsen die Reben auf Gipskeuper mit Alabastereinschlüssen. Der Silvaner steht auf dem nach Westen hin steil abfallenden Vorsprung des Bergs, wo die spätnachmittägliche Sonne für Wärme und der Westwind für gute Belüftung sorgt. Von diesem Terroir ging der Silvaner einst auf Erfolgskurs durch Franken und in weitere deutsche Weingebiete. Wer die »Heimat« des Silvaners erkunden möchte, kann den Schlossberg erklimmen, von dem man eine herrliche Aussicht über das Steigerwaldvorland hat. Wanderwege durch die Weinberge informieren mit Infotafeln u. a. darüber, wann der Silvaner nach Franken kam, was es mit schiefergrusigem Boden auf sich hat und wie das Urmeer vor 125 Millionen Jahren die Weichen für den Weinbau am Steigerwald stellte. Alle Weinspazierwege und Wanderrouten beginnen am Weingut »Fürstlich Castell'sches Domänenamt«, das auch geführte Weinbergbegehungen und Kellerrundgänge anbietet.

Fürstlich Castell'sches Domänenamt • Castell, Schlosspl. 5 • Tel. 0 93 25/ 6 01 60 • www.castell.de

(13) Weinreich Sommerach

Auf der Weininsel an der südlichen Mainschleife liegt das unterfränkische Winzerdorf Sommerach. Seine Weinbauern haben sich 1901 zur ältesten Winzergenossenschaft Frankens zusammengeschlossen. 2006 weihten die ambitionierten Winzer, die bereits mehrfach als beste fränkische und beste deutsche Genossenschaft ausgezeichnet wurden, die Weinerlebniswelt »Weinreich« ein. Das Kellereigebäude, in dem über den alten Kellergewölben aus der Gründungszeit eine moderne Vinothek entstand, übersetzt die Philosophie der Winzer in die Sprache der Architektur: Traditionsbewusstsein mit Weltoffenheit und Innova-

Ins Reich der Sinne entführt der Barriquekeller im Weinreich Sommerach, wo Gewölbe und Fässer in wechselnden Lichtfarben inszeniert werden.

tionssinn verbinden. Im Erdgeschoss, wo sich die Vinothek und der Verkostungsbereich, die »Kostbar«, befinden, sind Stein, Holz und Glas die vorherrschenden Materialien. Alles wirkt freundlich und einladend. Bei schönem Wetter lockt die »Sommerbar« auf die Terrasse, wo man ein Glas Wein oder Frizzante genießen kann. Im Obergeschoss wurden Konferenz- und Schulungsräume eingerichtet.

Keller aus Licht und Farbe

Über eine Treppe, deren Wand die Namen der Sommeracher Winzerfamilien zieren, gelangt man in den Keller. Dort setzt ein ungewöhnliches Beleuchtungskonzept die alten Bruchsteingewölbe in Szene: Aus dem Dunkel schimmern die Edelstahltanks geheimnisvoll in Lila, Pink und Orange, und im Barriquekeller taucht der Besucher in ein Meer aus Licht und Farbe ein. Auch die Fassade wurde behutsam erneuert. Das breite, über die Ecke des Gebäudes laufende Fensterband zitiert ein Stilmerkmal der Klassischen Moderne; die markanten Simse erinnern an Bauten der 1920er- und 1930er-Jahre. Dass das »Weinreich« sich unaufdringlich in das Ortsbild am Fuße des Katzenkopfes einfügt, aber dennoch jung, frisch und zukunftweisend wirkt, beweist die gelungene Verknüpfung von fränkischer Tradition und moderner Architektur. Nicht zuletzt deshalb wurde das »Weinreich« 2007 im Rahmen des Deutschen Architekturpreises Wein ausgezeichnet und 2013 vom Deutschen Weininstitut zu einem Höhepunkt der Weinkultur erklärt.

Weinerlebniswelt Weinreich, Winzerkeller Sommerach eG • Sommerach am Main, Zum Katzenkopf 1 • Tel. 0 93 81/8 06 10 • www.winzer-sommerach.de

(14) Kelterhaus Brennfleck

Traditionsbewusstsein, ein klares Bekenntnis zum Zeitgeist und die Liebe zum Detail prägen das Weingut und die Weine von Hugo und Susanne Brennfleck. Das Winzerehepaar aus dem fränkischen Weinort Sulzfeld am Main führt das Familienunternehmen seit 1998 in der 13. Generation. Herzstück des Weinguts ist neben dem ehemaligen Lehenshof der Ritter von Essel aus dem Jahr 1479 das hochmoderne Kelterhaus. Beim Neubau sollten die alten Gewölbekeller des denkmalgeschützten Gutshauses nicht nur erhalten bleiben, sondern auch mit dem modernen Kelterhaus verbunden werden. Die puristische Formensprache des Kelterhauses hebt sich dagegen bewusst vom historischen Kontext ab. »Klar, schnörkellos und eigenständig« finden die Brennflecks den kubischen Bau.

Wie eine gelungene Cuvée

Die verwendeten Baustoffe passen zur reduzierten Formensprache: Glas und Sichtbeton im Außen- und Innenbereich, Holz aus dem eigenen Wald – und an der Nahtstelle zum spätmittelalterlichen Gutshaus auch traditioneller Muschelkalk. »Das Zusammenspiel von Alt und Neu ist ein sichtbares Zeichen für das, was unser Weingut ausmacht. Bodenständigkeit und Leidenschaft spielen für uns dabei genauso eine Rolle wie Innovation und Naturverbundenheit«, sagen Hugo und Susanne Brennfleck. »Wein und Architektur sind wie eine gelungene Cuvée.« Aufgrund seiner gelungenen Symbiose von Überliefertem und Zukunftsweisendem wurde das 2008 fertiggestellte Kelterhaus des Weinguts Brennfleck schon mehrfach ausgezeichnet, darunter 2016 mit dem Deutschen Landbaukulturpreis. Im

Gelungene Symbiose von Tradition und Moderne: Das hochmoderne Kelterhaus gehört zum spätmittelalterlichen Gutshof Brennfleck.

Sortenspektrum des Weinguts dominiert klar der Silvaner, daneben gibt es auch Riesling, Weißburgunder, Grauburgunder, Scheurebe, Bacchus, Sauvignon Blanc, Müller-Thurgau und Rotling sowie Spätburgunder und Domina. Winzersekte und Destillate, z. B. im Holzfass gereifter Silvanertrester, runden das Angebot ab.

Weingut Brennfleck • Sulzfeld, Papiusgasse 7 • Tel. 0 93 21/43 47 • www.weingut-brennfleck.net

15 Vinothek Max Müller I

»Wir sind offen für Neues und doch verwurzelt mit unseren Ursprüngen«, sagen Monika und Rainer Müller vom Weingut Max Müller I im fränkischen Volkach. Diese Devise spiegelt sich nicht nur in ihren Weinen, sondern auch in der Innenarchitektur der Vinothek. Wer durch den mächtigen Torbogen des denkmalgeschützten Barockanwesens tritt, ahnt nicht, welch modernes Ambiente ihn im großzügigen, lichtdurchfluteten Verkaufs- und Degustationsraum erwartet.

Lineare Leichtigkeit

Wände und Decken haben einen weißen Anstrich, der die Eichenflächen der Theke und des Präsentationsbereichs zur Geltung bringt. Das Holz stammt aus der Region, ebenso der helle Muschelkalkboden. Alles wirkt schlicht, elegant und linear. Das einzige verspielte Gestaltungselement ist die gläserne Trennwand, die einen Teil der Theke abschirmt. Das Glas wurde von den Wiener Künstlern Marcel Neundörfer und Biagovesta Bakardijeva mit sandgestrahlten Ornamenten versehen – nach dem Vorbild einer spätbarocken Stuckdecke im Obergeschoss des Gutshauses, auf der sich Vögel zwischen Früchten und Rocaillenschmuck tummeln. Die behutsame Integration der modernen

Offen für Neues und verwurzelt mit den Ursprüngen – das Motto des Weinguts Max Müller I spiegelt sich in der Gestaltung der Vinothek.

Tagsüber hat man vom Weingut am Stein einen herrlichen Blick auf Würzburg; nachts wird die beleuchtete Fassade der Vinothek »WeinWerk« selbst zum Hingucker.

Innenarchitektur in das Gutsgebäude von 1692 sowie die historischen Zitate der Raumgestaltung machen die Vinothek des Weinguts Max Müller I zu einem gelungenen Beispiel der Synthese von Altem und Neuem. Der zurückhaltende Glasschmuck und die schlichte Geradlinigkeit der Gestaltung haben der 2008 fertiggestellten Vinothek renommierte Architekturpreise eingebracht. Die Weine, die das Weingut der Winzerfamilie hervorbringt, räumen Jahr für Jahr die begehrtesten Auszeichnungen ab.

Weingut Max Müller I • Volkach, Hauptstraße 46/Untere Altstadt • Tel. 0 93 81/12 18 • www.max-mueller.de

(16) Weingut am Stein

An den sonnenverwöhnten Steilhängen nördlich der Mainschleife liegt das Würzburger Weingut am Stein. Muschelkalkböden bilden die Grundlage für die qualitätvollen Weine, die Winzer Ludwig Knoll produziert, allen voran Silvaner und der renommierte Steinwein. Knoll, der das Familienweingut 1991 übernahm, ließ dem bestehenden Gebäudeensemble zwei Neubauten hinzufügen, die den passenden Rahmen für seine Weine bilden – ein Kelterhaus und eine Vinothek. Ihre Architektur reflektiert das Selbstverständnis des Unternehmens und seiner Weine: modern, schnörkellos, mit klarer Struktur, eigenständig und kompromisslos. Gleich am Eingang zum Weingut steht das Gäste- und Kelterhaus, ein kubischer Block, dessen Muschelkalkfassade durch waagerechte Fugen strukturiert ist. Die langen, schmalen Fensterbänder greifen die horizontale Gliederung auf. Im Obergeschoss sind Gästezimmer untergebracht; darunter befindet sich der Kellerbereich –

Spannendes Ensemble: Die Vinothek Iphofen verbindet einen massiven Putzbau mit einer transparenten Glas-Stahl-Konstruktion.

ein avantgardistisches Refugium, in dem die großen Weine reifen.

Klar und schnörkellos

Der zweite Neubau, die Vinothek »WeinWerk«, ist ebenfalls als Kubus angelegt. Seine außergewöhnliche Fassade besteht aus grünem Glas, dem ringsum in lockerem Abstand Eichenstangen vorgeblendet sind. Sie heben die strenge Geschlossenheit des Baukörpers auf, lassen die Geschossgliederung aber noch deutlich durchblicken. Durch das getönte Glas und die Holzstangen entsteht in den Innenräumen ein faszinierendes Lichtspiel, das sich mit dem Stand der Sonne permanent ändert. Nachts wird die beleuchtete Fassade des »WeinWerks« zum unverwechselbaren Hingucker über der Stadt, tagsüber kann man den Blick auf Würzburg, die Residenz, das Maintal und die umliegenden Weinberge genießen. Das 2005 fertiggestellte Kelter- und Gästehaus und das 2006 eröffnete »WeinWerk« finden unter Wein- und Architekturkennern ähnlich große Beachtung wie die hochklassigen Weine, die das Weingut am Stein hervorbringt.

Weingut am Stein • Würzburg, Mittlerer Steinbergweg 5 • Tel. 09 31/2 58 08 • www.weingut-am-stein.de

WUSSTEN SIE, DASS ...

... Federweißer in Franken »Bremser« heißt? Der Most, dessen Gärung gerade begonnen hat, ist nach der Weinlese ein beliebtes Getränk in den Häckerwirtschaften – so nennt man fränkische Besenwirtschaften.

17 Vinothek Iphofen

Im Zentrum des fränkischen Weinstädtchens Iphofen, zwischen dem barocken Rathaus und der Stadtpfarrkirche St. Veit, befindet sich ein Bau-Ensemble, das historische und zeitgenössische Architektur in einen spannenden Dialog miteinander setzt. Ausgangspunkt war ein zweigeschossiges Barockanwesen, das einst vom Messner der Veitskirche bewohnt wurde. Die Stadt Iphofen ließ das denkmalgeschützte Gebäude aus dem 17. Jahrhundert sanieren und um einen Anbau erweitern. Ziel war es, einen architektonischen Rahmen zu schaffen, in dem die kulturelle und weinbauliche Vielfalt Iphofens adäquat präsentiert werden konnte. Der so entstandene Baukomplex trägt den Namen »Vinothek Iphofen« und bietet neben den Räumlichkeiten zur Weinpräsentation auch eine Galerie für Wechselausstellungen, Tagungs- und Seminarräume, ein Weinbistro und einen kleinen Feinkostladen mit regionalen Spezialitäten.

Selbstbewusst und innovativ

Die Vinothek, in der die Iphöfer Winzer neben Wein auch Winzersekte und Destillate präsentieren, befindet sich im neu errichteten Anbau. Selbstbewusst wie die Weinbauern, die innovativ und international ausgerichtet sind, steht ihre Vinothek als moderner, transparenter Stahl-Glas-Anbau neben dem massiven Barockanwesen. Der markante Neubau nutzt die angrenzenden Bruchstein- und Fachwerkwände und bindet sie harmonisch ins Raumkonzept mit ein. Im Obergeschoss

Schloss Veitshöchheim (s. S. 44) mit seinem einzigartigen Rokokogarten war ursprünglich die Sommerresidenz der Fürstbischöfe von Würzburg. Später stiegen die Könige von Bayern hier ab, wenn sie Mainfranken einen Besuch abstatteten.

Kultur an allen Ecken – die unterfränkische Weinstadt Iphofen hat eine vollständig erhaltene mittelalterliche Wehranlage; das Vorwerk des Rödelseer Tors ist ein Teil davon.

wurden Dielen aus Iphöfer Roteiche verlegt – eine Holzart mit mineralisch roter Verfärbung, die für Lokalkolorit sorgt. Trotz der Gegensätze harmonieren der barocke Putzbau und die lichtdurchflutete Glas-Stahl-Konstruktion aufs Beste miteinander und bilden die passende Kulisse für die Verkostung der Iphofer Weine.

Vinothek Iphofen • Iphofen, Kirchplatz 7 • Tel. 0 93 23/87 03 17 • www.vinothekiphofen.de

Ziele in der Umgebung

SEHENSWERTES

Veitshöchheim

Wenige Kilometer nordwestlich von Würzburg haben sich Würzburger Fürstbischöfe im 17. Jahrhundert Schloss Veitshöchheim als Sommerresidenz errichten lassen; Barockbaumeister Balthasar Neumann stellte es Mitte des 18. Jahrhunderts fertig. Sehenswert ist vor allem der Schlosspark, einer der wenigen erhaltenen Rokokogärten Deutschlands. Mit seinen ornamental gestalteten Rabatten und Hecken wirkt er, als hätten die Gärtner gerade eben Zirkel und Lineal beiseitegelegt. Ein Audioguide informiert über alles Sehenswerte; für Kinder gibt es einen speziellen Audioguide in Hörspielform.

Schloss und Hofgarten Veitshöchheim • Veitshöchheim, Echterstr. 10 • Tel. 09 31/ 9 15 82 • www.schloesser.bayern.de • Eintritt in den Hofgarten frei, Audioguide 2 €

Würzburg

Neben der Residenz mit Hofgarten hat Würzburg viele weitere Bauwerke, die man auf keinen Fall verpassen darf, darunter die Alte Mainbrücke, bis 1886 der einzige

ERLEBNIS-TIPP

Auf dem Main durch Franken

Die Weinregion Franken lässt sich auch vom Wasser aus wunderbar erkunden, z. B. mit dem Floß oder im Kanu. Die Fahrt über den ruhig dahinfließenden Main führt durch romantische Flusslandschaften, vorbei an Rebhängen und idyllischen Dörfern. Zwischendurch gibt es auch Gelegenheiten, Wasservögel zu beobachten und an Kiesbänken zu picknicken. Einer der schönsten Streckenabschnitte ist die Mainschleife bei Volkach in Unterfranken.

Tourist-Info • Volkach, Rathaus • Tel. 0 93 81/4 01 12 • www.volkach.de

Brückenübergang der Stadt, der Alte Kranen, an dem der Wasserstand des Mains gemessen wird, das Falkenhaus am Markt mit seinen Rokokogiebeln und dem Fassadenstuck sowie die historischen Bürgerhäuser und Gasthöfe zwischen Marktplatz und Main, an denen man beim Bummel durch die Gassen der Altstadt vorbeispaziert. Vom Mainufer führt eine Treppe mit 256 Stufen hinauf zum »Käppele«, einer spätbarocken Wallfahrtskirche, die 1750 nach Plänen Balthasar Neumanns fertiggestellt wurde. Über der Stadt thront majestätisch die Festung Marienberg mit dem wunderbar angelegten Fürstengarten, von dem aus man den Blick über Stadt und Fluss genießen kann.

Tourist-Info im Falkenhaus • Würzburg, Marktpl. 9 • Tel. 09 31/37 23 98 • www.wuerzburg.de

Weinstadt Iphofen

Neben der hochmodernen Vinothek (s. S. 43) hat die Weinstadt Iphofen auch einen wunderschönen denkmalgeschützten Ortskern. Besonders sehenswert ist die vollständig erhaltene mittelalterliche Stadtmauer, deren älteste Teile aus dem 13. Jahrhundert stammen. Bei einer Themenstadtführung erfährt man beispielsweise, was es mit dem Mittagsturm, dem Bürgerturm, dem Eulenturm und dem Henkersturm auf sich hat. Von den ursprünglich vier Stadttoren sind noch das Rödelseer Tor im Norden, das Mainbernheimer Tor im Westen und das Einersheimer Tor im Osten als Torbauten mit Vorwerk und Torwärterhäusschen vorhanden. Das Pesttor wurde 1596 zugemauert – danach wurde die Stadt noch zweimal von der Pest heimgesucht.

In die berühmten Bocksbeutelflaschen kommt nur Wein von hoher Qualität.

Tourist-Info Iphofen • Tel. 0 93 23/87 03 06 • www.iphofen.de

MUSEEN

Museum für Franken

Die Festung Marienberg, das Wahrzeichen Würzburgs, beherbergt heute das Museum für Franken. Das Staatliche Museum für Kunst- und Kulturgeschichte in Würzburg verfügt über eine Sammlung von internationalem Rang. Zu den Höhepunkten zählen Werke von Tilman Riemenschneider, Lucas Cranach d. Ä. und Giovanni Battista Tiepolo sowie Baupläne von Balthasar Neumann. Beim Rundgang stößt man auch auf eine komplett erhaltene Winzerstube aus dem 16. Jh. mit reicher Rankenbemalung im Stil der Renaissance. Außerdem erfährt man, was es mit den »Würzburger Lügensteinen« auf sich hat.

Museum für Franken • Würzburg, Festung Marienberg • Tel. 09 31/ 20 59 40 • www.museum-franken.de • Eintritt 5 €

Schloss Johannisburg

Schloss Johannisburg in Aschaffenburg gehört zu den bedeutendsten Schlossbauten der deutschen Renaissance. In der gewaltigen Vierflügelanlage – einst Nebenresidenz der Erzbischöfe von Mainz – ist heute ein Teil der Bayerischen Staatsgemäldesammlungen untergebracht. Die Werke von Lucas Cranach d. Ä. gelten als wichtigste Cranach-Sammlung Europas. Sehenswert ist auch die weltgrößte Sammlung von Architekturmodellen aus Kork, die die berühmtesten Bauwerke des alten Rom detailgenau wiedergeben.

Schloss Johannisburg • Aschaffenburg, Schlosspl. 4 • Tel. 0 60 21/38 65 70 • www.schloesser.bayern.de • Eintritt 3,50 €

AKTIV UNTERWEGS

Fränkischer Rotweinwanderweg

»Wandern, wo große Spätburgunder wachsen« ist das Motto zum Fränkischen Rotweinwanderweg. Von Großwallstadt bis Bürgstadt führt er rund 80 km lang durch das Maintal. Er streift malerische Fachwerkorte und wird von Rebhängen gesäumt. Unterwegs erfährt man Wissenswertes über den Weinbau, z. B. auf dem Großwallstadter Rebsortenlehrpfad oder auf dem Weinlehrpfad in Großheubach. Empfehlenswert sind einzelne Etappen, bei denen genügend Zeit für die Einkehr in den Häckerwirtschaften bleibt.

Churfranken e. V. • Tel. 0 93 71/6 60 69 76 • www.churfranken.de

Mittelfränkische Bocksbeutelstraße

Die Ferienstraße im Herzen Frankens erschließt die Heimat des Bocksbeutels. Die Mittelfränkische Bocksbeutelstraße führt durch die Weinorte im Süden des Steigerwalds. Dort sorgen Städte und Gemeinden, Weinbauvereine, Winzer und Gastwirte dafür, dass die Gäste intakte Natur erleben, Interessantes aus Geschichte und Kultur erfahren und mit Köstlichem aus Küche und Keller verwöhnt werden. Zertifizierte Gästeführer bringen den Besuchern ihre Heimat nah und lassen Franken zum Erlebnis werden.

Arbeitsgemeinschaft Mittelfränkische Bocksbeutelstraße • Tel. 0 91 61/92 15 01 • www.bocksbeutelstrasse.de

ESSEN UND TRINKEN

Kuno 1408

Das preisverwöhnte Gourmetrestaurant mit französisch inspirierter

Feinschmeckerküche im historischen Anwesen zum Rebstock hat zu jedem Gang den passenden Begleitwein.
Würzburg, Neubaustr. 7 • Tel. 09 31/30 93 14 08 • www.restaurant-kuno.de • €€€€

Zehntkeller Iphofen
Spezialitäten aus der Region und gehobene feine Küche stehen auf der Speisekarte des Romantikhotels mit Weingut.
Iphofen, Bahnhofstr. 12 • Tel. 0 93 23/ 84 40 • www.zehntkeller.de • €€€

FESTE UND EVENTS
Weinfeste
Von März bis Dezember feiern die Franken ihren Wein. Fast jeder Weinort hat sich ein festes Wochenende im Kalender markiert. Dann schenken die Winzer in romantischen Gassen, auf lauschigen Plätzen, in urigen Kellern und Festzelten ihre Weine aus.
März bis Dezember • Gebietsweinwerbung Frankenwein-Frankenland • Tel. 09 31/ 39 01 10 • www.frankenwein-aktuell.de, www.fraenkischer-weinfestkalender.de

Mozartfest
Seit 1921 feiert Würzburg alljährlich im Frühsommer das Mozartfest und erinnert daran, dass Wolfgang Amadeus Mozart im Jahr 1790 in der Barockstadt gastierte. Auf dem Programm stehen hochkarätig besetzte Kammerkonzerte im Kaisersaal der Würzburger Residenz, aber auch vielfältige Veranstaltungen außerhalb der barocken Pracht, darunter Kabarett im Weinkeller, vinophile Konzerte in Weingütern oder musikalisch-kulinarische Galaabende in den malerischen Weinbergen.
Frühsommer • Mozartfest Würzburg, Rückermainstr. 2 • Tel. 09 31/37 23 36 • www.mozartfest.de, www.frankenwein-aktuell.de

WEITERE INFORMATIONEN
Im Weinkulturkalender des Deutschen Weininstituts finden Sie immer eine Auswahl der aktuellen weinkulturellen Highlights. Über Weinfeste und Events, Wander- und Radtouren, Winzer und Weinproben im Anbaugebiet Franken informieren:

- **Haus des Frankenweins • Würzburg, Hertzstr. 12 • Tel. 09 31/ 39 01 10 • www.frankenwein-aktuell.de**
- **Tourismusverband Franken e. V. • Nürnberg, Pretzfelder Str. 15 • Tel. 09 11/ 94 15 10 • www.franken-weinland.de**
- **Weinkulturkalender des DWI: www.deutscheweine.de (Tourismus)**

Wenn schon, denn schon: stilecht feiern in der Barockstadt Würzburg

Hessische Bergstraße

Das kleinste Weinanbaugebiet Deutschlands erstreckt sich östlich des Oberrheins an den Hängen des Odenwalds. Hier ist der Frühling immer ganz besonders früh dran.

Südlich von Darmstadt beginnt die Hessische Bergstraße und führt über Seeheim, Alsbach, Zwingenberg, Auerbach, Bensheim und Heppenheim nach Süden bis zur hessischen Landesgrenze. Die 463 Hektar umfassenden Rebflächen der kleinsten deutschen Weinregion verteilen sich auf 23 Einzellagen, drei Großlagen und zwei räumlich getrennte Bereiche: »Starkenburg« mit Alsbach, Zwingenberg, Bensheim und Heppenheim sowie die »Odenwälder Weininsel« mit Groß-Umstadt und Roßdorf.

Wie in Italien

Maßgeblich für das milde Klima an der Hessischen Bergstraße ist der Odenwald, der die Region vor rauen Nord- und Ostwinden schützt. Zudem bringen die vorherrschenden Westwinde warme Luft von Rhein, Main und Neckar. »Hier fängt Deutschland an, Italien zu werden«, freute sich Kaiser Joseph II., als er im April 1766 die Bergstraße bereiste. Und in der Tat ist der Frühling hier am frühesten zu Gast in Deutschland – zur gleichen Zeit wie in der italienischen Po-Ebene. In den geschütz-

◀ Blick über die Heppenheimer Weinberge auf die Starkenburg

ten Lagen der Region gedeihen Feigen, Mandeln, Magnolien und Reben. In den Weinbergen der Hessischen Bergstraße sind die verschiedensten Bodenarten vorzufinden. In Zwingenberg, Auerbach und Bensheim dominieren Granitverwitterungsböden, während in Heppenheim Löss und gelber Buntsandstein als Besonderheit auftreten. Kristalline Schiefer-, warme Sand- und Lössböden sowie Quarzporphyr und Basaltböden lassen die Weißweine der Hessischen Bergstraße sehr filigran und feinfruchtig, die Rotweine fruchtig und voluminös werden. Unter den Rebsorten gilt der Riesling als »König der Bergstraße«. Unter den 79 Prozent der weißen Sorten macht er die Hälfte aus, gefolgt von Grauburgunder, Weißburgunder und Silvaner. Bei den roten Rebsorten führt der Spätburgunder.

König Riesling

Die ersten Reben brachten vor rund 2000 Jahren die Römer an die Bergstraße. Nach ihnen bauten die Franken die Weinkultur an den fruchtbaren Hängen des Odenwalds weiter aus. Erstmals urkundlich erwähnt wurde der Weinbau an der Bergstraße im »Lorscher Codex« (s. S. 52): Die Urkundensammlung aus dem 12. Jh. verzeichnet sämtliche Besitztümer des Klosters Lorsch, darunter auch zahlreiche Weinberge an der Bergstraße. Die Weindörfer und Städtchen reihen sich entlang der Hessischen Bergstraße wie Perlen auf der Schnur. Überall findet der Besucher liebevoll restaurierte Ortskerne mit malerischen Plätzen und herausgeputzten Fassaden, alten Kirchen und mittelalterlichen Adelshöfen. Ausgesprochen sehenswert sind die historische Scheuergasse und die Reste der alten Stadtmauer in Zwingenberg – mit der Verleihung der Stadtrechte im Jahr 1274 die älteste Stadt im hessischen Teil der Bergstraße. Prächtige Fachwerkhäuser säumen die Marktplätze von Heppenheim und Groß-Umstadt. Die um 800 erbaute karolingische Königshalle des Klosters Lorsch ist eines der ältesten vollständig erhaltenen Baudenkmäler

WEINWANDER-TIPP

Bergsträßer Weinlagenweg

Die landschaftliche Schönheit der Hessischen Bergstraße erlebt man am besten im Frühling, wenn Pfirsich-, Kirsch- und Mandelbäume in Blüte stehen. Der 22 km lange Weinwanderweg beginnt in Alsbach und führt durch die Weinlagen oberhalb von Zwingenberg, Auerbach, Bensheim und Heppenheim. Die Ausschilderung ist hervorragend und erlaubt den Einstieg an fast jedem gewünschten Punkt entlang der Bundesstraße B3. Der Weinlagenweg ist auch für ungeübte Wanderer, Familien und Senioren geeignet. Jedes Jahr am 1. Mai laden die Jungwinzer entlang des Weinlagenwegs an Probierständen zur Verkostung der Bergsträßer Weiß-, Rot-, Roséweine und Winzersekte aus den jeweiligen Lagen ein.

Karte zur Wanderstrecke: www.bergstraesser-wein.de/weinlagenwanderung

Der Odenwälder Sandstein inspirierte den Bildhauer Alfred Wolf zu seinem Werk »Dank den Reben« auf dem Heppenheimer Wein-und-Stein-Pfad.

Deutschlands aus nachrömischer Zeit und gehört seit 1991 zum Weltkulturerbe der UNESCO. In Bensheim-Auerbach hat sich das »Fürstenlager«, die Sommerresidenz der Landgrafen und Großherzöge von Hessen-Darmstadt, erhalten: Inmitten eines über 46 Hektar großen Parks im englischen Stil findet man neben exotischen Gewächsen auch einen der ältesten Mammutbäume auf deutschem Boden. Mit ihren idyllischen Fachwerkstädtchen, romantischen Burgen und terrassierten Weinbergslagen samt Wingertshäuschen ist die Hessische Bergstraße das ganze Jahr über ein lohnendes Reiseziel für Weinliebhaber. Wer die Wanderwege an den Hängen des Odenwalds erkundet, wird mit einem wunderbaren Blick auf die Rheinebene und die Bergkette des Pfälzerwalds belohnt.

(18) Wein und Stein

Heppenheim gilt nicht nur als älteste, sondern auch als größte Weinbaugemeinde der Hessischen Bergstraße: Allein 180 der insgesamt 460 Hektar Rebfläche befinden sich auf Heppenheimer Gemarkung. Hier hat auch der größte Weinproduzent des Anbaugebiets seinen Sitz, die 1904 gegründete Winzergenossenschaft »Bergsträßer Winzer e. G.«, der rund 400 Winzerfamilien angehören. Auf ihre Initiative hin entstand der Erlebnispfad »Wein und Stein«, der die Grundlagen des Weinbaus vor Ort, bei einer Wanderung durch die Heppenheimer Weinberge erklärt. Der knapp 7 km lange Rundweg, der in Zusammenarbeit mit dem Geo-Naturpark Bergstraße-Odenwald entstand, führt vom Winzerbrunnen am Heppenheimer Le-Chesnay-Platz in die Rebanlagen. Dort erwarten den Wein-und-Stein-Wanderer 70 Stationen mit Sehens- und Wissenswertem rund ums Thema Wein. Wer wissen will, wie der Wein an die Bergstraße kam, was es mit dem Jahr des Winzers, der Reblaus oder den Weinbergshäuschen auf sich hat, wie sich die Bodenbeschaffenheit auf die Qualität des Weins auswirkt und was Vulkanasche im Wein zu suchen hat, bekommt hier ausführliche Antworten.

Erlebnispfad für Groß und Klein

Zu den Höhepunkten des Erlebnispfads gehören Plastiken und Skulpturen, die zeigen, wie unterschiedlich sich Künstler mit dem Weinbau in der Region auseinandersetzen. So erinnert etwa die Stele »Centurio« an die Römer, die vor rund 2000 Jahren die ersten Reben an den sonnigen Hängen zwischen Odenwald und Rheinebene pflanzten, um ihre Truppen bei Laune zu halten. Am Objekt »Aus die Laus« symbolisiert eine monumentale Reblaus den Kampf der Winzer gegen den Schädling, der besonders im 19. Jh. in sämtlichen Weinbaugebieten Europas wütete. Fläche und Raum durchdringen sich beim Werk »Dank den Reben«, mit dem Bildhauer Alfred Wolf die mitunter beschwerliche Arbeit des Winzers im Weinberg in den Vordergrund stellt. »Strata montana« heißt ein monumentales Panoramabild der Hessischen Bergstraße, das der in Heppenheim ansässige Josef Schmitt aus dem roten Sandstein der Region herausgearbeitet hat. Viele weitere Kunstwerke begleiten den Besucher auf dem Erlebnispfad durch die Weinlagen »Steinkopf«, »Stemmler« und »Centgericht«. Speziell für Kinder hält die Bergsträßer Winzer e. G. einen Fragebogen zum Erlebnispfad bereit. Auf alle kleinen Pfadfinder, die den Bogen fleißig ausfüllen und abgeben, wartet eine Überraschung. Für den Rundweg, der auch mit Kinderwagen gut begehbar ist, sollte man sich zwei bis drei Stunden Zeit nehmen. Unterwegs gibt es immer wieder Ruhebänke, von denen aus man die schöne Aussicht genießen kann, zum Beispiel auf die südlich gelegene Starkenburg.

Bergsträßer Winzer e. G. • Heppenheim, Darmstädter Str. 56 • Tel. 0 62 52/7 99 40 • www.weinundstein.net

(19) Kloster Lorsch

Kaum einem Ort verdanken wir so viele Einblicke in die Geschichte des Weinbaus an der Hessischen Bergstraße wie dem

Die Wein- und Steinflasche auf dem Heppenheimer Erlebnispfad Wein und Stein zeigt die Hauptgesteinsarten der Region im Überblick.

Kloster Lorsch. Hier entstand zwischen 1170 und 1195 der »Lorscher Codex« mit Abschriften von Urkunden, die Schenkungen an die Benediktinerabtei dokumentieren – darunter Weinberge und Wälder, Äcker und Wiesen, Straßen und Gewässer, Mühlen und Gehöfte, sogar ganze Dörfer einschließlich ihrer Bewohner.

Geschenke für die Ewigkeit

Das Kloster, zu dessen Schätzen die Reliquien des heiligen Nazarius gehörten, lockte zahlreiche Pilger nach Lorsch, die großzügig Geld ausgaben und der Region zu wirtschaftlichem Aufschwung verhalfen. Darüber hinaus brachte es auch viele Gläubige dazu, dem Kloster Stiftungen zu machen, um sich ihr Seelenheil zu sichern. »Wenn wir einen Teil unseres Vermögens den Stätten der Heiligen schenken, wird uns das ohne Zweifel in der Ewigkeit nutzen, wie wir zuversichtlich glauben«, steht etwa in Urkunde 33 des Lorscher Codex, laut der Pfalzgraf Ansfrid im Jahr 866 dem Kloster Ländereien stiftete. Diese schlossen »auch Weinberge im Ertrage von vier Fuder Wein« ein, deren »lebenslänglichen Nießbrauch« sich Ansfrid in der gleichen Urkunde sicherte. Ein gewisser Arnulf schenkte »im 888. Jahre nach des Herrn Fleischwerdung« dem Kloster Lorsch Be-

Die Lorscher Torhalle, ein seltenes Beispiel karolingischer Architektur, gehört zum Weltkulturerbe der UNESCO.

So war das Leben vor 1200 Jahren: Auf dem Gelände des Klosters Lorsch zeigt das experimentalarchäologische Freilichtlabor »Lauresham«, wie das Leben auf einem karolingerzeitlichen Herrenhof in der Zeit um 800 aussah.

sitzungen zwischen Edigheim und Oppau »mit Bauernhöfen, Grenzrainen, Gebäuden, Leibeigenen, bebauten und brachliegenden Ländereien, Äckern, Wiesen, Feldern, Weiden, Teichen und Bächen, Mühlen, Fischweihern, Weinbergen, Wegen und Stegen, ab- und zuführenden Straßen« (Urkunde 48 des Lorscher Codex). Selbst Karl der Große hatte Kloster Lorsch kurz nach dessen Gründung Besitzungen gestiftet, darunter im Jahr 773 Heppenheim »mit allem, was zu diesem Dorf von Gesetzes wegen gehört, nämlich Ländereien, Wohnhäuser, Wirtschaftsgebäude, Bauern, Leibeigene, Weinberge, Wälder, Felder, Wiesen, Weiden, stehende und fließende Gewässer ... mit allen seinen Grenzzäunen und Marksteinen« (Urkunde 6 des Lorscher Codex).

WUSSTEN SIE, DASS ...

... die Bergstraße ursprünglich eine römische Heer- und Handelsstraße war? Am Heppenheimer Feuerbachplatz sind Reste der römischen Pflasterstraße zu sehen.

Wie unter Karl dem Großen

So wurde das Kloster Lorsch nicht nur zu einem der größten Grundbesitzer der Region, sondern hielt im Lorscher Codex auch fest, welch bedeutende Rolle der Weinbau in der Landwirtschaft spielte: Über 1000 Urkunden verzeichnen Weinberge und Weingärten, die der Benediktinerabtei im Mittelalter übereignet wurden. Heute befindet sich der Codex im Staatsarchiv Würzburg. Was vom Kloster Lorsch erhalten blieb – insbesondere die karolingische Torhalle –, gehört seit 1991 zum Weltkulturerbe der UNESCO.

Im Freilichtlabor Lauresham auf dem Klostergelände bekommt man eine Vorstellung davon, wie das Leben zur Zeit Karls des Großen war. Für die vermögenden Gutsherren, für die leibeigenen Bauern und für die Tiere, die auf einem frühmittelalter-

lichen Hof lebten. Hierfür wurde auf einem Areal von vier Hektar ein Herrenhof aus karolingischer Zeit errichtet – mit Wohn- und Wirtschaftsgebäuden, Ställen und Speichern. Gärten und Ackerflächen sind mit Gemüse und Korn der Zeit bepflanzt; auf den Höfen und Weiden leben Hühner, Gänse, Schweine, Rinder und Schafe. Hinter der Zehntscheune wurde ein Kräutergarten mit Heilpflanzen angelegt, wie sie im Lorscher Arzneibuch erwähnt werden; die um 785 entstandene Handschrift gilt als ältestes erhaltenes Buch zur abendländischen Klostermedizin und wurde 2013 ins UNESCO-Weltdokumentenerbe aufgenommen. Direkt gegenüber der Torhalle haben Besucher des Museumszentrums Lorsch die Möglichkeit, mehr über die Geschichte des Klosters und der Region zu erfahren.
UNESCO Welterbe Kloster Lorsch • Lorsch, Nibelungenstr. 32 • Tel. 0 62 51/86 92 00 • www.kloster-lorsch.de • Kombiticket mit Führungen zu Königshalle und Freilichtlabor Lauresham 10 €

Ziele in der Umgebung

SEHENSWERTES

Grube Messel

Deutschlands erstes Naturdenkmal, das die UNESCO als Weltnaturerbe auszeichnete, ist eine Schiefergrube nordöstlich von Darmstadt. Beim Abbau von Ölschiefer kamen seit den 1870er-Jahren versteinerte Tiere und Pflanzen ans Tageslicht, die vor 47 Millionen Jahren lebten, darunter Fossilien von Säugetieren, Vögeln, Reptilien, Fischen und Insekten. 2009 stießen die Paläontologen hier auf »Ida«, das weltweit älteste komplett erhaltene Fossil eines Primaten. Der Sensationsfund aus der Grube Messel stellt das fehlende Bindeglied in der Evolution der Affen und Menschen dar. Die fossilen Funde werden im Frankfurter Senckenberg-Museum aufbewahrt und aus gestellt. Vor Ort, an der Grube Messel, gibt es ein Besucherzentrum, in dem für Laien nur schwer vorstellbare Zusammenhänge anschaulich erklärt werden. Zum Beispiel, dass die Schiefergrube vor 47 Millionen Jahren ein vulkanischer Kratersee war, der sich dort befand, wo heute Italien liegt, und durch die Verschiebung der Kontinentalplatten im Laufe der Jahrmillionen an die heutige Stelle gewandert ist.
Welterbe Grube Messel • Messel, Rossdörfer Str. 108 • Tel. 0 61 59/71 75 90 • www.grube-messel.de • Eintritt 10 €

ESSEN UND TRINKEN

Goldener Engel

Im Herzen von Heppenheim, direkt neben dem historischen Rathaus, bietet das Gasthaus regionale Spezialitäten aus Küche und Keller, macht aber auch mal internationale Seitensprünge. Vom Biergarten aus hat man einen herrlichen Blick auf die herausgeputzten Fachwerkhäuser, die den Marktplatz säumen.
Heppenheim, Großer Markt 2 • Tel. 0 62 52/25 63 • www.goldener-engel-heppenheim.de • €€

FESTE UND EVENTS

Bergsträßer Weinfeste

Die beiden größten Weinfeste mit umfangreichem Rahmenprogramm sind der »Bergsträßer Weinmarkt«, der Ende Juni in Heppenheim stattfindet, und das »Bergsträßer Winzerfest«, das Anfang September in Bensheim gefeiert wird; die Bergsträßer Gebietsweinkönigin wird jedes

Prächtige Fachwerkhäuser, allen voran das Rathaus mit dem mächtigen Turm, flankieren den Heppenheimer Marktplatz.

Jahr abwechselnd auf einem der beiden Feste gekrönt. An Pfingsten steigt das »Zwingenberger Weinfest« auf dem Marktplatz der Altstadt, und Mitte September findet in Groß-Umstadt das »Odenwälder Winzerfest« mit großem Festumzug statt.

- **Pfingsten: Weinfest in Zwingenberg • Tel. 0 62 51/7 00 30 • www.zwingenberg.de**
- **Ende Juni: Bergsträßer Weinmarkt in Heppenheim • Tel. 0 62 52/13 12 13 • www.heppenheim.de**
- **Anfang September: Bergsträßer Winzerfest in Bensheim • Tel. 0 62 51/5 82 63 13 • www.verkehrsverein-bensheim.de**
- **Mitte September: Odenwälder Winzerfest in Groß-Umstadt • Tel. 0 60 78/ 78 10 • www.umstaedter-winzerfest.de**

Themenweinproben

Die Winzer an der Hessischen Bergstraße führen das ganze Jahr über Weinproben zu unterschiedlichen Themenschwerpunkten durch. Fast alle organisieren auch geführte Weinlagenwanderungen, auf Wunsch mit Weinverkostung und Essen.

Termine: www.bergstraesser-wein.de

WEITERE INFORMATIONEN

Im Weinkulturkalender des Deutschen Weininstituts finden Sie immer eine Auswahl der aktuellen weinkulturellen Highlights. Über Weinfeste und Events, Wander- und Radtouren, Winzer und Weinproben im Anbaugebiet Hessische Bergstraße informiert:

- **Weinbauverband Hessische Bergstraße e. V. • Heppenheim, Kettelerstr. 29 • Tel. 0 62 52/7 56 54 • www.bergstraesser-wein.de**
- **Weinkulturkalender des DWI: www.deutscheweine.de (Tourismus)**

Generation Riesling

Jung, innovativ und weltoffen sind die Vertreter der »Generation Riesling« – fruchtig, fein und prickelnd frisch die Weine, für die sie stehen.

Die Neue Deutsche Welle des Weinbaus ist Generation Riesling«, meint Sommelier Gerhard Retter. Und wenn man die jungen Winzer so hört, wird klar, wie vielseitig sie sind – und was für ein Lebensgefühl sie in ihre Arbeit einbringen. »It's all about passion«, »Von nix kommt nix«, »Tradition ist die Wurzel der Vision«, »Wein ist Poesie in Flaschen«, »Born to make wine«, »I'm living my dream« – das sind nur einige Leitsprüche von Vertretern der »Generation Riesling«. Die jungen Wilden der deutschen Weinszene haben sich zum Ziel gesetzt, den Riesling und andere deutsche Vorzeigerebsorten auf Veranstaltungen im In- und Ausland zu präsentieren. Das Deutsche Weininstitut (DWI) in Bodenheim hat die Vereinigung 2006 mit einer Kick-off-Veranstaltung in London ins Leben gerufen, um der jungen Weinszene – losgelöst von bestehenden Gruppierungen – eine nationale und internationale Plattform zu bieten. Die Mitglieder der »Generation Riesling« sind maximal 35 Jahre alt, hervorragend ausgebildet und international ausgerichtet. Sie stehen stellvertretend für die junge Generation von Verantwortungsträgern im deutschen Weinbau, sei es als Winzer im Familienbetrieb, als Geschäftsführer einer Genossenschaft oder als Kellermeister einer Kellerei.

Coole Location für »Germany's Coolest Wines«: Die jungen Winzer der »Generation Riesling« stellten am Berliner Teufelsberg ihre Weine vor.

Neue Deutsche Welle des Weinbaus

Die jungen Winzer der »Generation Riesling« stehen für ein neues, modernes Image des deutschen Weins. Sie touren um die ganze Welt, um ihre Weine vorzustellen, zum Beispiel bei Events wie »Generation Riesling« in Tokio, »The Big G« in London, »The Other Grapes of

Germany« in Oslo, »Riesling & Vänner« in Stockholm oder dem Winefestival in Warschau. Darüber hinaus präsentieren sie sich und ihre Weine auf internationalen Weinmessen, darunter Enoexpo in Krakau, Prodexpo in Moskau, MegaVino in Brüssel, Vinexpo in Bordeaux, »Riesling, Pinot Noir & Co.« in Zürich, Prowine in Hongkong und Schanghai, Top Wine China in Peking sowie »Riesling & Co.« in Amsterdam, Moskau, Chengdu, Shenzhen und Taipeh.

Von nix kommt nix

Der facettenreiche Riesling, der der Initiative den Namen gegeben hat, liegt gerade besonders stark im Trend. Nicht umsonst gilt er mit seiner rassigen, bisweilen mineralischen Säure und seinem intensiven Bukett als »König der Weißweine«. Er ist charaktervoll, ohne schwer zu wirken, und vereint wie kaum eine andere Rebsorte die charakteristischen Besonderheiten des Terroirs in sich. Die Rieslingrebe stellt hohe Anforderungen an die Weinbergslage und reift erst sehr spät. Gerade in kühleren Anbauregionen bringt sie die überzeugendsten Ergebnisse hervor. Rieslingweine aus den deutschen Weinbaugebieten entfalten eine einzigartige Charakteristik, die nirgendwo auf der Welt kopiert werden kann. Darum wurde der lebendige, säurebetonte Wein als Namensgeber für die »Generation Riesling« ausgewählt. Die Initiative schließt allerdings auch Winzerinnen und Winzer ein, die auf Silvaner, Lemberger, Burgunder und andere Rebsorten setzen.

Born to make wine

Die jungen Wilden der deutschen Weinszene, die sich erstmals im Sommer 2009 zu einem Workshop in Mainz trafen, haben die gesamte Branche inspiriert. Inzwischen sind rund 550 Vertreter aus allen Anbaugebieten bei der »Generation Riesling« registriert. Und das Interesse, sich aktiv an der Initiative zu beteiligen, wächst weiter. Das Konzept des Deutschen Weininstituts in Bodenheim, mit der »Generation Riesling« eine Bewegung entstehen zu lassen, bei der möglichst viele mitmachen, scheint aufgegangen zu sein. »Es ist wie im Fußball«, sagt Master-Sommelier Hendrik Thoma. »Ohne gute Jugendarbeit gibt es kein Spitzenteam.«

Deutsches Weininstitut • Bodenheim, Platz des Weines 2 • Tel. 0 61 35/9 32 32 52 • www.generation-riesling.de

Mittelrhein

Schroffe Felswände und steile Rebhänge, über denen romantische Burgen thronen, prägen die Uferregion des Mittelrheins. Hier brauchen Winzer fast Steigeisen, um die Weinberge zu bewirtschaften.

Das Weinanbaugebiet Mittelrhein erstreckt sich auf dem rund 120 km langen Abschnitt zwischen Bingen und Bonn beiderseits des Rheins. Vorbei an rebenbewachsenen Hängen, romantischen Burgen und dem sagenumwobenen Loreleyfelsen windet sich der Fluss durch die Landschaft. Im Norden flankieren ihn die Mittelgebirge Eifel und Westerwald, im Süden Hunsrück und Taunus. Die meist steil terrassierten Weinberge kleben oft wie Schwalbennester an den Talwänden. Ihr steiniger Boden ist windgeschützt und wärmt sich in der Sonne rasch auf.

Inbegriff der Rheinromantik

Der obere Mittelrhein zwischen Bingen und Koblenz wurde im Jahr 2002 von der UNESCO zum Weltkulturerbe erklärt; er ist vor allem westlich des Rheins mit Reben bestockt. Am unteren Mittelrhein, zwischen Koblenz und dem Siebengebirge, liegen die Rebflächen vorwiegend rechtsrheinisch. Weinrechtlich ist das

◀ Seit 800 Jahren thront Burg Gutenfels hoch über dem Mittelrhein bei Kaub.

Gebiet in zwei Bereiche, zehn Großlagen und 111 Einzellagen gegliedert. Die in Rheinland-Pfalz gelegenen Orte – rechtsrheinisch von Kaub bis Unkel und linksrheinisch von Bingen bis Koblenz – gehören zum Bereich »Loreley«. Der Bereich »Siebengebirge« umfasst die nordrhein-westfälischen Weinbaugemeinden Königswinter, Oberdollendorf und Rhöndorf. Für optimale klimatische Verhältnisse sorgt der Zustrom milder Luft aus südlicher Richtung. Von den gemäßigten Wintern mit seltenen Frösten, dem zeitig einsetzenden Frühjahr und einer lang währenden Vegetationszeit bis in den Spätherbst hinein profitiert vor allem der Riesling. Mäßig heiße Sommer mit ausreichenden Niederschlägen bringen große Jahrgänge mit edelsüßen Auslesen hervor.

Rheinischer Riesling

Charakteristisch für die Böden von Bingen bis Koblenz ist der Schiefer. Hunsrückschiefer, dunkler Schiefer, Lehm oder Lösslehm mit Schieferschutt sorgen für Mineralität und Säure – ideale Wachstumsbedingungen für die Rieslingrebe, die »typisch rheinische« Weine hervorbringt: mineralisch, mit feinem Duft und rassiger Säure. Nördlich von Koblenz kommen vulkanische Gesteine wie Bims, Tuff und Löss hinzu, die den Weinen Kraft verleihen.
Auf den rund 470 Hektar umfassenden Rebflächen der zweitkleinsten deutschen Weinregion stehen klassische Rebsorten im Vordergrund, 85 Prozent weiße, 15 Prozent rote. Dominante Sorte ist der Riesling mit 65 Prozent Gesamtanteil. Seine spät reifenden Trauben bringen wie keine andere Rebsorte das nuancenreiche Bukett hervor, das zum Weltruf des Rheinweins geführt hat. Viele Weingüter versekten inzwischen auch einen Teil ihrer Rieslingernte zu charaktervollen Winzersekten. Auf Platz zwei der weißen Rebsorten folgt Müller-Thurgau mit einem Anteil von 5 Prozent, bei den roten Sorten führt der Spätburgunder mit 10 Prozent.

(20) Bopparder Hamm

Bei Boppard liegt nicht nur die größte Flussbiegung des Rheins, sondern auch die größte zusammenhängende Rebfläche am Mittelrhein: der Bopparder Hamm. Ob der Name vom lateinischen Wort für Haken (»hamus«) herzuleiten ist oder vom rheinischen Ausdruck für Flussufer (»Hamm«) – fest steht, dass der Bopparder Hamm sowohl die Rheinschleife als auch die Weinlage am linksrheinischen Steilufer bezeichnet.

Reben an der Rheinschleife

Auf 5 km Länge ziehen sich die Rebhänge über ein Gebiet von 75 Hektar. Die Südlage hat einen idealen Neigungswinkel zur Sonne, die Wasserfläche des Rheins dient als Wärmespeicher, und das Schiefergestein verleiht den Rieslingweinen ihre feine Mineralität und Aromen von Apfel, Minze und verschiedenen Gewürzen. In der Großlage Gedeonseck gelegen, umfasst der Bopparder Hamm die Einzellagen Engelstein, Ohlenberg, Feuerlay, Mandelstein, Weingrube, Fässerlay und Elfenlay. Die Steillagen erfordern noch immer viel Handarbeit von den Winzern, die die Weinberge im Bopparder Hamm bewirtschaften. Sie produzieren ungefähr 600 000 Liter Wein im Jahr – hauptsächlich Riesling,

Schiefergestein verleiht dem Wein vom Bopparder Hamm seine charakteristische Mineralik.

der aufgrund des tiefgründigen schieferhaltigen Verwitterungsgesteins am Bopparder Hamm eine unverwechselbare Mineralik und rassige Säure entwickelt.

Steil überm Rhein

Die eindrucksvolle Kulturlandschaft lässt sich besonders gut bei einer Wanderung durch die Weinberge an der Rheinschleife erleben, zum Beispiel am letzten Aprilsonntag beim »Mittelrheinischen Weinfrühling«. Dann laden örtliche Winzerbetriebe am Bopparder Hamm entlang der 5 km langen Wanderstrecke zwischen Boppard und Spay zur Weinverkostung ein. Eine sportliche Herausforderung für Schwindelfreie stellt der Mittelrheinklettersteig dar. In Zusammenarbeit mit dem Deutschen Alpenverein geschaffen, führt er über elf Kletterpassagen mit zehn Leitern, 130 Trittbügeln und etwa 180 m Drahtseil durch die steilen Felswände über Boppard. Die anspruchsvolle Tour kann nur mit festen Wanderschuhen angetreten werden; für Kinder und Ungeübte sind Klettersteigausrüstung sowie ein professioneller Führer vorgeschrieben. Die Gehzeit beträgt zwei bis drei Stunden, während der man einen spektakulären Blick hinunter auf den Bopparder Hamm hat.

– **Tourist-Info Boppard • Marktplatz, Altes Rathaus • Tel. 0 67 42/38 88 • www.boppard-tourismus.de**
– **Kletterausrüstungsverleih an der Aral-Tankstelle • Boppard, Koblenzer Str. 237 • Tel. 0 67 42/24 47 • www.klettersteig.de • Leihgebühr 8 €, Pfand: 20 €**

(21) Bacharach

15 km nordwestlich von Bingen liegt Bacharach am Westufer des oberen Mittelrheins. Im Mittelalter war die Stadt ein bedeutender Stapel- und Umschlag-

platz der Rheinschifffahrt. Weil das Binger Riff – ein Felsenkamm am Eintritt des Rheins ins Rheinische Schiefergebirge – den Gütertransport auf dem Fluss nur bei Hochwasser zuließ, mussten die Lastkähne an dieser Stelle entladen werden. Ihre Ladungen, darunter viele Weinfässer aus südlichen Weinregionen, wurden auf dem Landweg weitertransportiert oder auf kleine Boote mit wenig Tiefgang umgeladen. Erst ab Bacharach war der Weitertransport auf großen Handelsschiffen wieder möglich. Neben Wein vom Mittelrhein wurden hier auch Weine aus dem Rheingau, aus Rheinhessen, der Pfalz, aus Baden und dem Elsass verladen und unter der Bezeichnung »Bacharacher« weitergehandelt. So wurde der Name weltweit als Synonym für Wein bekannt. Der Durchbruch des Binger Riffs durch Sprengungen machte den Mittelrhein vom 17. Jh. an immer besser befahrbar, und mit dem »Binger Loch« – wie der Durchlass fortan hieß – verlor Bacharach seine Bedeutung als Weinumschlagplatz. Vom einstigen Wohlstand kündet heute die Altstadt mit dem historischen Marktplatz und den ihn umgebenden Fachwerkhäusern, allen voran das »Alte Haus« von 1368, in dem eine Weinstube zur Einkehr einlädt. Auch die mittelalterliche Stadtbefestigung mit ihren mächtigen Torbauten und die über dem Rhein thronende Burg Stahleck tragen zum malerischen Bild bei, das die Rheinromantik maßgeblich beeinflusst hat.

Im Herzen von Bacharach laden Weinlokale wie das Alte Haus und andere mittelalterliche Fachwerkhäuser am historischen Marktplatz zum Verweilen ein.

Einfach romantisch!
Der Schriftsteller Clemens Brentano, einer der wichtigsten Vertreter der deutschen Romantik, ließ sein berühmtes Gedicht von der Loreley mit der Zeile »Bei Bacharach am Rheine« beginnen. Literaten, Maler und Musiker, darunter Lord Byron und Heinrich Heine, Victor Hugo und William Turner, priesen die Schönheit der Landschaft am Mittelrhein mit ihren malerischen Burgen und Städtchen. Heute kommen Touristen und Weinliebhaber aus aller Welt nach Bacharach und genießen die hervorragenden Weine aus den Lagen Hahn, Posten, Wolfshöhle, Mathias Weingarten, Kloster Fürstental und Insel Heyles'en Werth.

Rhein-Nahe Touristik • Bacharach, Oberstr. 10 • Tel. 0 67 43/91 93 03 • www.rhein-nahe-touristik.de

Ziele in der Umgebung

SEHENSWERTES

Koblenz

Die größte Stadt am Mittelrhein liegt an der Mündung der Mosel in den Rhein. Mit ihren zahlreichen Kulturdenkmälern ist sie das nördliche Eingangstor zur UNESCO-Kulturlandschaft Oberes Mittelrheintal. Burgen und Schlösser, alte Patrizierhäuser, romantische Gassen, Plätze und Parkanlagen – die Anzahl an Sehenswürdigkeiten ist riesig. Von der Festung Ehrenbreitstein hat man einen herrlichen

Über den Weinbergen von Bad Hönningen steht Schloss Arenfels mit seinen 365 Fenstern, 52 Türen undzwölf Türmen. Wer's nicht glaubt, kann nachzählen.

Blick auf Koblenz und die Moselmündung am Deutschen Eck. Seinen Ruf als Weinstadt verdankt Koblenz rund einer halben Million Rebstöcken, die an den Hängen von Rhein und Mosel gedeihen. Beim »Weindorf« Koblenz befindet sich sogar eine Weinlage direkt in der Innenstadt: das »Schnorbach Brückstück«.

Tourist-Info im Forum Confluentes • Koblenz, Zentralpl. 1 • Tel. 02 61/1 29 16 10 • www.koblenz-touristik.de

Loreley

Bei St. Goarshausen erhebt sich auf der rechten Rheinseite die sagenumwobene Loreley. Auf diesem Felsen saß der Legende nach eine Nixe, die so schön war, dass sie vielen Rheinschiffern zum Verhängnis wurde. Denn wenn die Loreley sang und ihr langes goldenes Haar kämmte, brachte das manchen Schiffer vom Kurs ab, und sein Boot zerschellte an den Felsen. Besonders schmal, sehr tief und mit starken Strömungen, war die Loreleypassage in der Vergangenheit tatsächlich eine äußerst gefährliche Stelle. Seit den 1930er-Jahren hat sie durch Sprengungen ihren Schrecken verloren – doch der Reiz des sagenhaften Felsens besteht weiterhin. Das Besucherzentrum auf der Loreley präsentiert anschaulich nicht nur den Mythos, sondern auch die Natur- und Kulturlandschaft des Oberen Mittelrheins.

Loreley Besucherzentrum • Bornich, Loreley 7 • Tel. 0 67 71/59 90 93 • www.loreley-besucherzentrum.de • Eintritt 2,50 €

Oberwesel

Mit seiner fast vollständig erhaltenen Stadtbefestigung zählt das Weinstädtchen Oberwesel zu den Besuchermagneten am Mittelrhein. Die teilweise begehbare Stadtmauer mit ihren 16 erhaltenen Wehrtürmen ist ein eindrucksvolles Beispiel mittelalterlicher Wehrarchitektur. Selbst der mächtige Westturm der Martinskirche war einst in die Verteidigungsanlage ein-

KULTUR-TIPP

Schloss Arenfels

Mit seinen 365 Fenstern, 52 Türen und zwölf Türmen wird das in den Weinbergen über Bad Hönningen gelegene Schloss Arenfels wegen seiner zahlensymbolischen Bezüge zum Kalenderjahr auch gern als »Jahresschloss« bezeichnet. Ursprünglich im 13. Jh. erbaut, erhielt die Anlage Mitte des 19. Jh. ihr heutiges Gesicht, als Ernst Friedrich Zwirner, Dombaumeister in Köln, das Schloss im neugotischen Stil umbaute. Führungen durch die Räume des Schlosses, darunter Rittersaal und Schlosskapelle, sind nach Voranmeldung möglich. Bei schönem Wetter kann man im Gartencafé bei Kaffee und Kuchen den herrlichen Blick ins Untere Mittelrheintal genießen. Wer möchte, kann den Ausflug mit einer Wanderung auf einem Streckenabschnitt des Rheinsteigs verbinden; der Fernwanderweg, der den Mittelrhein von Bonn bis Wiesbaden auf der rechten Flussseite begleitet, führt direkt an Schloss Arenfels vorbei.

Schloss Arenfels • Bad Hönningen, Schlossberg • Tel. 01 73/8 37 42 40 • www.schloss-arenfels.de • Führung 5 €

»Rhein in Flammen« – romantischer geht's nicht: Feuerwerk über der Festung Ehrenbreitstein, im Vordergrund rechts das Deutschen Eck in Koblenz mit dem Denkmal für Kaiser Wilhelm I.

gebunden. Den Marktplatz säumen bunt herausgeputzte Fachwerkhäuser, in denen Weinstuben und Restaurants Spezialitäten der Region anbieten. Ein Rundgang über die Stadtmauer lohnt sich nicht zuletzt wegen des wunderbaren Blicks auf den Rhein und die rebenbewachsenen Uferhänge.
Tourist-Info • Oberwesel, Rathausstr. 3 • Tel. 0 67 44/71 06 24 • www.oberwesel.de

MUSEUM
Arp-Museum Remagen

Der sorgfältig restaurierte alte Bahnhof Rolandseck bei Remagen öffnete 2004 in neuer Funktion seine Pforten: Mit Ausstellungsräumen, Festsaal und vielem mehr ist er nun ein Ort kulturellen Austauschs, in dem Konzerte, Tagungen und Wechselausstellungen stattfinden. Vom klassizistischen Bahnhof gelangt man durch einen Verbindungsgang zum Arp-Museum, den der New Yorker Stararchitekt Richard Meier auf den Rheinhöhen über dem Bahnhof Rolandseck errichtete. Werke des Künstlerpaars Hans Arp und Sophie Taeuber-Arp begleiten die Besucher auf Schritt und Tritt.
Arp Museum Bahnhof Rolandseck • Remagen, Hans-Arp-Allee 1 • Tel. 0 22 28/ 94 25 36 • www.arpmuseum.org • Eintritt 11 €

AKTIV UNTERWEGS
#rheinspaziert

»Wandern auf hohem Niveau« verspricht der Rheinsteig auf der rechten Rheinseite;

linksrheinisch führt der Rheinburgenweg durch die atemberaubende Landschaft mit ihren zahlreichen Aussichtspunkten, Schlössern und Burgen. Unterwegs gibt es jede Menge Einkehrmöglichkeiten.
Romantischer Rhein Tourismus • Tel. 02 61/9 73 84 70 • www.romantischer-rhein.de, www.rheinsteig.de, www.rheinburgenweg.com

ESSEN UND TRINKEN

Da Vinci

Im denkmalgeschützten Stammhaus der Sektkellerei Deinhard in Koblenz kann man im modernen Ambiente des Gourmetrestaurants Da Vinci drei- bis neungängige Degustationsmenüs in modern interpretierter französischer Klassik genießen. Küchenchef Daniel Pape hat sich einen Michelin-Stern erkocht und viele weitere Auszeichnungen.
Koblenz, Deinhardpl. 3 • Tel. 02 61/9 21 54 44 • www.davinci-koblenz.de • €€€€

Burghotel Auf Schönburg

Hoch über Oberwesel, mit herrlichem Blick auf das Rheintal, lädt die 1000 Jahre alte Schönburg ins romantische Burghotel. In Ritter-, Knappen- und Gobelinstube kann man sich kulinarisch verwöhnen lassen, und auf der Terrasse bei einem Glas Wein die Aussicht ins Rheintal genießen.
Oberwesel • Tel. 0 67 44/9 39 30 • www.burghotel-schoenburg.de • €€€

FESTE UND EVENTS

Rhein in Flammen

Zu den Highlights unter den Veranstaltungen am Mittelrhein zählt das Großfeuerwerk »Rhein in Flammen«, das jedes Jahr an verschiedenen Etappen des Flusses stattfindet: im Mai zwischen Linz und Bonn, im Juli zwischen Trechtingshausen, Bingen und Rüdesheim, im August zwischen Spay, Braubach und Koblenz, im September erst in Oberwesel, dann zwischen St. Goar und St. Goarshausen. Auf den rund 120 Rheinkilometern zwischen Bingen und Bonn wird das romantische Mittelrheintal mit seinen Burgen und Schlössern eindrucksvoll in Szene gesetzt. Das Feuerwerk dauert jeweils etwa eine Stunde und kann vom Schiff aus oder vom Ufer bewundert werden, das begleitende Landprogramm an den Rheinpromenaden startet bereits nachmittags.
Rheinland-Pfalz Tourismus • Tel. 02 61/ 91 52 00 • www.rhein-in-flammen.com

Feste feiern

Fröhliche Weinfeste, erstklassige Kulturveranstaltungen oder historische Feste, die die Vergangenheit lebendig werden lassen – am Mittelrhein findet man das ganze Jahr über Gründe zu feiern. Natürlich mit heimischen Weinen.
Veranstaltungskalender: www.romantischer-rhein.de

WEITERE INFORMATIONEN

Im Weinkulturkalender des Deutschen Weininstituts finden Sie immer eine Auswahl der aktuellen weinkulturellen Highlights. Über Weinfeste und Events, Wander- und Radtouren, Winzer und Weinproben im Anbaugebiet Mittelrhein informiert:

- **Mittelrhein-Wein e.V. • St. Goarshausen, Dolkstr. 19 • Tel. 0 67 71/9 59 91 03 • www.mittelrhein-wein.com**
- **Weinkulturkalender des DWI: www.deutscheweine.de (Tourismus)**

Mosel

Malerisch schlängelt sich die Mosel in vielen Windungen durch die älteste deutsche Weinbauregion. Die steilen, oft terrassierten Weinberge sind nur etwas für trittsichere und schwindelfreie Winzer.

Schon vor 2000 Jahren wurde an der Mosel Weinbau betrieben. Kelten und Römer fanden in den geschützten Lagen des Rheinischen Schiefergebirges geeignete Bedingungen für die Kultivierung von Reben. Zahlreiche Funde belegen die wichtige Rolle, die der Wein für die römischen Siedler und Soldaten hatte, darunter mehrere römische Kelteranlagen und Reliefs wie das Neumagener Weinschiff – ein Ruderschiff mit einer Ladung großer Weinfässer (s. S. 69). Es schmückte einst das Grab eines Weinhändlers und machte seinen Fundort, Neumagen-Dhron, zum ältesten Weinort Deutschlands.

Die Täler von Mosel, Saar und Ruwer

Die Region, die bis August 2007 »Mosel-Saar-Ruwer« hieß, zieht sich zwischen Hunsrück und Eifel entlang der Mosel von Perl bis Koblenz, an der Saar von Serrig bis zur Mündung in die Mosel bei Konz und an der Ruwer von Riveris bis zur Mündung in die Mosel bei Trier-Ruwer. Von den knapp 8750 Hektar Anbaufläche

◀ Von den steilen Rebhängen über Bremm hat man einen herrlichen Blick auf die Moselschleife.

befinden sich etwa 790 Hektar an der Saar und 180 Hektar an der Ruwer. Das Anbaugebiet umfasst sechs Bereiche, 19 Großlagen und rund 520 Einzellagen. Die Bereiche sind »Moseltor« im Saarland, »Obermosel« von Palzem bis Igel, »Saar« von Serrig bis Konz, »Ruwertal« von Waldrach bis Trier-Ruwer, »Bernkastel« von Trier bis Briedel und »Burg Cochem« von Zell bis Koblenz. Die geschützten Lagen der Region zählen zu den wärmsten Klimazonen Deutschlands – an den steilen Felsen treffen die Sonnenstrahlen fast senkrecht auf. Wo heute Reben wachsen, befand sich vor Jahrmillionen der Meeresboden des Urozeans. Davon zeugt der Muschelkalk, der an der oberen Mosel neben Dolomit, Keuper und Mergel vorherrscht. An den Steillagen von Saar, Ruwer und Mittelmosel dominiert Devonschiefer, an der unteren Mosel sind es quarzitische und kalkhaltige Sandsteine mit Schiefer. Die Schieferböden bilden die ideale Grundlage für den Riesling, der tief wurzelt und reichlich Mineralität zieht; er ist mit über 62 Prozent die meistangebaute Rebsorte der Region. An der Obermosel wird auch eine alte, selten gewordene weiße Rebsorte kultiviert: der Elbling, dessen spritzige, säurebetonte Weine sich hervorragend zur Versektung eignen. Weitere wichtige Weißweinsorten sind Müller-Thurgau, Weißburgunder, Grauburgunder und Kerner. Unter den 9 Prozent roten Rebsorten nimmt Spätburgunder die Hälfte ein.

2000 Jahre Weinbautradition

Mosel, Saar und Ruwer haben tiefe Täler ins Rheinische Schiefergebirge geschnitten. Nirgendwo sonst gibt es mehr Steillagenweinberge – vor allem an der unteren Mosel im Bereich »Burg Cochem«. Hier ist oft nur Terrassenweinbau möglich, was der Region den Namen »Terrassenmosel« eingebracht hat. Für die Winzer bedeutet das harte Arbeit unter zum Teil sehr schwierigen Bedingungen. Wer einen der Wanderwege und Klettersteige in den Steillagen begeht, bekommt eine Ahnung, unter welchen Gefahren hier die Weinberge bewirtschaftet werden. Doch die Steillagen bieten auch einen herrlichen Blick über die eindrucksvolle Kulturlandschaft, die die Mosel mit ihren zahlreichen Windungen geschaffen hat.

(22) Römische Keltern in Piesport

Wie der Moselwein in der Antike gekeltert wurde, können wir aus den Überresten römischer Landgüter schließen, die sich in der Region erhalten haben. An der Piesporter Moselschleife wurde 1985/86 im Zuge einer Flurbereinigung die größte römische Kelter nördlich der Alpen entdeckt. Die 44 m lange und 20 m breite Anlage befindet sich am Fuße der renommierten Steillage »Piesporter Goldtröpfchen«. Sie stammt aus dem 4. Jahrhundert und umfasste neben vier Kellerräumen eine Doppelkelteranlage mit je zwei Maischebecken, viertelkreisförmigen Pressbecken und Mostbecken. Über den Pressbecken wurde eine Spindelkelter mit schwebendem Gewicht rekonstruiert, sodass die Anlage heute wieder voll funktionsfähig ist.

In der großen Piesporter Römerkelter wurden im 4. Jahrhundert die Erträge von über 60 Hektar Rebfläche zu Moselwein verarbeitet.

60 000 Liter Wein im Jahr

In einem Kellerraum westlich der Kelteranlage legten die Archäologen außerdem ein Fumarium frei – eine Rauchkammer, in der der Wein vorzeitig gealtert werden konnte. Aufgrund der ungewöhnlichen Größe schätzt man, dass hier einst bis zu 130 Arbeiter an die 60 000 Liter Wein verarbeiten konnten. Die zur Kelteranlage gehörende Rebfläche wird sich wohl über 60 Hektar erstreckt haben. Möglicherweise war die Piesporter Kelter ein staatlicher Betrieb, der für die Präfektur in Trier – vielleicht sogar für den kaiserlichen Hof – Wein produzierte. Die große Römerkelter in Piesport wird jedes Jahr beim Römischen Kelterfest, das Anfang Oktober stattfindet, in Betrieb genommen. Zu diesem Anlass werden die Weintrauben im großen Maischebecken getreten und anschließend in der Spindelkelter weiterverarbeitet. Dies alles findet in passender historischer Gewandung statt. Wenn sich der mächtige Kelterbaum, an dem ein zentnerschwerer Stein hängt, auf die mit Maische gefüllten Presskörbe senkt, fließt der Traubensaft in ein Auffangbecken und kann in Amphoren abgefüllt werden. Im Jahr 1992 fand man in Piesport eine weitere Römerkelter. Sie wird ins 2. Jahrhundert datiert, ist mit 6 x 15 m wesentlich kleiner und hat nur vier Becken. Auch in Erden, Brauneberg und Maring-Noviand konnten antike Kelteranlagen für die Nachwelt gesichert werden. Die Erdener Kelter wurde im 3. Jahrhundert errichtet und bis zum 7. Jahrhundert mehrfach umgebaut. Die römischen Kelteranlagen entlang der Mosel dokumentieren die lange Tradition der Traubenverarbeitung. Vermutlich haben bereits die Kelten in den geschützten Tallagen zwischen Hunsrück und Eifel Wein angebaut. Die Römer haben hier jedenfalls im großen Stil Wein produziert. Das macht die Region Mosel zum ältesten Weinbaugebiet Deutschlands.

Tourist-Info • Piesport, Heinrich-Schmitt-Pl. 1 • Tel. 0 65 07/20 27 • www.piesport.de

23 Weinkeller der Vereinigten Hospitien

Der älteste Weinkeller Deutschlands befindet sich unter dem Altenwohn- und Pflegeheim St. Irminen im Park der Vereinigten Hospitien in Trier. Wo heute ein prächtiger Barockbau steht, ließ der römische Kaiser Konstantin um das Jahr 330 zwei riesige Speicherhäuser errichten – sogenannte Horrea. Sie lagen in der Nähe des Hafens und dienten als Lagerhäuser für den Wein, der von den römischen Weingütern entlang der Mosel und ihrer Nebentäler angeliefert wurde. Die hallenartigen Horrea waren jeweils 70 Meter lang und 20 Meter breit. Ihre bis zu acht Meter hohen Mauern aus Kalksteinquadern mit Ausgleichslagen aus Ziegeln sind erhalten geblieben; monumentale Blendarkaden mit schmalen, kleinen Fenstern gliedern die Wände.

Deutschlands ältester Weinkeller

Der Kulturschutt der Jahrhunderte hat das einstige Erdgeschoss der Horrea zum Kellergeschoss gemacht; in seinem Eingangsbereich sieht man noch den ursprünglichen römischen Ziegelboden. Heute können Gäste im ältesten Teil des Weinkellers an Weinproben teilnehmen. Der Römersaal im Geschoss darüber gehörte ebenfalls zu den römischen Lagerhäusern. Mit ihrem restaurierten römischen Sichtmauerwerk bilden die

Vor dem Weingut der Vereinigten Hospitien in Trier steht eine Kopie des Neumagener Weinschiffs. Das Original stammt aus der Zeit um 220 n. Chr. und war das Grabmal eines römischen Weinhändlers.

Räumlichkeiten einen stilvollen Rahmen für Konzerte, Veranstaltungen und Fortbildungen der Vereinigten Hospitien. Die Stiftung Vereinigte Hospitien entstand auf Anordnung Napoleons, der 1804 die Errichtung eines Spitals verfügte, mit 100 Betten für verwundete Soldaten und 50 Betten für bedürftige Kranke der Stadt Trier. Hierzu wurden die bislang von Klöstern betriebenen Kranken- und Pflegehäuser zusammengefasst und in der aufgelösten Benediktinerinnenabtei St. Irminen untergebracht. Diese Abtei war im Mittelalter auf den Überresten der römischen Speicherhallen errichtet worden. Zu den in St. Irminen vereinigten Einrichtungen gehörten das Sankt-Jakobs-Hospital, das Sankt-Elisabeth-Hospital der Abtei St. Maximin, das Sankt-Nikolaus-Hospital der Abtei St. Matthias, das Sankt-Nikolaus-Hospital beim Simeonstift, zwei Waisenhäuser, ein Spinnhaus und zwei Leprosenhäuser.

Naturnah und ökologisch

Das Vermögen der Stiftung geht vor allem auf Güter und Liegenschaften zurück, zu denen auch das Weingut der Vereinigten Hospitien gehört. Die Weinberge, die überwiegend aus dem Besitz aufgelöster Klöster stammen, befinden sich an Saar und Mosel. Die 25 Hektar Rebfläche des Weinguts, überwiegend Steillagen, sind auch mit Grau-, Weiß- und Spätburgunder bestockt – den Löwenanteil macht allerdings der Riesling aus. Er wurde bereits 1464 an der Mosel angebaut, wie den Rechnungsbüchern des Sankt-Jakobs-

Um 1900 war Traben-Trarbach (s. S. 72), das beschauliche Doppelstädtchen an der Mosel, der zweitgrößte Weinumschlagplatz Europas.

Hospitals zu entnehmen ist. Die Weinberge werden nach ökologischen Gesichtspunkten bewirtschaftet. Dazu gehören die natürlich begrünten Rebzeilen, die bei Bedarf mit Stroh oder Stallmist gedüngt werden. Im Herbst werden die Trauben von Hand gelesen und nach ihrem Reifegrad sortiert. All die Mühe lohnt sich, denn die zeitintensive, selektive Verarbeitung bringt Weine von höchster Qualität hervor.

Weingut der Vereinigten Hospitien • Trier, Krahnenufer 19 • Tel. 06 51/ 9 45 12 11 • www.weingut.vereinigtehospitien.de

24 Weinbergssonnenuhren

An den steilen Südhängen entlang der Mosel steht die Zeit nicht still. Dafür sorgen schon allein die Sonnenuhren inmitten der Weinberge. In Wehlen, nördlich der Moselschleife von Bernkastel-Kues, hat sich ein ganzes Dorf den Sonnenuhren verschrieben. Angefangen hat alles mit einer Sonnenuhr in den Weinbergen. Im Jahr 1842 ließ Jodocus Prüm, der Spross einer wohlhabenden Winzerfamilie aus Wehlen, in der Steillage »Lammerterlay« eine monumentale Sonnenuhr errichten. Ihre großen schwarzen Ziffern auf weiß gekalkter Wand zeigte den Winzern in den Weinbergen von 8 Uhr morgens bis 18 Uhr abends die Zeit an.

Immer auf der Höhe der Zeit

Die Wehlener Sonnenuhr war bald so bekannt, dass die Weinlage Lammerterlay in »Wehlener Sonnenuhr« umbenannt wurde. Heute sind Sonnenuhren über den ganzen Weinort verteilt – über 50 sollen es inzwischen sein, darunter horizontale Sonnenuhren auf Weinkeltern und Fässern, vertikale Sonnenuhren an Fassaden und Äquatorialsonnenuhren, deren sphärisch gewölbtes Gerüst auf einem Sockel steht. Im flussabwärts gelegenen Nachbarort Zeltingen ragt ebenfalls eine Sonnenuhr aus dem steilen Südsüdwesthang hoch über dem Moselufer. An ihren arabischen Ziffern auf weißem Grund kann man bei strahlendem Sonnenschein von morgens um 7 bis abends um 18 Uhr die Zeit ablesen. Sie gilt als die größte Sonnenuhr in einem deutschen Weinberg und ist das stolze Wahrzeichen des Moselweinorts Zeltingen. Wenige Kilometer flussaufwärts befindet sich an der Juffer, einem Steilhang gegenüber von Brauneberg, eine weitere markante Sonnenuhr, die sogar von Sommerzeit auf Winterzeit umgestellt werden kann. Mit ihren römischen Ziffern auf weißem Grund hat sie der Brauneberger Einzellage »Juffer Sonnenuhr« den Namen gegeben. Auf dem blaugrauen Devonschiefer wurden im August 1998 heiße 41,2 °C gemessen – eine der höchsten in Deutschland gemessenen Tagestemperaturen.

Sonnenverwöhnte Spitzenlagen

Zu den ältesten Weinbergsuhren zählt die Sonnenuhr von Pommern an der Mosel. Vor fast 400 Jahren gab der Abt der Zisterzienserabtei Himmerod in der Eifel den Auftrag, in den klostereigenen Weinbergen bei Pommern eine Sonnenuhr anlegen zu lassen. Seit dem Jahr 1620 steht sie nun schon am Steilhang hoch über dem Moselufer. Die von einem flachen, geschwungenen Renaissancegiebel bekrönte rechteckige Ziffernfläche zeigt in römischen Ziffern die Uhrzeit von 8 Uhr morgens bis 17 Uhr nachmittags an – vorausgesetzt, die Sonne scheint.

Weitere Weinbergssonnenuhren gibt es in Neumagen und Maring; mehrere Hundert soll es insgesamt an der Mosel geben. Die Sonnenuhren in den Weinbergen zeigen nicht nur die Zeit an, sie markieren auch Spitzenlagen, auf denen sonnenverwöhnte Reben erstklassige Weine hervorbringen. Dafür stehen Lagenbezeichnungen wie »Wehlener Sonnenuhr«, »Juffer Sonnenuhr« oder »Zeltinger Sonnenuhr«, die verlässlich Spitzenrieslinge von überregionalem bis internationalem Rang hervorbringen.

Touristik Wehlen, Wein und Wiesen e. V. • Bernkastel-Wehlen • Tel. 0 65 31/91 58 50 • www.wehlen.de

25 Traben-Trarbach

An den Ausläufern des Hunsrücks liegt Trarbach am rechten Ufer der Mosel. Gegenüber erstreckt sich Traben auf der Halbinsel der Moselschleife. Im Jahr 1904 vereinigten sich die beiden Gemeinden zur Doppelstadt Traben-Trarbach, verbunden durch die Moselbrücke, die Ende des 19. Jahrhunderts vom Berliner Architekten Bruno Möhring errichtet wurde. Die Eisenkonstruktion war die erste Straßenführung über den Fluss zwischen Bernkastel und Koblenz; 1945 wurde sie in den letzten Kriegstagen zerstört. Von der alten Brücke ist heute lediglich das Brückentor auf Trarbacher Seite erhalten. Der Torbau mit seinen zwei flankierenden Türmen gilt mittlerweile als Wahrzeichen Traben-Trarbachs. Mit seinen neugotischen Stilelementen ist er ein sehenswertes Beispiel für die Architektur des Historismus. Das idyllische Doppelstädtchen an der Mosel war in der Zeit um 1900 nach Bordeaux der zweitgrößte Weinhandelsumschlagplatz Europas. Von Traben-Trarbach aus wurde Wein in die ganze Welt exportiert. Der florierende Weinhandel, insbesondere die große Nachfrage nach Riesling, hatte zu zahlreichen Firmengründungen geführt – in Traben und Trarbach verdienten in der zweiten Hälfte des 19. Jahrhunderts über 100 Betriebe ihr Geld mit Wein. Um genügend Lagerraum zu erhalten, wurden in beiden Gemeinden große Flächen der Stadtkerne unterkellert.

Unterwegs im Kellerlabyrinth

Bei einer Führung durch die über 100 m langen Gänge und teils mehrstöckigen Gewölbe kann es durchaus passieren, dass man einen Keller am Moselufer betritt und das unterirdische Labyrinth erst wieder im Garten eines Winzerhofs verlässt. Vom Wohlstand der Winzer und Weinhändler zeugen die prächtigen Villen, Kellereigebäude und Hotels, die um die Jahrhundertwende beiderseits der Mosel entstanden. Bei einem Spaziergang durch Traben-Trarbach trifft man auf Schritt und Tritt auf hervorragend erhaltene Beispiele großbürgerlicher Wohnkultur. Am Bahnhof in Traben ließ sich der Weinhändler und Kellereibesitzer Adolph Huesgen im Jahr

> **WUSSTEN SIE, DASS …**
>
> … »Juffer« im Moselfränkischen Jungfer bedeutet? Um den Namen der renommierten Brauneberger Steillage ranken sich verschiedene Legenden. Am besten, man lässt sie sich vor Ort erzählen – bei einem Glas Juffer Sonnenuhr.

An den Steilhängen des Bremmer Calmont sind bei der Weinlese nicht nur flinke Finger, sondern auch Trittsicherheit gefragt.

1904 eine repräsentative Jugendstilvilla nach Plänen von Bruno Möhring errichten. Am Westende der Trabener Moselpromenade stößt man auf ein weiteres großbürgerliches Wohnhaus von Möhring: Villa Breucker, im Jahr 1905 für den Weinhändler Gustav Breucker erbaut. Zu den bekanntesten Bauwerken zählt das Hotel Bellevue in Traben. Das 1903 von Möhring errichtete Gebäude fällt durch seinen Erkerturm auf, dessen Form einer Sektflasche nachempfunden ist. Als ehemaliges »Hotel Clauss-Feist« war es einst Schauplatz rauschender Belle-Époque-Feste. Von seiner Jugendstilausstattung ist vieles erhalten; an der Fassade erinnern Jahresmarken an Hochwasserkatastrophen. Das Mittelmoselmuseum zeigt u. a., wie Winzer und Weinhändler im 18. und 19. Jahrhundert in Traben und Trarbach gelebt haben. Und vom Brückentor führt ein Wanderweg hinauf zur Grevenburg, deren Ruine hoch über dem rechten Moselufer emporragt. Von der einstigen Residenz der Grafen von Sponheim genießt man heute einen herrlichen Blick auf die Doppelstadt an der Moselschleife.

Tourist-Info • Traben-Trarbach, Am Bahnhof 5 • Tel. 0 65 41/8 39 80 • www.traben-trarbach.de

26 Bremmer Calmont

An der unteren Mosel liegt eine der steilsten Weinberg-Einzellagen ganz Europas, wenn nicht sogar die steilste: der Calmont zwischen Bremm und Ediger-Eller. Der bis zu 370 m hohe Steilhang mit Neigungswinkeln bis die 68 Grad bietet den hier wachsenden Rieslingreben optimale Bedingungen. Die Sonnenstrahlen treffen fast senkrecht auf die Böden aus Schiefer-, Quarzit- und Grauwacke-Verwitterungsgestein, die die Wärme lange speichern und die Rebwurzeln mit Mineralien versorgen. Dank dieses einmaligen Terroirs zählt der Bremmer Calmont zu den besten Lagen der Terrassenmosel. Für die Winzer bedeutet die Bewirtschaftung der Weinberge Schwerstarbeit. Trotz der Monorack-Zahnbahn, die seit den 1990er-Jahren ein wenig technischen Fortschritt in die schroffen Felshänge gebracht hat, müssen die Trauben bei der Lese weitgehend zu Fuß den steilen Hang hinab zum Erntewagen gebracht werden. Vor allem in den letzten Jahren ging die bestockte Anbaufläche immer weiter zurück – von den insgesamt 22 Hektar werden heute nur noch gut die Hälfte kultiviert.

WUSSTEN SIE AUCH, DASS ...

... die Moselregion das größte Steillagenweinbaugebiet der Welt ist? Rund 3500 Hektar der Anbaufläche liegen in Steillagen – die steilste am Bremmer Calmont.

Steiler geht's nicht

Der Name Calmont geht wohl auf die Römer zurück – auf Lateinisch bedeutet »calidus mons« so viel wie »warmer Berg«. Die bis zu den Römern zurückreichende Weinbautradition ist sogar schriftlich überliefert: »Allseits siehst du die Höhen umkleidet mit grünenden Reben, [...] dicht in Zeilen gepflanzt in das Schieferstein ist der Rebstock. [...] Wo Weinberge belaubt aufstreben zu kahlen Berghöhen, und reichschattendes Grün das trockene Geröll bedeckt: Hier sammelt der Winzer die Ernte der gefärbten Trauben, am Felshang hänget er, lesend die Frucht.« So beschrieb Venantius Fortunatus, der letzte Dichter der Spätantike und der erste Dichter des Mittelalters, die Weinberge am Calmont, die er im Jahr 588 während einer Reise auf der Mosel gesehen hatte. Seit 2002 führt ein Klettersteig zwischen Bremm und Eller über Felsen, Schiefersteinhalden und durch Weinberge. Wer trittsicher und schwindelfrei ist, wird mit einer atemberaubenden Aussicht auf die Moselschleife und die gegenüberliegende Ruine des Klosters Stuben auf der Moselhalbinsel bei Bremm belohnt.

Tourist-Info • Bremm • Tel. 01 75/3 24 91 14 • www.bremm-mosel.de

(27) Lubentiushof Niederfell

Der Lubentiushof in Niederfell an der Mosel geht auf eine im Jahre 1711 gegründete Kellerei der Fürsten von der Leyen zurück. 1994 übernahm Andreas Barth, eigentlich Jurist, das Weingut und führt es seither als Quereinsteiger mit vielen neuen Ideen. Für seinen Riesling etwa nimmt er sich viel Zeit. So viel, dass er als Experte für langsamen Riesling gilt. Die Reben seiner Weinberge gedeihen auf den Schieferterrassen der Untermosel; aufgrund der Steillage wird alles von Hand bearbeitet. Als die Raumsituation im Ortskern des kleinen Moseldorfs zu eng wurde, entschieden sich Andreas Barth und seine Frau Susanne, das Weingut durch einen Neubau zu erweitern. So entstand auf einem winzigen Abbruchgrundstück neben dem historischen Winzerhaus aus massiven Bruchsteinmauern die neue WeinWerkstatt. Wie das Winzerhaus trägt auch der Neubau ein Satteldach, öffnet sich aber zur Straße hin mit einer durchgehenden Glasfront. Senkrecht vorgeblendete, schmale Holzstäbe sorgen wie ein Vorhang für einen gewissen Sichtschutz. Da die Glasfront nicht mit den Betondecken der beiden Obergeschosse verbunden ist, bleibt Raum zwischen dem Baukörper und der Fassade. Dieser raffinierte architektonische Kniff verleiht dem Bau eine Schwerelosigkeit und schafft Blickachsen über die verschiedenen Ebenen hinweg.

Langsamer Riesling

Das Erdgeschoss der WeinWerkstatt ist der Verkostung und dem Verkauf der gutseigenen Weine vorbehalten. Im Obergeschoss befindet sich das Büro, im Dachgeschoss eine Gästewohnung mit kleiner Terrasse, von der man über die Mosel zum berühmten Gondorfer Gänsberg blicken kann. Die Etagen sind durch frei stehende Stahltreppen miteinander verbunden, die die Offenheit der Raumwirkung verstärken. Der leicht nach hinten versetzte Neubau ist durch einen kleinen Hof mit dem alten Winzerhaus verbunden. Dessen giebelständische Ausrichtung und Dachform wiederholen sich im Neubau und fügen die WeinWerkstatt harmonisch ins Ortsbild ein. Ansonsten behauptet sich der Beton-Glas-Bau als selbstbewusster, moderner und zukunftsweisender Teil des ungewöhnlichen Ensembles. Für die gelungene Verbindung von Tradition und

Die moderne »WeinWerkstatt« des Lubentiushofs bringt frischen Wind ins alte Weindorf, fügt sich aber dennoch harmonisch ins Ortsbild ein.

Wie im Märchen thront Burg Eltz, eine der romantischsten und besterhaltenen Burgen Deutschlands, auf einem Felsen, der an drei Seiten vom Elzbach umflossen wird.

Moderne wurde die WeinWerkstatt des Lubentiushofs mit dem »Architekturpreis Wein« und als »Höhepunkt der Weinkultur« ausgezeichnet.

Weingut Lubentiushof • Niederfell/ Mosel, Kehrstraße 16 • Tel. 0 26 07/ 81 35 • www.lubentiushof.de

Ziele in der Umgebung

SEHENSWERTES

Burg Eltz

Burg Eltz liegt malerisch im Tal des Elzbachs, eines linken Nebenflusses der Mosel – eine Burg wie aus dem Bilderbuch. Seit 850 Jahren im Besitz der Familie Eltz hat die Burg sämtliche Kriege unbeschadet überstanden. Bei einer Führung kann man sich wunderbar vorstellen, wie Ritter und Burgfräulein einst lebten. Außerdem erfährt man, was es mit den Narrenköpfen und der Rose des Schweigens im Rittersaal auf sich hat.

Gräflich Eltz'sche Kastellanei Burg Eltz • Wierschem, Burg Eltz 1 • Tel. 0 26 72/ 95 05 00 • www.burg-eltz.de • Eintritt 11 €

MUSEEN

Rheinisches Landesmuseum

Das Rheinische Landesmuseum beleuchtet in seiner preisgekrönten Dauerausstellung die spannende Geschichte der Region, von der Steinzeit bis zu den Trierer Erzbischöfen und Kurfürsten. Von der Pracht der römischen Kaiserresidenz zeugen nicht nur die Mosaiken der größten Sammlung nördlich der Alpen, sondern auch bedeutende antike Reliefs, darunter das originale Neumagener Weinschiff (s. S. 69).

Rheinisches Landesmuseum • Trier, Weimarer Allee 1 • Tel. 06 51/9 77 40 • www.landesmuseum-trier.de • Eintritt 8 €

Mosel-Weinmuseum

Im Mosel-Weinmuseum in Kues dreht sich alles um 2000 Jahre Weinbau an der Mosel. Gemeinsam mit der Lehr- und Forschungsstandort für Weinbau in Geisenheim wurde auf dem Gelände des Sankt-Nikolaus-Stifts eine multimediale Erlebniswelt geschaffen, die abwechslungsreich über Terroir, Steillagenweinbau, Rebsorten, das Arbeiten im Weinberg und im Keller u. v. m. informiert.

Mosel-Weinmuseum • Bernkastel-Kues, Cusanusstr. 2 • Tel. 0 65 31/ 41 41 • www.bernkastel.de

AKTIV UNTERWEGS

Steillagenwanderweg

Der Winninger Steillagenwanderweg erschließt einen Teil der spektakulären Landschaft an der Terrassenmosel. Die 5 km lange, leicht begehbare Strecke führt durch die Weinbergslagen Domgarten, Brückstück und Röttgen. Von den Rebflächen an den Felsterrassen kann man das herrliche Panorama des Moseltals genießen. Im Mai findet hier das Steillagenweinfest statt, bei dem örtliche Winzer und Gastwirte entlang der rund 4 km langen Veranstaltungsstrecke für das leibliche Wohl sorgen.

Tourist-Info im Rathaus • Winningen, August-Horch-Str. 3 • Tel. 0 26 06/ 22 14 • www.winningen.de, www.steillagenfest.de

Radtouren

An Mosel, Saar und Ruwer gibt es für jeden Radfahrer das passende Terrain. Die Uferstraßen, die fast ohne Steigungen an den Flüssen entlangführen, sind ideal für Familien und Senioren. Wer's sportlicher mag, nimmt einen der Trekking- und Mountainbike-Trails in den steilen Weinbergslagen oder durch die Wälder. Der Moselradweg führt vom lothringischen Metz zum Deutschen Eck in Koblenz. Der Saarradweg beginnt an der französischen Grenze bei Saargemünd und führt flussabwärts bis Konz. Der Ruwer-Hochwald-Radweg verläuft von Hermeskeil bis zur Ruwermündung in Trier.

- **Mosellandtouristik • Tel. 0 65 31/9 73 30 • www.mosellandtouristik.de**
- **Tourismus Zentrale Saarland • Tel. 06 81/92 72 00 • www.urlaub.saarland.de**

- **ADFC Allgemeiner Deutscher Fahrrad-Club e. V. • Tel. 04 21/34 62 90 • www.adfc.de**

ESSEN UND TRINKEN

Becker's

In Becker's Restaurant in Trier geraten selbst Gourmets bei den preisgekrönten Kreationen von Küchenchef Wolfgang Becker ins Schwärmen. Auf der Weinkarte stehen edle Tropfen des eigenen Guts sowie Gewächse der Spitzenwinzer von Mosel, Saar und Ruwer.

Trier, Olewiger Str. 206 • Tel. 06 51/ 93 80 80 • www.beckers-trier.de • €€€€

Wein & Tafelhaus

Direkt am Trittenheimer Moselufer lädt Sternekoch Alexander Oos in das Gourmetrestaurant Wein & Tafelhaus ein. Zur ebenso leichten wie vielseitigen Küche gibt es Topweine der Region, auf der Terrasse sogar mit Blick auf die Steillage »Trittenheimer Apotheke«.

Trittenheim, Moselpromenade 4 • Tel. 0 65 07/ 70 28 03 • www.wein-tafelhaus.de • €€€€

Culinarium

Kreative Küche mit internationalen Einflüssen und regionalen Produkten bringt der Österreicher Walter Curman, Ehemann der ehemaligen Deutschen Weinkönigin Carina Dostert-Curman, im Restaurant Culinarium auf den Tisch. Dazu passen Elbling und Burgunderweine von den Muschelkalkböden der Obermosel.

Nittel, Weinstr. 5 • Tel. 0 65 84/9 14 50 • www.culinarium-nittel.de • €€€

KULTUR-TIPP

Trier

Von der römischen Kaiserstadt, in der u. a. Konstantin der Große residierte, haben sich zahlreiche antike Bauwerke erhalten. Die Römerbrücke ist die älteste Brücke Deutschlands. Die Kaiserthermen, die Konstantinsbasilika, das Amphitheater und die römische Stadtmauer mit der Porta Nigra prägen bis heute das Stadtbild. Vor den Toren der römischen Stadt lag einst ein antikes Gräberfeld mit über 1000 Sarkophagen; heute befindet es sich unter der Reichsabteikirche St. Maximin und kann besichtigt werden. 1986 nahm die UNESCO die römischen Baudenkmäler, den Trierer Dom und die Liebfrauenkirche in die Liste der Weltkulturerbestätten auf.

Trier Tourismus und Marketing • Trier, Simeonstr. 55 • Tel. 06 51/97 80 80 • www.trier-info.de

FESTE UND EVENTS

Mosel Musikfestival

Zwischen Pfingsten und Anfang Oktober bringt das Mosel-Musikfestival Jazz, Oper und klassische Konzerte an die historischen Orte der Weinregion. Schlösser, Klöster und römische Ruinen bilden die Kulisse für hochkarätige Musikveranstaltungen mit internationalen Stars.

Pfingsten bis Anfang Oktober • Mosel Musikfestival gemeinnützige Veranstaltungsgesellschaft • Bernkastel-Kues, Kurgastzentrum im Kurpark • Tel. 0 65 31/ 50 00 95 • www.moselmusikfestival.de

Die Porta Nigra ist das Wahrzeichen Triers. Der Name des römischen Stadttors stammt aus dem Mittelalter und bedeutet »schwarzes Tor«.

Weinfest der Mittelmosel

Bernkastel-Kues ist Schauplatz des größten Weinfests im Anbaugebiet Mosel. Anfang September strömen Gäste aus aller Welt in die malerische Fachwerkstadt, um die Feierlichkeiten mit Winzerumzug und großem Feuerwerk zu erleben. An zahllosen Weinständen bieten Winzer der Mittelmosel ihre Weine an.

1. Wochenende im September • Tourist-Info • Bernkastel-Kues, Gestade 6 • Tel. 0 65 31/ 50 01 90 • www.bernkastel.de

Römisches Kelterfest Piesport

Einmal im Jahr erwacht die römische Kelteranlage zu neuem Leben. Dann wird demonstriert, wie die alten Römer hier einst Trauben kelterten – und fröhlich gefeiert.

Oktober • Tourist-Info • Piesport, Heinrich-Schmitt-Pl. 1 • Tel. 0 65 07/ 20 27 • www.piesport.de

WEITERE INFORMATIONEN

Im Weinkulturkalender des Deutschen Weininstituts finden Sie immer eine Auswahl der aktuellen weinkulturellen Highlights. Über Weinfeste und Events, Wander- und Radtouren, Winzer und Weinproben im Anbaugebiet Mosel informiert:

- **Moselwein e. V. • Trier, Gartenfeldstr. 12a • Tel. 06 51/71 02 80 • www.weinland-mosel.de**
- **Weinkulturkalender des DWI: www.deutscheweine.de (Tourismus)**

Nahe

Von den sanft gewellten Uferregionen der Nahe und ihrer Nebenflüsse bis zu den dramatischen Steillagen rund um Niederhausen – die Nahe-Region hat unter den deutschen Weinbaugebieten die größte Bodenvielfalt auf engstem Raum.

Weinberge säumen die Nahe und ihre Nebenflüsse Ellerbach, Guldenbach, Gräfenbach, Glan und Alsenz. Nordwestlich von Bad Kreuznach reicht das Rebland bis an den Hunsrück. Das Anbaugebiet verteilt sich auf drei Regionen. Die weite Tallandschaft der oberen Nahe reicht von Martinstein bis Schloßböckelheim. Imposante Felsen flankieren den Flusslauf der mittleren Nahe, die sich zwischen Schloßböckelheim und Bad Kreuznach tief in das vulkanische Gestein geschnitten hat. Die untere Nahe von Bad Kreuznach bis zur Mündung in den Rhein bei Bingen verfügt im Trollbachtal ebenfalls über bizarre Felsformationen, die oft unvermittelt aus den Rebflächen ragen.

Größte Vielfalt ...

Die Weinregion umfasst die sechs Großlagen Pfarrgarten, Schlosskapelle, Rosengarten, Kronenberg, Burgweg und Paradiesgarten sowie 310 Einzellagen. Auf über 4200 Hektar gedeihen die Reben auf sanftem Hügelland und Terrassen; knapp ein Viertel der Rebfläche befindet sich in

◀ Mildes Klima mit viel Sonne und wenig Regen prägt die Kulturlandschaft an der Nahe und ihren Seitentälern.

Steillagen. Unter den Weißweinsorten, die 75 Prozent des Sortenspiegels ausmachen, dominiert der Riesling, gefolgt von Müller-Thurgau, Silvaner, Weißburgunder und Grauburgunder. 25 Prozent der Anbaufläche sind mit roten Sorten bestockt, allen voran Dornfelder, aber auch Spätburgunder, Portugieser und Regent. An der Nahe und in ihren Seitentälern herrscht ein ausgesprochen mildes Klima mit viel Sonne und wenig Regen. An der oberen Nahe sorgen Soonwald, Hunsrück und Nordpfälzer Bergland mit kühlerer Luft dafür, dass die Trauben später reifen; das ist besonders dem Aroma und der Säurestruktur des Rieslings zuträglich. Die steilen Felsen der mittleren Nahe speichern die Sonnenwärme, die im Sommer Bodentemperaturen von 60 °C und mehr erreicht; hier fühlen sich auch zahlreiche Wärme liebende Pflanzenarten wohl, die sonst nur am Mittelmeer oder in den Steppen Osteuropas und Asiens wachsen. An der unteren Nahe gedeihen Burgunder und andere anspruchsvolle rote Sorten besonders gut.

... *auf kleinstem Raum*

Kein anderes deutsches Anbaugebiet verfügt über so viele unterschiedliche Böden auf kleinstem Raum. Sie reichen von Vulkangesteinen wie Rhyolith, Melaphyr und Porphyr über Verwitterungsböden aus Sandstein, Lehm und Löss bis zu Quarzit, Ton und Schiefer. Grund für die geologische Vielfalt waren die heftigen Vulkanaktivitäten, die vor 250 Millionen Jahren an der Nahtstelle zwischen Saar-Nahe-Hügelland, Rheinischem Schiefergebirge und Mainzer Becken herrschten. Heute bringen die unterschiedlichen Terroirs facettenreiche Naheweine hervor – im Anbaugebiet der großen Kontraste und faszinierenden Harmonien.

(28) Klosterruine Disibodenberg

Im Sommer 2005 machte Luise Freifrau von Racknitz eine Entdeckung, die unter Winzern und Weinkennern für Aufsehen sorgen sollte. In ihrem Weingut an der mittleren Nahe, dem Disibodenberger Hof in Odernheim am Glan, fand sie an der schwer zugänglichen Stelle eines Terrassenweinbergs fünf alte, knorrige Weinstöcke. Während ihres Studiums an der renommierten Hochschule für Weinbau in Geisenheim im Rheingau stand Rebsortenkunde zwar auf dem Stundenplan, doch die Rebe mit den borstigen Blättern war ihr nicht bekannt.

Die rätselhafte Rebe

So wandte sie sich zunächst an verschiedene fachkundige Stellen, aber niemand wusste Rat. Drei Jahre später traf sie dann auf den Biologen und Rebsortenkundler Andreas Jung aus dem südpfälzischen Lustadt, der im Auftrag der Bundesanstalt für Landwirtschaft und Ernährung in ganz Deutschland die Bestände alter Rebsorten sichtete. Dabei war er schon auf einige seltene, als ausgestorben geltende Rebsorten gestoßen, etwa Süßschwarz, Fütterer und Adelfränkisch. Allein in Rheinland-Pfalz hatte er 90 historische Rebstöcke wiederentdeckt, darunter die Weiße Vogeltraube in Mandel bei Bad Kreuznach. Nach eingehenden ampelografischen Vergleichen kam der Experte

Jung zu dem Ergebnis, dass es sich bei den Disibodenberger Reben vom Weingut von Racknitz um die Rebsorte »Orleans« handelt. Sortentypische Kennzeichen sind ihre auffallend rauen, borstigen Blattoberseiten sowie große, dickschalige Beeren. Die Weinreben sind u. a. auch als Weißer oder Gelber Orleans, Harthengst oder Hartheinisch bekannt. Die geschichtsträchtige Rebsorte reift nur unter extrem warmen Bedingungen aus. Während der Mittelalterlichen Warmzeit zwischen dem 10. und 12. Jahrhundert war sie weitverbreitet und brachte feurige, gewürzhafte Weißweine hervor, die nicht zuletzt ihrer Stabilität und langen Lagerfähigkeit wegen sehr geschätzt waren. In der Kleinen Eiszeit Mitte des 16. Jahrhunderts verschwand der Orleans fast völlig. Nur an ganz wenigen Stellen mit sehr mildem Lokalklima ist er in Deutschland noch zu finden, beispielsweise im Raum Heidelberg, an der Deutschen Weinstraße bei Deidesheim oder im Breisgau. Die fünf Weinstöcke vom Disibodenberger Hof stammen aus der Zeit zwischen 1108 und 1559, als auf dem Disibodenberg das gleichnamige Benediktinerkloster ausgedehnte Weinberge unterhielt. Sie sind also 500 bis 900 Jahre alt und somit die ältesten auf deutschem Boden gefundenen Weinreben.

Das Kloster und die Heilerin

Im Kloster Disibodenberg lebte und wirkte auch Hildegard von Bingen, die große Mystikerin des Mittelalters. Im Jahr 1112 trat sie in die neu gegründete Frauenklause des Mönchsklosters Disibodenberg ein, hoch über der Mündung des Glan in die Nahe. Im Jahr 1136 wurde sie Leiterin der Klause; ab 1141 schrieb sie dort ihre Visionen in lateinischer Sprache nieder. Zudem verfasste sie auf dem Disiboden-

Auf dem Disibodenberg, wo einst Hildegard von Bingen lebte, wurden im Sommer 2005 knorrige Rebstöcke entdeckt, die bis zu 900 Jahre alt sind.

berg viele Schriften zu Ethik, Welt, Mensch, Krankheiten und Pflanzenheilkunde.
Über 30 Kräuterrezepturen auf Weinbasis belegen, welche enorme Heilwirkung sie dem Rebensaft beimaß: »Ein Wein von der Rebe, wenn er rein ist, macht dem Trinker das Blut gut und gesund.« Um 1150 verließ Hildegard den Disibodenberg im idyllischen mittleren Nahetal und siedelte mit ihren Benediktinernonnen ins Kloster Rupertsberg an der Nahemündung bei Bingen über. Rund 100 Jahre später zogen Zisterziensermönche ins Kloster Disibodenberg ein und blieben bis zur Säkularisation Mitte des 16. Jahrhunderts. 1559 verließen die letzten Mönche den Disibodenberg.
Die Klosteranlagen verfielen, und Teile der Gebäude wurden in Wohnhäusern der nahe gelegenen Ortschaften Odernheim und Staudernheim verbaut. Auch die Pfeiler der Staudernheimer Brücke wurden mit Steinen vom Kloster erneuert.

Die Orleanszucht

Seit 1753 sind die Klosterruine und die umliegenden Ländereien samt Weinbergen im Besitz der Familie von Racknitz. 2003 übernahm Luise von Racknitz das Weingut im ehemaligen Gutshof des Klosters Disibodenberg von ihren Eltern. Unterhalb der alten Klostermauern versuchte sie, die alten Orleansreben zu vermehren und eine kleine Musteranlage mit Orleansstöcken aufzubauen. Inzwischen, nach rund 20 Jahren leidenschaftlicher Winzertätigkeit am Disibodenberg, hat Luise Freifrau von Racknitz die Weinproduktion eingestellt. Trotzdem hofft sie auf die erfolgreiche Rekultivierung des säurebetonten Orleans auch in anderen Anbauregionen – vor allem wenn es dem Riesling infolge des Klimawandels in unseren Breiten zu warm werden sollte. Die malerische Klosterruine auf dem Disibodenberg kann besichtigt werden. Um die Anlage führt ein Meditationsweg mit zwölf Stationen, die mit Psalmen und Passagen aus dem Werk der heiligen Hildegard von Bingen zum Verweilen einladen.

- **Weingut von Racknitz • Odernheim am Glan, Disibodenberger Hof 3 • Tel. 0 67 55/2 85 • www.weingut-von-racknitz.com**
- **Klosterruine und Museum: Odernheim am Glan, Disibodenberger Hof 3 • Tel. 0 67 55/2 85 • www.disibodenberg.de • Eintritt 5 €**

(29) Schloßböckelheimer Kupfergrube mit Gut Hermannsberg

Wo einst Halbedelmetall abgebaut wurde, wird heute edler Wein angebaut. Entlang der Nahe, an der Nahtstelle von Hunsrück und Pfälzer Bergland, verlief früher die Grenze zwischen den Königreichen Preußen und Bayern. Auf preußischer Seite entstand ab 1901 ein Staatsweingut, die Weinbaudomäne Niederhausen-Schloßböckelheim. In Anlehnung an die Kupfererze, die hier geschürft wurden, erhielt die Lage den Namen »Schloßböckelheimer Kupfergrube«. Der felsige Südhang war mit seinem Mikroklima wie geschaffen für den Weinbau. Doch bevor 1903 die ersten Rieslingreben gepflanzt werden konnten, mussten im steilen, zerklüfteten Gelände Felsen gesprengt und Hunderttausende Kubikmeter Erde – von Hand! – bewegt werden. Ein unglaublicher Aufwand, der sich allerdings bald bezahlt machte: Acht Jahre später brachte der mineralreiche Vulkanverwitterungsboden mit Schieferanteilen

Nomen est omen: die Kupferfassade des Kellereigebäudes, in dem die Rieslinge der Schloßböckelheimer Kupfergrube ausgebaut werden.

den ersten aufsehenerregenden Jahrgang hervor. Die Riesling-Trockenbeerenauslese des Jahrhundertjahrgangs 1921 schaffte es sogar auf legendäre 308 Grad Öchsle.

Vom halbedlen Metall zum edlen Tropfen

Nach dem Zweiten Weltkrieg ging die Domäne in den Besitz des Landes Rheinland-Pfalz über. Schwerpunkte der Arbeit im staatlichen Musterweingut waren Qualitätssicherung und Innovation. So wurden in Niederhausen neben der Untersuchung von Dünge- und Spritzmitteln auch die ersten Versuche zur Kaltvergärung durchgeführt. Der begehrte Rieslingklon DN 500, der bis heute für seine hohe Mostgewichts- und Ertragsleistung bekannt ist, wurde ebenfalls hier selektiert.
1998 wurde die Staatsdomäne privatisiert; seit 2010 heißt sie »Gut Hermannsberg«. Neben den Spitzenlagen Niederhäuser Hermannsberg Monopol, Traiser Bastei, Schloßböckelheimer Felsenberg, Niederhäuser Steinberg, Altenbamberger Rotenberg und Niederhäuser Rossel Monopol bewirtschaftet das Weingut auch zwölf Hektar der legendären Spitzenlage Schloßböckelheimer Kupfergrube. Dort lassen sich nach wie vor Rieslingreben von der Sonne verwöhnen. Ihre Beeren dürfen hinter der Kupferfassade des Kellereigebäudes mit ausschließlich weinbergseigenen Hefen vergären. Sie reifen zu Spitzenweinen heran, die die rauchig-mineralische Note der Kupfergrube mit Pfirsich- und Grapefruitaromen vereinen und die Rieslinge der Schloßböckelheimer Kupfergrube unverwechselbar machen.

Gut Hermannsberg, ehemalige Weindomäne • Niederhausen an der Nahe • Tel. 0 67 58/ 9 25 00 • www.gut-hermannsberg.de

30 Freilichtmuseum Bad Sobernheim

Im Nachtigallental bei Bad Sobernheim zeigt das Rheinland-Pfälzische Freilichtmuseum, wie die Winzer und Bauern in den letzten 500 Jahren lebten. Rund 40 historische Gebäude aus den Regionen Mosel-Eifel, Pfalz-Rheinhessen, Mittelrhein-Westerwald und Hunsrück-Nahe wurden an ihrem Ursprungsort abgebaut und auf dem Museumsgelände originalgetreu wiederaufgebaut. Dank der Detailtreue kann man sich hervorragend vorstellen, wie die Menschen anno dazumal gelebt haben. Ein 2 km langer Rundweg führt vorbei an Schauäckern, Wiesen, Weiden, Haus- und Kräutergärten nach historischen Vorbildern. Auf dem 35 Hektar umfassenden Museumsgelände laden Bauernhäuser, Winzerhöfe und Kelterhäuser, Mühle und Dorfschmiede, Friseursalon, Krämerladen, Metzgerei und Backhaus, Schusterwerkstatt und Druckerei, Kegelbahn und Tanzsaal, Schulhaus, Flurkapelle und Rathaus zur Zeitreise in die Vergangenheit ein. Selbst Denkmäler und Wegkreuze wurden nicht vergessen. Frei laufende Hühner, Gänse und Enten, Weideschweine, Ziegen und Schafe machen das Bild komplett.

Zeitreise in die Vergangenheit

Das älteste Gebäude, ein Fachwerkhaus aus Merl an der Mosel, geht auf das Jahr 1328 zurück. In einem stattlichen Gebäude aus Enkirch an der Mosel mit reich verziertem Fachwerk ist nun das »Haus der Rheinland-Pfälzischen Weinkultur« mit Ausstellungen zum Weinbau untergebracht. Der Alltag der Winzer wird nicht nur durch die Wohn- und Wirtschaftsgebäude lebendig, sondern auch durch den museumseigenen Weinberg samt historischem Weinbergshäuschen. Auf der in Steillage angelegten Rebfläche sind die regionaltypischen Besonderheiten der Reberziehung anschaulich dargestellt – von der Pfahlerziehung bis zur Drahtrahmenerziehung in Bockschnitt, Ein- und Mehrbogenanschnitt. Die Winzergenossenschaft Rheingrafenberg aus dem nahen Meddersheim kümmert sich ehrenamtlich um den Weinberg und baut dort Riesling, Müller-Thurgau und andere Rebsorten an; die Weine sind im Museumsladen erhältlich.

Stiftung Rheinland-Pfälzisches Freilichtmuseum • Bad Sobernheim an der Nahe, Nachtigallental 1 • Tel. 0 67 51/85 58 80 • www.freilichtmuseum-rlp.de • Eintritt 7 €

WUSSTEN SIE, DASS ...

... man an der Nahe ein »Remischen« (sprich: Remies-chen oder Remiesje) bestellt, wenn man einen halben Schoppen (0,2 Liter) Wein möchte? Das Remischen bezeichnet sowohl das leicht konische Glas als auch dessen Inhalt.

Ziele in der Umgebung

SEHENSWERTES

Bad Kreuznach

Spätmittelalterliche Brückenhäuser sind das Wahrzeichen der Kurstadt. Vor über 500 Jahren wurden sie auf den Pfeilern der Alten Nahebrücke errichtet. An der Mündung des Ellerbachs in die Nahe lag einst das Gerberviertel, das mit seinen malerischen Häuschen auch »Klein-Venedig« genannt wird. An den ältesten noch bewohnten Häusern schlendert man durch

die »Alte Neustadt«. Sehenswert sind auch das Kurhaus und die Ruine der Kauzenburg.
Tourist-Info • Bad Kreuznach, Kurhausstr. 22–24 • Tel. 06 71/8 36 00 50 • www.bad-kreuznach-tourist.de

Rotenfels

Zwischen Ebernburg und Norheim ragt eine spektakuläre Felswand am Nordufer der Nahe empor: der Rotenfels (s. Bild S. 162). Mit 1200 m Länge und 200 m Höhe gilt er als größte Steilwand nördlich der Alpen. In den Felsspalten des rötlichen Rhyolithgesteins sind Vogelnistplätze und seltene Pflanzen versteckt.
Tourist-Info Verkehrsverein Rheingrafenstein • Bad Münster am Stein-Ebernburg • Tel. 0 67 08/64 17 80 • www.bad-muenster-am-stein.de

MUSEUM

Römerhalle Bad Kreuznach

Wer wissen will, wie die Römer an der Nahe lebten – und in welchem Luxus sie schwelgten – bekommt im Museum Römerhalle eine Vorstellung davon. Besonders sehenswert sind zwei riesige, hervorragend erhaltene Fußbodenmosaiken – das Gladiatorenmosaik und das Oceanusmosaik. Sie stammen aus einer römischen Luxusvilla des 2. Jahrhunderts, die allein im Erdgeschoss an die 50 Räume und eine Gesamtwohnfläche von über 5000 qm hatte. Die Peristylvilla wurde in unmittelbarer Nähe des Museums ausgegraben; ihre Reste können auf einem Rundweg besichtigt werden.
KulturViertel Bad Kreuznach, Museum Römerhalle • Bad Kreuznach, Hüffelsheimer Str. 11 • Tel. 06 71/9 20 77 82 • www.bad-kreuznach.de • Eintritt 4 €

WELLNESS-TIPP

Vinotherapie

Wellness gibt es an der Nahe fast nur im Superlativ. Bad Sobernheim ist deutschlandweit das größte Zentrum für Felke-Kuren. Bad Kreuznach gilt als ältestes Radon-Solebad der Welt; darüber hinaus verfügt es über das größte Freiluftinhalatorium Europas, das auf 1,4 km Länge durch das Salinental nach Bad Münster am Stein führt. In den letzten Jahren wird in den Wohlfühloasen des Nahelands die Vinotherapie immer populärer – sie sorgt mit warmem Quellwasser, das mit Weintraubenextrakt versetzt wird, für geschmeidige Haut und beugt vorzeitiger Alterung vor.
Naheland-Touristik • Tel. 0 67 52/13 76 10 • www.naheland.net (Wellness)

AKTIV UNTERWEGS

Weinwanderweg Rhein-Nahe

Von Kirn führt der Weinwanderweg Rhein-Nahe knapp 95 km an der Nahe entlang flussabwärts bis zur Rheinmündung in Bingen. Unterwegs streift er Wiesen und Weinberge, Wälder und Burgen, hohe Felsen und tiefe Taleinschnitte. Stimmungsvolle Weinorte laden zur Rast ein. Die Weinbauregion der mittleren und unteren Nahe lässt sich in sechs Tagesetappen erleben. Landschaftlich besonders reizvoll ist der 17 km lange Abschnitt zwischen Schloßböckelheim und Bad Münster am Stein-Ebernburg. Radfahrer können das Naheland auf dem beschilderten Radweg erkunden.
Karte und Streckeninfos: www.wanderkompass.de

ESSEN UND TRINKEN

Jungborn im BollAnts

Unter dem Gewölbe eines historischen Weinkellers in Bad Sobernheim begeistern die leichten und zeitgemäßen Kreationen von Chefkoch Philipp Helzle selbst anspruchsvollste Feinschmecker. Seine Michelin-Stern-prämierte Vitalküche ist abgestimmt auf die Spa-Themen Felke, Ayurveda und Vinotherapie des mehrfach ausgezeichneten Wellnesshotels BollAnts.

Bad Sobernheim, Felkestr. 100 • Tel. 0 67 51/9 33 90 • www.bollants.de • €€€€

FESTE UND EVENTS

Weinfeste

Unter dem Motto »Wein erleben in seiner schönsten Form« stehen im Naheland das ganze Jahr hindurch Weinfeste im Kalender – seien es Hoffeste in Weingütern, Dorffeste in den Weinorten oder Weinmärkte in den Städtchen. Einen Überblick über alle aktuellen Events finden Sie im Weinfestkalender des Vereins Weinland Nahe und im Veranstaltungskalender der Rhein-Nahe-Touristik.

- **Weinland Nahe e. V. • Tel. 06 71/ 83 40 50 • www.weinland-nahe.de**
- **Rhein-Nahe-Touristik e. V. • Tel. 0 67 43/ 91 93 03 • www.rhein-nahe-touristik.de**

WEITERE INFORMATIONEN

Im Weinkulturkalender des Deutschen Weininstituts finden Sie immer eine Auswahl der aktuellen weinkulturellen Highlights. Über Weinfeste und Events, Wander- und Radtouren, Winzer und Weinproben im Anbaugebiet Nahe informiert:

- **Weinland Nahe e. V. • Bad Kreuznach, Burgenlandstr. 7 • Tel. 06 71/83 40 50 • www.weinland-nahe.de**
- **Weinkulturkalender des DWI: www.deutscheweine.de (Tourismus)**

Im Freilichtmuseum Bad Sobernheim (s. S. 85) steht neben den weiß getünchten Fachwerkhäusern aus Enkirch und Zell-Merl das Kelterhaus aus Bruttig mit Baumkelter.

Pfalz

Am Westrand der Rheinebene bedecken Reben das Hügelland vor dem Pfälzerwald. Hier lässt das milde Klima nicht nur Mandeln und Feigen gedeihen, sondern auch wärmeliebende Rebsorten wie Merlot und Trebbiano di Soave.

Die Weinregion Pfalz grenzt im Norden an Rheinhessen, im Süden reicht sie bis zum Elsass. Ihre Weinberge bedecken das sanfte Hügelland zwischen der Oberrheinischen Tiefebene und der Haardt, wie der steil abfallende Ostrand des Pfälzerwalds genannt wird. Durch das mit knapp 23 700 Hektar Rebfläche zweitgrößte deutsche Weinbaugebiet führt die Deutsche Weinstraße. Die weintouristische Route wurde im Oktober 1935 feierlich eröffnet und gilt als älteste Weinstraße der Welt. Sie beginnt an der französischen Grenze mit dem Deutschen Weintor in Schweigen und endet am Haus der Deutschen Weinstraße in Bockenheim an der Grenze zu Rheinhessen. Auf ihrem rund die 85 km langen Weg durch die Vorderpfalz streift sie die meisten der 144 Weinbaugemeinden.

Entlang der Deutschen Weinstraße

Strenge Frosttage sind selten, dafür scheint die Sonne ausgiebig. Die Hänge des Pfälzerwalds halten kalte Luft und über-

◀ Blick von der Kleinen Kalmit über die Weinberge von Ilbesheim auf den Pfälzerwald

mäßige Niederschläge von den Weinbergen am Pfälzer Hügelland ab. Im milden, fast mediterranen Klima wachsen neben Reben auch Mandeln und Feigen, Zitronen, Oliven und Esskastanien. Das Anbaugebiet ist in zwei Bereiche, 25 Großlagen und 323 Einzellagen unterteilt. Die beiden Weinbaubereiche »Mittelhaardt-Deutsche Weinstraße« und »Südliche Weinstraße« sind etwa gleich groß, unterscheiden sich aber wesentlich in der Bodenbeschaffenheit. Zwar finden sich in beiden Muschelkalk-, Grafit-, Porphyr- und Schiefertoninseln, doch im Bereich Mittelhaardt-Deutsche Weinstraße herrschen Ton, Sand, Lehm und Mergel vor. Hier bringen die mineralhaltigen Buntsandsteinböden spritzige Weine hervor, die wärmespeichernden Vulkanböden feurige Rieslinge, die lockeren Sandsteinböden leichte, elegante Gewächse und die Kalkböden kräftige, duftige Weine. Auf den tiefgründigen, nährstoffreichen Lehm- und Lössböden der Südlichen Weinstraße gedeihen dagegen Weiß-, Spät- und auch Grauburgunder besonders gut.

Riesling und Dornfelder

Die unterschiedlichen Weinbergsböden ermöglichen den Anbau einer großen Rebsortenvielfalt. Zugelassen sind 76 weiße und 53 rote Sorten. Da die Pfälzer Winzer sehr flexibel auf Trends und Markttendenzen reagieren, variiert der Anteil der Rebsorten im Sortenspiegel. Unangefochtene Nummer eins ist jedoch der Riesling – mit rund 5500 Hektar Anbaufläche ist die Pfalz seit 2008 das größte Rieslinggebiet der Welt. Unter den Rebsorten der Pfalz dominiert Riesling mit einem Anteil von 25 Prozent, Dornfelder folgt mit 12 Prozent auf Platz zwei, danach kommen Grauburgunder mit 7,7 Prozent, Müller-Thurgau mit 7,6 Prozent, Spätburgunder mit gut 7 Prozent sowie Portugieser, Weißburgunder, Kerner und Chardonnay. Rund 40 Prozent der Rebfläche sind mit Rotweinsorten bestockt – das macht die Pfalz zum größten deutschen Rotweingebiet. Zu den Spezialitäten der Region zählen Gewürztraminer, Scheurebe und Morio-Muskat, aber auch Cabernet Sauvignon, Merlot, Saint Laurent und Syrah.

(31) Römisches Weingut Ungstein

An den sonnigen Hängen des Pfälzer Hügellands betrieben bereits die Römer Weinbau. Dies beweist eine römische Kelteranlage, die 1981 im Zuge einer Flurbereinigung in den Weinbergen von Ungstein bei Bad Dürkheim entdeckt wurde. Neben dem Kelterhaus wurde ein römisches Landgut freigelegt, das enorme Ausmaße hatte. Seine ältesten Bauteile stammen aus den Jahren 20 bis 30 n. Chr.; bis zum 4. Jahrhundert wurde es mehrmals umgebaut und erweitert. Zum mehrgeschossigen Herrenhaus gehörten zahlreiche Nebengebäude, darunter Pferdeställe und ein Badetrakt mit Schwitzbad. Der landwirtschaftliche Großbetrieb hatte eine ummauerte Hoffläche von siebeneinhalb Hektar.

Vor 2000 Jahren wurden die Trauben aus den umliegenden Weinbergen am Kelterhaus angeliefert und in zwei große Becken geschüttet. Dort wurden die Trauben mit den Füßen gestampft, bis der Most in ein tiefer gelegenes drittes Sammelbecken floss, von wo er mit Schöpfkellen in Fässer gefüllt werden konnte. Welche Rebsorten die römischen Winzer anbauten, ist ebenfalls bekannt: Die an der Kelter gefundenen Samen stammen von Wildreben sowie von frühen Formen des Rieslings, Traminers und Burgunders. Schätzungen zufolge wurden in der Kelteranlage rund 200 000 Liter Wein im Jahr verarbeitet – der Ertrag von 30 bis 40 Hektar Rebfläche. Welch hohen Stellenwert der Wein bei den Römern hatte, ist auch aus Grabfunden bekannt. Bereits 1894 waren westlich der Villa rustica zwei römische Steinsarkophage aus dem frühen 4. Jahrhundert entdeckt wurden. Unter den Grabbeigaben befanden sich eine Weinflasche und ein Weinglas. Weitere Funde im Umfeld des Landguts – darunter Rebmesser und Weinbergshacken – lassen auf die Arbeit in den römischen Weinbergen schließen.

Römische Rebsamen

Die Villa rustica wurde vermutlich Mitte des 4. Jahrhunderts von Germanen zerstört. Ihre Reste verschwanden im Laufe der Jahrhunderte unter der Erde, doch ihre Existenz blieb im Flurnamen erhalten: 1309 hieß das Gelände »zu wile« – abgeleitet von Villa –, später entwickelte sich daraus der Flurname »Weilberg«, den die Weinlage noch heute trägt. In den letzten 30 Jahren wurde die Kelteranlage am Weilberg restauriert und ist wieder voll funktionsfähig. Bei Weinfesten, deren Erlös der Römerkelter zugute kommt, erwacht sie jedes Jahr Ende Juni und Juli zu neuem

Am Fuß des Pfälzerwalds haben sich in den Weinbergen von Ungstein bei Bad Dürkheim die Reste eines römischen Weinguts samt Kelteranlage erhalten.

Leben. Ansonsten vermittelt das Freilichtmuseum über dem römischen Weingut mit seinen Estrichbecken sowie Text- und Bildtafeln einen hervorragenden Eindruck von der Vinification in römischer Zeit. Das römische Weingut bei Ungstein ist Teil eines Rundwanderwegs, der die antiken Zeugnisse der näheren Region verbindet. Weitere Stationen sind der römische Burgus in Ungstein, die Villa rustica in Wachenheim, der römische Steinbruch Kriemhildenstuhl und das Heimatmuseum Haus Catoir in Bad Dürkheim; dort sind auch die Zeugnisse römischer Weinkultur vom Weilberg ausgestellt.

Tourist-Info Bad Dürkheim • Tel. 0 63 22/ 93 51 40 • www.bad-duerkheim.com

32 Rhodt unter Rietburg

Rhodt ist eines der schönsten Weindörfer der Pfalz. Es liegt zu Füßen der Rietburg, auf halber Strecke zwischen Neustadt und Landau. Im Laufe seiner bewegten Geschichte gehörte es immer wieder wechselnden Landesherren. Den Beinamen »unter Rietburg« erhielt Rhodt unter der Herrschaft der Württemberger, in deren Besitz sich schon drei Ortschaften gleichen Namens befanden. Schon damals wurde in Rhodt Wein angebaut, hauptsächlich Traminer. Zu Wohlstand kamen die Winzer aber erst, als das Dorf 1603 in den Besitz der Markgrafen von Baden überging. Der florierende Weinhandel lässt sich noch heute an den stolzen Winzerhöfen mit ihren mächtigen Torbogen ablesen. Reichere Weinbauern leisteten sich Renaissance-Ornamente, Ranken und Flechtwerk an den Toreinfassungen. Viele Eingänge zeigen das Baujahr und die Initialen der Erbauer. Im gut erhaltenen Ortskern stehen knapp 80 Prozent der Gebäude unter Denkmalschutz.

Aus dem frühen 17. Jahrhundert stammt wohl auch der Weinberg im »Rhodter Rosengarten«, eine Weinlage am östlichen Ortsrand. Dort stehen auf knapp einem Hektar von Löss und Lehm durchzogenem Kalkmergelboden 300 knorrige Gewürztraminerrebstöcke. Seit 400 Jahren bringen sie Trauben hervor – inzwischen allerdings mit sehr überschaubarem Ertrag. Es gibt zwar immer wieder einzelne Rebstöcke, die älter sind als 400 Jahre (s. S. 82), aber keinen ganzen Weinberg. Das macht den Rhodter Rosengarten zu einem der ältesten noch tragenden Weinberge der Welt. Der geschichtsträchtige Rebensaft reift im Edesheimer Weingut Oberhofer zum edlen Gewürztraminer heran, dessen Rosenaroma dem Rhodter Rosengarten alle Ehre macht.

400 Jahre alter Weinberg

Von 1798 bis 1816 stand Rhodt unter französischer Herrschaft; danach wurde es dem Königreich Bayern zugeschlagen. An diese Zeit erinnert die Flaniermeile des Weinorts, die Theresienstraße. Ihren Namen erhielt sie zu Ehren der bayerischen Königin Therese, nach der auch die Münchner Theresienwiese benannt ist. In den 1840er-Jahren ließ sich Thereses Gatte, König Ludwig I. von Bayern, am Ostrand des Pfälzerwalds zwischen Edenkoben und Rhodt eine Sommerresidenz errichten: das Schlösschen Villa Ludwigshöhe. Als der klassizistische Bau fertiggestellt war, war Ludwig allerdings kein König mehr, sondern hatte wegen seiner Affäre mit der Tänzerin Lola Montez abgedankt. Bei ihrem Aufenthalt in Rhodt fuhr Therese, während ihr Mann die katholische Messe in Edenkoben besuchte, zum Gottesdienst in die evangelische Georgskirche von Rhodt. Dort ist noch heute ihr Sessel in der Königinnenloge zu besichtigen. Von Rhodt gelangt man über die malerische Theresienstraße, deren oberes Stück von Kastanienbäumen geteilt wird, auf einem schönen Wanderweg zur Villa Ludwigshöhe. Bei einer Besichtigung hört man nicht nur Geschichten und Geschichtliches, man hat auch Gelegenheit, die Max-Slevogt-Galerie im Obergeschoss zu besuchen (s. S. 98).

- **Gäste- und Bürgerbüro im Durlacher Hof • Rhodt unter Rietburg, Weinstr. 44 • Tel. 0 63 23/98 00 79 • www.rhodt.de**
- **Weingut Oberhofer • Edesheim, Am Linsenberg 1 • Tel. 0 63 23/ 94 49 11 • www.weingutoberhofer.de**

(33) Deidesheimer Weinpioniere

In dem gemütlichen Städtchen am Ostrand der Haardt wurde der erste Qualitätswein der Pfalz hergestellt. Das liegt zum einen an den optimalen landschaftlichen und klimatischen Faktoren mit wenig Niederschlag und vielen Sonnenstunden – neben Weinreben gedeihen hier auch Mandeln, Bitterorangen, Esskastanien und Feigen. Zum anderen haben in dem Weinort, der auf eine rund 2000-jährige Weinbautradition zurückblickt, auch Persönlichkeiten gelebt und gewirkt, die mit ihren Pionierleistungen den Weinbau maßgeblich beeinflussten – nicht nur in der Pfalz, sondern deutschlandweit. Der in Deidesheim ansässige Weingutsbesitzer Andreas Jordan beispielsweise war 1802 der erste Pfälzer Winzer, der seine Weine nach Rebart und

Im milden Klima der Pfalz wachsen wärmeliebende Esskastanien, die auch in der Rhodter Theresienstraße Schatten spenden.

Lage benannte. Damit begründete er den Qualitätsweinbau in der Pfalz.

Kleiner Weinort – große Politik

Mitte des 19. Jahrhunderts formierte sich der »Deidesheimer Kreis«, ein lockerer Zusammenschluss einflussreicher Bürger und Weingutsbesitzer, dessen Mitglieder auch politisch aktiv waren. Drei schafften es sogar in den Deutschen Reichstag: Ludwig Andreas Jordan, Franz Armand Buhl und Andreas Deinhard. Buhl war sowohl an Bismarcks Sozialgesetzen als auch an der Weingesetzgebung beteiligt und setzte sich 1873 gegen die Einfuhr ausländischer Rebstöcke ein – ein wesentlicher Schritt im Kampf gegen die Reblaus. Auf die drei Politiker gehen drei bedeutende Weingüter zurück: »Geheimer Rat Dr. von Bassermann-Jordan«, »Reichsrat von Buhl« und »Weingut von Winning« (früher »Weingut Dr. Deinhard«). Insgesamt gibt es in Deidesheim derzeit rund 90 Vollerwerbsweinbaubetriebe.

Der gute Ruf der Deidesheimer Weine hat Tradition: Im Jahr 1820 bestellte Johann Wolfgang von Goethe den viel gelobten Jahrgang 1811 beim Weingut Jordan. Der Riesling des Reichsrats von Buhl wurde 1869 bei der Einweihung des Suezkanals ausgeschenkt. Als Reichskanzler Otto von Bismarck Ende der 1880er-Jahre bei Franz Armand Buhl, damals Vizepräsident des Reichstags, in Deidesheim zu Gast war, ließ er sich nicht nur die Deidesheimer Rieslinge schmecken, sondern lobte auch den Wein aus der benachbarten Weinlage »Forster Ungeheuer« mit den Worten: »Dieses Ungeheuer schmeckt mir ungeheuer!« Zu den Pionierleistungen der Deidesheimer Winzer gehört auch die Selektion während der Weinlese: Mitte des 19. Jahrhunderts fingen sie an, die Trauben direkt im Weinberg in geteilten Lesekübeln zu sortieren. Außerdem arrondierten sie Weinberge, um die Reben wirtschaftlicher kultivieren zu können. Der Deidesheimer Winzer und Bürgermeister Dr. Ludwig Bassermann-Jordan nahm 1909 Einfluss auf das erste deutsche Weingesetz und war 1910 Mitbegründer des Verbands Deutscher Naturweinversteigerer, aus dem 1972 der Verband Deutscher Prädikatsweingüter (VDP) hervorging.

Rebenbündel im Gewölbekeller des Weinguts Reichsrat von Buhl zeigen, wo alles beginnt: im Weinberg. Genauer gesagt, in den Spitzenlagen rund um Deidesheim. Sie bringen seit 1849 zeitlose, terroirgeprägte Weine hervor.

Deidesheimer Riesling am Suezkanal
Wer zur Weinprobe nach Deidesheim geht, entdeckt beim Spaziergang durch die malerischen Straßen und Gassen viel Sehenswertes. Im Zentrum zieht das historische Rathaus mit seiner Freitreppe die Blicke auf sich. Hier findet jedes Jahr am Dienstag nach Pfingsten ein überregional bekanntes Spektakel statt: die Geißbockversteigerung. Seit rund 500 Jahren zieht in den frühen Morgenstunden eine Abordnung von Bürgern aus dem benachbarten Lambrecht in feierlicher Prozession durch den Pfälzerwald und übergibt den Deidesheimern einen Geißbock zur Abgeltung von Weiderechten. Seit den 1930er-Jahren führt das jüngst vermählte Lambrechter Brautpaar den festlich geschmückten Tributbock zur Versteigerung. Ähnliche Abkommen hatten die Deidesheimer mit anderen Nachbarorten, darunter Neustadt an der Weinstraße, Haardt und Gimmeldingen – die konnten sich 1755 jedoch mit einer einmaligen Zahlung freikaufen.

Gegenüber dem Rathaus steht das Gasthaus »Zur Kanne«. Im 12. Jahrhundert wurde es als Wirtschaftshof der Zisterzienserabtei Eußerthal bei Annweiler am Trifels errichtet. Der heutige Bau wurde nach der teilweisen Zerstörung im Pfälzischen Erbfolgekrieg 1689 wiederaufgebaut. Ein paar Schritte weiter gelangt man zum Deidesheimer Spital mit seiner spätgotischen Kapelle aus dem Jahr 1494. Das Spital war eine Stiftung des Deidesheimer Ritters Nikolaus Übelhirn von Böhl, dessen prächtiges Wappen über dem Eingang zur Kapelle zu sehen ist. Es sollte alten und in Not geratenen Menschen helfen und Pilger beherbergen. Bis heute wird die Stiftung durch Einnahmen aus der Verpachtung von Weinbergen in der Umgebung mitfinanziert.

Der Deidesheimer Weinbautradition widmet sich das Museum für Weinkultur im Historischen Rathaus. Es wird durch den Prominentenweinberg im »Deidesheimer Paradiesgarten« mitfinanziert. Dort verpachtet die Stadt Deidesheim auf 13 Ar Anbaufläche Rebstöcke an prominente Pächter aus Politik, Wirtschaft, Wissenschaft und Kultur. Zur Lese per Hand werden alle Pächter eingeladen und von der Pfälzischen Weinkönigin tatkräftig unterstützt.

Tourist-Info Deidesheim • Tel. 0 63 26/ 9 67 70 • www.deidesheim.de

(34) Weinmuseum in Speyer

Die alte Römerstadt Speyer war lange ein bedeutender Handelsplatz für Pfälzer Wein. Auch innerhalb des Stadtgebiets gab es Rebflächen. Dass hier bereits die Römer Wein anbauten, beweist ein wertvoller Fund, der im Historischen Museum der Pfalz schräg gegenüber dem Dom ausgestellt wird: eine Weinflasche, in der sich römischer Wein erhalten hat. Der älteste flüssig erhaltene Rebenwein der Welt wurde um 300 n. Chr. abgefüllt und einem Verstorbenen als Proviant für seine Reise ins Jenseits mitgegeben. 1867 entdeckte man das Grab in einem Weinberg bei Speyer. Die Ausgrabungen brachten zwei römische Steinsarkophage aus der Zeit um 325 ans Licht. Sie enthielten zahlreiche Grabbeigaben, darunter auch Weinflaschen, doch nur in einer hatte sich der Wein erhalten.

1700 Jahre alter Römerwein
Die zylindrische gelbliche Glasflasche, deren Hals zwei delfinförmige Henkel zieren,

Im prunkvoll bemalten Wappensaal des Speyerer Weinmuseums ist ein vor über 1700 Jahren abgefüllter Römerwein ausgestellt.

ist heute im Weinmuseum, einer Abteilung des Historischen Museums der Pfalz, zu sehen. Im kreisrunden Wappensaal, dessen Ringtonnengewölbe die Wappen der Pfälzer Weinbaugemeinden zieren, kann man den einmaligen Fund bewundern. Die Flasche enthält einen klaren, flüssigen Bodensatz, über dem sich ein festes Harzgemisch befindet, das die Flasche bis zu zwei Dritteln füllt. Chemische Untersuchungen ergaben, dass es sich bei der Flüssigkeit tatsächlich um Wein handelt, während der verharzte Teil Olivenöl war. Um den Wein luftdicht zu verschließen, hatte man Öl in die Flasche gegossen – eine damals übliche Konservierungsmaßnahme, die tatsächlich über 1700 Jahre funktionierte.

Mit seinen vielfältigen Exponaten gibt das Speyerer Weinmuseum einen Einblick in die rund 2000-jährige Kulturgeschichte des Weinbaus. Bei seiner Eröffnung 1910 war es die erste öffentlich zugängliche Spezialsammlung dieser Art weltweit. Unter den vielen sehenswerten Ausstellungsstücken befinden sich eine riesige Baumkelter aus dem Jahr 1727, mächtige 5000-Liter-Fässer und historische Weinflaschen aus der Königlich Bayerischen Hofkellerei. Sie stammen aus Würzburg und enthalten bis zu 460 Jahre alten Frankenwein: 1540er Leistenwein, 1631er Steinwein, 1728er Leistenwein und 1822er Steinberger. Die Formen der Flaschen lassen vermuten, dass die drei ältesten Weine erst um 1800 auf die Flasche gezogen wurden. Wie man mit Dieben umging, die beim Stehlen im Weinberg erwischt wurden, zeigt eine Schandgeige aus Hassloch: Sie wurde dem Delinquenten um den Hals gehängt, bevor man ihn damit durchs Dorf jagte. Gemälde lassen die Pfälzer Weinkultur der vergangenen Jahrhunderte lebendig werden. So zeigt ein Bild aus der Zeit um 1750, wie es damals im Speyerer Hafen zuging: Im Schatten des Doms sieht man den Stapelplatz am Rhein mit Lagerhaus und Tretkran. Von hier aus wurde Pfälzer Wein an den Niederrhein, nach Holland, Skandinavien und England verschifft. Ein mit Weinfässern beladenes holländisches Flachbodenschiff verlässt gerade die Anlegestelle und macht sich auf den Weg rheinabwärts. Ein gegen 1867 entstandenes Bild des Malers Johann Jakob Serr zeigt ein Herbstfest in seinem Heimatort Rhodt unter Rietburg.

Historisches Museum der Pfalz • Speyer, Dompl. 4 • Tel. 0 62 32/1 32 50 • www.museum.speyer.de • Eintritt 7 €

35 Weingut Kreutzenberger

Ein altes Winzerhaus, das aussieht wie ein Vorzeigebau der klassischen Moderne? Das gibt es im pfälzischen Kindenheim! Dort wurde 1929 das Gutshaus der Winzerfamilie Kreutzenberger errichtet – und zwar im damals avantgardistischen Bauhausstil. »Der Mut, neue Wege zu gehen, hat unsere Familie schon immer geprägt«, sagt Jochen Kreutzenberger, dessen Urgroßvater Emil vor über 80 Jahren die Neue Sachlichkeit nach Kindenheim brachte. Dabei fühlt sich das kleine Familienweingut, dessen Weinberge in den

Neue Sachlichkeit im alten Weindorf: 1929 ließ die Kindenheimer Winzerfamilie Kreutzenberger ihr Gutshaus im Bauhausstil errichten.

besten Lagen von Kindenheim, Bockenheim und Wachenheim liegen, durchaus der Tradition verpflichtet; immerhin reichen seine Wurzeln ins Jahr 1438 zurück. Mit schmiedeeisernen Weinranken und Fassdaubenromantik haben die Kreutzenbergers allerdings nichts am Hut. Im Gegenteil. Mit viel Sinn für Authentizität haben sie den schnörkellosen Flachdachbau über die Jahre hinweg erhalten. Seinem Architekten Otto Prott widmeten sie sogar eine Etikettenlinie ihrer Weinflaschen.

Als um die Jahrtausendwende der Platz nicht mehr reichte, entschloss Jochen Kreutzenberger sich zu einem Erweiterungsbau – mit größtmöglichem Respekt vor der bestehenden Architektur. So flankiert nun der kubische Baukörper des Neubaus mit seiner reduzierten Formensprache und puristischen Fassadengestaltung den sachlichen Stil des »Altbaus« und ergänzt den Architekturklassiker, ohne ihn zu imitieren. Ein Rundgang auf Kellerebene verbindet alle Gebäudekomplexe miteinander. Im Zuge der Erweiterungsmaßnahmen entstand auch das »gläserne Weingut« – ein Rundgang, der interessierte Besucher durch sämtliche Produktionsprozesse der Vinifikation führt und den Weg des Weins von der Traube in die Flasche nachvollziehbar macht. Von der Dachterrasse des Neubaus aus können die Besucher dann die Aussicht über das Rebland entlang der Deutschen Weinstraße, auf den Pfälzerwald und über die Rheinebene genießen.

Weinbau meets Bauhaus

Beim ersten »Architekturpreis Wein«, bundesweit ausgelobt vom rheinland-pfälzischen Ministerium für Weinbau, dem Deutschen Weinbauverband und der Architektenkammer Rheinland-Pfalz, würdigte die Jury 2007 die Um- und Neubaumaßnahmen »in Respekt vor der klassischen Moderne und der Gesamtanlage ohne Brüche zu einem Ensemble« und verlieh dem Weingut den »Architekturpreis Wein«. 2013 zeichnete das Deutsche Weininstitut das Weingut Kreutzenberger als »Höhepunkt der Weinkultur« aus.

Weingut Kreutzenberger • Kindenheim, Hauptstr. 5 • Tel. 0 63 59/42 66 • www.kreutzenberger.com

WUSSTEN SIE, DASS ...

... Pfälzer Wein traditionell aus dem »Dubbeglas« getrunken wird? Seinen Namen verdankt es den »Tupfen« (auf Pfälzisch »Dubbe«), die das Glas zieren. Wer einen »Dubbeschobbe« bestellt, bekommt einen Schoppen – in der Pfalz ist das ein halber Liter – Wein.

Ziele in der Umgebung

SEHENSWERTES

Speyer

Der Kaiserdom, der das Stadtbild von Speyer beherrscht, ist der größte romanische Sakralbau der Welt. Kaiser Konrad II. aus dem Geschlecht der Salier legte vor 1000 Jahren den Grundstein. Heute liegt Konrad mit Mitgliedern der Kaiserfamliie in der Gruft unter dem Ostchor begraben. Vor der Westfassade des Doms beginnt die Maximilianstraße, eine gemütliche Flaniermeile mit Cafés und Geschäften; sie führt zum Altpörtel. Der wuchtige Torturm

kann bestiegen werden und bietet einen wunderbaren Blick über die Stadt.
Tourist-Info • Speyer, Maximilianstr. 13 • Tel. 0 62 32/14 23 92 • www.speyer.de

Klosterruine Limburg

Die mächtigen roten Sandsteinmauern der ehemaligen Benediktinerabtei Limburg ragen bei Bad Dürkheim aus dem Pfälzerwald. Im Dezember 1038 wurden hier bei einer Synode unter Vorsitz von Kaiser Konrad II. die vier Adventssonntage festgelegt.
Klosterruine Limburg, Luitpoldweg 1 • 7–19 Uhr • Eintritt frei • Tourist-Info Bad Dürkheim • Tel. 0 63 22/93 51 40 • www.bad-duerkheim.com

Herrenhof Mußbach

Das älteste Weingut der Pfalz geht auf einen Herrenhof des Johanniterordens aus der Zeit um 1300 zurück. Zum historischen Ensemble des »Staatsweinguts mit Johannitergut« gehören ein spätbarockes Herrenhaus, die mittelalterliche Zehntscheuer und der Storchenturm im Renaissancestil. Innerhalb der Umfassungsmauer liegt die Monopollage Johannitergarten, eine der kleinsten Einzellagen der Pfalz.
Staatsweingut mit Johannitergut • Neustadt-Mußbach, Breitenweg 71 • Tel. 0 63 21/67 10 • www.staatsweingut-johannitergut.de

St. Martin

Auf der Mauer vor der Pfarrkirche steht der heilige Martin und wacht über den gleichnamigen Weinort. In der Kirche darf man keinesfalls das Grabmal mit den fast lebensgroßen Figuren von Ritter Hanns und seiner wunderschönen Gattin Katharina versäumen; die 1510 verstorbene Adlige trägt eine Haube, Mund und Kinn sind durch eine Pestbinde verdeckt. Zu Lebzeiten residierten die beiden auf der Kropsburg über St. Martin. Unten, im denkmalgeschützten historischen Ortskern, begleitet einen das Plätschern des Kropsbachs auf Schritt und Tritt. Sehenswert sind die vielen stattlichen Winzerhäuser, deren Torbögen zum Teil noch

AUSSICHTS-TIPP

Villa Ludwigshöhe

Aus Liebe zu Italien und zur römischen Antike wünschte sich König Ludwig I. von Bayern, der auch über die Pfalz herrschte, über den Weinbergen von Edenkoben und Rhodt ein Sommerschlösschen. »Eine Villa italienischer Art, nur für die schöne Jahreszeit bestimmt und in des Königreichs mildestem Teil« sollte es sein. Seine Hofbaumeister Friedrich von Gärtner und Leo von Klenze ließen den Traum wahr werden. Von 1852 bis zu seinem Tod 1868 kam der zwischenzeitlich abgedankte König alle zwei Jahre in die Pfalz und feierte am 25. August seinen Geburtstag in der Villa Ludwigshöhe. Einen Schlosspark brauchte Ludwig nicht, denn »alles Land ringsumher ist, so weit das Auge reicht, ein großer Garten«. Wer von Rhodt oder Edenkoben durch die Weinberge zur Villa Ludwigshöhe wandert, muss dem König Recht geben – auch heute noch ist der Ausblick einzigartig.
Schloss Villa Ludwigshöhe • Edenkoben, Villastr. 64 • Tel. 0 63 23/9 30 16 • www.schloss-villa-ludwigshoehe.de

In den Weinbergen über Edenkoben und Rhodt ließ Bayernkönig Ludwig I. sich die Villa Ludwigshöhe im römischen Stil errichten.

Renaissance-Ornamente zeigen, sowie mehrere mittelalterliche Adelshöfe.
Tourist-Info • St. Martin, Kellereistr. 1 • Tel. 0 63 23/53 00 • stmartin.suedlicheweinstrasse.de

MUSEUM

Wilhelm-Hack-Museum

Der katalanische Künstler Joan Miró gestaltete die bunte Keramikfassade des Wilhelm-Hack-Museums in Ludwigshafen. Innen erwartet die Besucher u. a. eine erstklassige Sammlung moderner Kunst, von den Anfängen der Abstraktion bis heute. Neben Meisterwerken von Wassily Kandinsky, František Kupka, Robert Delaunay, August Macke, Piet Modrian und Kasimir Malewitsch sind zentrale Objekte der Russischen Avantgarde und der De-Stijl-Gruppe, des Expressionismus, der Pop Art und der Fluxus-Bewegung zu sehen.
Ludwigshafen, Berliner Str. 23 • Tel. 06 21/ 5 04 30 45 • www.wilhelmhack.museum • Eintritt 7 €

AKTIV UNTERWEGS

Paradies für Walker und Biker

Ob Wandern oder Radfahren – die Pfalz ist ein Paradies für Aktive aller Alters- und Fitnessstufen. Freizeitsportler haben die Qual der Wahl zwischen den vielen Themenrouten. Auf dem »Pälzer Keschdeweg« kann man vom Pfälzerwald ins hügelige Rebland wandern, nicht nur im Herbst, wenn die Esskastanien (auf Pfälzisch »Keschde«) reif sind. Zwei Routen des Jakobswegs führen von Speyer aus westwärts, während der Kraut-und-Rüben-Radweg die Pfalz in Nord-Süd-Richtung erschließt. In der Rheinebene lässt es sich auf dem Salierradweg gemütlich radeln; für Rennradsportler und Mountainbiker gibt es im Pfälzerwald ausgewiesene Strecken verschiedenster Schwierigkeitsgrade.

Pfalz-Touristik • Neustadt, Martin-Luther-Str. 69 • Tel. 0 63 21/3 91 60 • www.pfalz.de

ESSEN UND TRINKEN

L. A. Jordan

Das Deidesheimer Gourmetrestaurant »L. A. Jordan« im Ketschauer Hof lockt Feinschmecker zu kulinarischen Spaziergängen durch die Welt der Aromen. Auf der Weinkarte stehen rund 850 Gewächse renommierter Weingüter aus nah und fern.

Deidesheim, Ketschauerhofstr. 1 • Tel. 0 63 26/ 7 00 00 • www.ketschauer-hof.com • €€€€

Wenn die Mandelbäume blühen, findet das erste Weinfest in der Pfalz statt: das Gimmeldinger Mandelblütenfest.

Alte Pfarrey

Im stimmungsvollen Ambiente des ehemaligen Pfarrhauses von Neuleiningen verwöhnt Silvio Langes Pfarrey-Küche – zum zehnten Mal in Folge mit einem Michelin-Stern ausgezeichnet – die Gäste mit vier- bis achtgängigen Menüs und passender Weinbegleitung.

Neuleiningen, Untergasse 54 • Tel. 0 63 59/ 8 60 66 • www.altepfarrey.com

FESTE UND EVENTS

Mandelblütenfest

Wenn im Weindorf Gimmeldingen, einem Ortsteil von Neustadt an der Weinstraße, die Mandelbäume blühen, wird die Weinfestsaison in der Pfalz eröffnet. Neben Wein und Pfälzer Spezialitäten sorgt Live-Musik für beste Stimmung. An welchem Wochenende das deutschlandweit erste Weinfest des Jahres stattfindet, ist von der Mandelbaumblüte abhängig und jedes Jahr anders; der Termin wird kurzfristig bekanntgegeben.

Frühjahr • Tourist-Info Neustadt an der Weinstraße • Tel. 0 63 21/92 68 92 • www.gimmeldingen.de

Deidesheimer Weinkerwe

Nachdem Deidesheim wegen seines touristischen Konzepts, das auf Klasse statt Masse setzt, zur ersten »Città Slow« in Rheinland-Pfalz gewählt wurde, darf es sich nun rühmen, eines der schönsten Weinfeste der Region auszurichten. Die Deidesheimer Kerwe wurde vom Verein Pfalzwein ausgezeichnet, weil sie Regionales qualitätvoll präsentiert, Bräuche pflegt und die örtlichen Restaurants optimal mit einbindet.

Mitte–Ende August

Die stolze Weinbautradition ist vielen Pfälzer Weingütern anzusehen, so auch dem Haardter Weingut Müller-Catoir, dessen Gebäude unter Denkmalschutz stehen.

Dürkheimer Wurstmarkt

Das größte Weinfest der Welt zieht jedes Jahr Scharen von Menschen in das beschauliche Kurstädtchen Bad Dürkheim. 1417 fand es zum ersten Mal statt. Herzstück des Volksfests sind die »Schubkärchler«: kleine Weinzelte, in denen regionale Weine und Sekte ausgeschenkt werden. Im »Weindorf« kredenzen örtliche Winzerbetriebe die Schätze aus ihren Kellern in gehobener Atmosphäre.
2. und 3. Wochenende im September

Palatia Jazz

Das weinkulinarische Pfälzer Jazzfestival bringt internationale Künstler in die Region, die mit ihren Konzerten in den schönsten Burgen, Schlössern und Parkanlagen das Publikum begeistern. Das kulinarische Rahmenprogramm bestreiten regionale Gastronomen und Winzer. Die Konzerte finden von Mai bis Ende August statt.
Mai–August, www.palatiajazz.de

WEITERE INFORMATIONEN

Im Weinkulturkalender des Deutschen Weininstituts finden Sie immer eine Auswahl der aktuellen weinkulturellen Highlights. Über Weinfeste und Events, Wander- und Radtouren, Winzer und Weinproben im Anbaugebiet Pfalz informiert:

- **Pfalzwein e. V. • Neustadt, Martin-Luther-Str. 69 • Tel. 0 63 21/91 23 28 • www.pfalz.de**
- **Weinkulturkalender des DWI: www.deutscheweine.de (Tourismus)**

Rheingau

Von Wicker am Untermain bis nach Lorchhausen am Fuße des Rheinischen Schiefergebirges erstrecken sich die Rebhänge des Rheingaus. Hier, auf der Sonnenseite des Rheins, ist die Heimat der Spätlese.

Bereits weit über 1000 Jahre wird zwischen dem schützenden Taunuskamm und dem wärmespeichernden Rhein auf einem wenige Kilometer breiten Streifen Weinbau betrieben. Kaiser Karl der Große höchstpersönlich soll angewiesen haben, bei Schloss Johannisberg einen Weinberg anlegen zu lassen – so will es jedenfalls die Legende. Tatsache ist, dass die ungewöhnliche geografische Lage der Region Spitzenweine von Weltruhm hervorgebracht hat. Besonders am englischen Hof wurde der Riesling aus dem Rheingau gern getrunken. Dort wurde »The Hock« – so lautete die englische Kurzform für Wein aus Hochheim – zum Synonym für deutschen Wein.

Sonnige Südhänge

Landschaftlich hat der Rheingau viele Facetten. Er beginnt am Untermain, südöstlich von Wiesbaden, und führt über die Mainmündung zum mittleren Abschnitt. Dort zieht er sich am rechten Rheinufer entlang durch malerische Weindörfer, über denen sonnenverwöhnte Rebhänge

◀ Hoch über Assmannshausen liegen einige der besten Weinlagen Deutschlands.

aufsteigen. Darüber beginnen die dichten Wälder des Rheingaugebirges, einen Ausläufer des Hohen Taunus. Im westlichen Abschnitt des Rheingaus, zwischen Rüdesheim und Lorch, ahnt man bereits den romantischen Flussabschnitt des Mittelrheins. Da der Rhein das Anbaugebiet vorwiegend von Nordost nach Südwest durchläuft, sind die meisten Weinberge nach Süden hin ausgerichtet – beste Voraussetzungen also für den Weinbau, vor allem in Verbindung mit den wärme- und wasserspeichernden Böden und dem milden Klima. Die Bodentypen reichen von Schiefer bei Rüdesheim, Lorch und Assmannshausen über sandigen Lehm und Löss in den tieferen Lagen des mittleren und östlichen Rheingaus bis zu Taunusquarzit in den höheren Lagen.

Riesling mit mineralischer Note

Weinrechtlich gliedert sich der Rheingau in den Bereich Johannisberg, elf Großlagen und 129 Einzellagen. Auf der knapp 3200 Hektar umfassenden Rebfläche wächst vor allem Riesling, dessen anspruchsvolle, spät reifende Trauben sich im Rheingau besonders wohlfühlen und charakteristische mineralische Noten entwickeln. Riesling nimmt fast 78 Prozent der Anbaufläche ein. Gut 12 Prozent sind dem Spätburgunder vorbehalten. Er wurde früher hauptsächlich in Assmannshausen angebaut, ist heute aber im gesamten Rheingau verbreitet. Einem kuriosen Ereignis des Jahres 1775 verdankt der Rheingau außerdem die Entdeckung der Spätlese, die von Schloss Johannisberg aus die ganze Welt eroberte (s. S. 106). Wer die Weinregion kennenlernen möchte, kann sie über die Rheingauer Rieslingroute erkunden. Sie beginnt am unteren Main in Flörsheim-Wicker und führt auf rund 120 km durch die rechtsrheinischen Winzerorte bis nach Lorchhausen an der Grenze von Hessen zu Rheinland-Pfalz. Die schönsten Aussichtspunkte – mit Blick vom Taunus über den Rheingau und das Rheintal bis zum rheinhessischen Bergland – sind die Bubenhäuser Höhe über Rauenthal, der Aussichtsturm auf der Hallgarter Zange über Oestrich-Winkel, Schloss Johannisberg über Geisenheim und das Niederwalddenkmal über Rüdesheim.

(36) Kloster Eberbach

Die Mauern der ehemaligen Zisterzienserabtei Eberbach bei Eltville im Rheingau spiegeln die Atmosphäre mittelalterlichen Klosterlebens so stimmungsvoll wider, dass sie gern als Drehort für Historienfilme genutzt werden. Mitte der 1980er-Jahre wurde hier »Der Name der Rose« verfilmt, und Sean Connery wandelte als Franziskanermönch William von Baskerville durch die düster ausgeleuchteten Gemäuer, um eine Serie von Morden aufzuklären. Regisseur Jean-Jacques Annaud hatte an die 300 Klöster besichtigt, bevor er in Kloster Eberbach die idealen Kulissen für die Verfilmung von Umberto Ecos Bestseller-Roman fand. Das hervorragend erhaltene Dormitorium – der Schlafsaal der Mönche – wurde im Film zum Scriptorium, dem Schreibsaal, von dem aus man in die geheimnisvolle Bibliothek gelangte. Im Eberbacher Kapitelsaal fand der Filmdisput zwischen den Vertretern des Kaisers und des Papstes statt, und in der Basilika ertönten nach fast 200 Jahren wieder Chorgesänge. Knapp 30 Jahre später dienten Basilika und Kapitelsaal als Drehorte für Margarethe von Trottas Film »Vision – Aus dem Leben der Hildegard von Bingen« mit Barbara Sukowa in der Titelrolle.

Filmreife Gemäuer

Die Klosteranlage bei Eltville war eine der ersten Zisterziensergründungen auf deutschem Boden. Im Jahr 1136 zogen zwölf Zisterziensermönche mit ihrem Abt in ein verlassenes Kloster, das zwanzig Jahre zuvor vom Mainzer Erzbischof Adalbert I. als Augustinerchorherrenstift gegründet worden war. Die Chorherren verhielten sich allerdings nicht züchtig genug, weshalb sie das Kloster 1131 räumen mussten. So kam es Erzbischof Adalbert gerade recht, dass Bernhard von Clairvaux, einer der berühmtesten Mönche des Zisterzienserordens, ihn 1135 bat, im Rheingau einen Ableger seines Heimatklosters Cîteaux in Burgund gründen zu dürfen. Bei einer Ortsbegehung mit dem Mainzer Erzbischof soll Bernhard einen Eber beobachtet haben, der im idyllischen Tal unweit des Rheins über den Kisselbach sprang. Wenn man der Legende glaubt, ist Kloster Eberbach auf diese Art zu seinem Namen gekommen. Tatsache ist jedenfalls, dass die burgundischen Zisterziensermönche die bestehenden Gebäude nur vorübergehend nutzten und sich gleich nach ihrem Einzug an den Bau eines Klosters nach ihren Vorstellungen machten. 1186 wurde die neue Basilika vom Mainzer Erzbischof Konrad feierlich eingeweiht. Anwesend war auch der Bischof von Münster, Hermann II. von Katzenelnbogen, dessen Familie in der Region begütert war und die Abtei später als Grablege nutzte; die Gruft der Grafen von Katzenelnbogen befindet sich unter dem südlichen Querschiff der Basilika.

Die Zisterzienserabtei bei Eltville entwickelte sich rasch, und aus den anfänglich zwölf Mönchen wurden bald 100. Hinzu kamen Laienbrüder, die vor allem in der Landwirtschaft tätig waren und getrennt von den Mönchen arbeiteten, aßen, schliefen und beteten. Ende des 15. Jahrhunderts waren es vermutlich bis zu 600 Laienbrüder, die direkt im Kloster oder auf den klostereigenen landwirtschaftlichen Gutshöfen – sogenannten Grangien – lebten. Für die ständig wachsende Zahl der Bewohner wurde das Kloster immer wieder erweitert. So entstand im Lauf der Zeit eine komplexe Klosteranlage mit romanischen, gotischen und barocken Stilelementen. Typisch für die Baukunst der Zisterzienser ist der bewusste Verzicht auf prunkvollen Schmuck an und in den Gebäuden – dazu gehören der gerade Chorabschluss der Basilika anstelle einer halbrunden Apsis und ein bescheidener Dachreiter statt mächtiger Türme.

Reben aus Burgund

Das Leben im Kloster war streng und einfach. Die Schwerpunkte lagen auf dem gemeinschaftlichen Chorgebet und der meditativen persönlichen Einkehr. Der Arbeit auf Feldern und Wiesen wurde ebenfalls viel Zeit gewidmet. Zum Kloster gehörten Obst-, Kräuter- und Gemüsegärten, Felder und Weinberge. Die ersten Mönche hatten aus ihrer Heimat burgundische Weinreben mitgebracht, die im milden Klima des Rheingaus prächtig

Vor über 800 Jahren brachten Zisterziensermönche aus Burgund die ersten Pinot-noir-Reben in den Rheingau.

gediehen und sich bald zum bedeutendsten Wirtschaftsfaktor des Klosters entwickelten. Im 14. Jahrhundert besaß Kloster Eberbach mit über 300 Hektar Rebland die größte Weinanbaufläche auf deutschem Boden. Die Weine, die aus den eingeführten Burgunderreben gekeltert wurden, waren der erste Exportschlager des Rheingauer Weinbaus, nicht zuletzt dank der Befreiung vom Zoll, die die Mönche auf dem Rhein genossen. Später kamen vermehrt Rieslingreben hinzu, die heute die Anbauregion dominieren.
1803 wurde Kloster Eberbach aufgelöst, und die Mönche verließen das Kloster. Doch der Weinbau, den sie in den Rheingau gebracht hatten, prägt die Region bis heute – allen Umwälzungen zum Trotz.
1866 ging das Weingut des säkularisierten Klosters als Königliche Domaine in den Besitz des Preußischen Staats über; seit 1945 gehört es dem Land Hessen. 1998 wurde das Klostergelände in eine Stiftung überführt, die sich dem Erhalt des Bau- und Kulturdenkmals durch angemessene und schonende Nutzung widmet.

Unterhalb der Klosteranlage entstand eine der modernsten Weinproduktionsstätten Europas – der Steinbergkeller, der im Sommer 2008 fertiggestellt wurde. Heute verwalten die Staatsweingüter Kloster Eberbach nicht nur im Rheingau Domänen, sondern auch an der Hessischen Bergstraße; mit über 250 Hektar Rebfläche sind sie einer der größten Weinbaubetriebe Deutschlands. In unmittelbarer Nähe von Kloster Eberbach erstreckt sich die Domäne »Steinberg«, seit 1239 im Besitz des Klosters und eine der wertvollsten Lagen weltweit. Dort wird auf 30 Hektar bestockter Rebfläche ausschließlich Riesling angebaut. Im benachbarten Steinbergkeller werden sie zu anspruchsvollen Weinen höchster Qualität ausgebaut, die im Rahmen einer Kellerführung auch verkostet werden können. Wer die Weinverkostung mit einer Führung durch Kloster Eberbach verbinden möchte, kann dies beispielsweise bei der Schlenderweinprobe mit sechs erlesenen Weinen oder bei der Traditionsweinprobe mit acht exklusiven Weinen – allesamt aus der Produktion des Weinguts Kloster Eberbach. Bei der Cabinetkellerweinprobe werden zunächst während des geführten Klosterrundgangs zwei ausgesuchte Weine verkostet, danach geht es über den Bernharduspfad zur Steinbergkellerei, wo zwei weitere exklusive Weine probiert werden, während sachkundig über den Weinbau an diesem besonderen Ort informiert wird.

- **Stiftung Kloster Eberbach • Eltville im Rheingau • Tel. 0 67 23/9 17 81 50 • www.kloster-eberbach.de • Eintritt 9,50 €, Führungen und Themenweinproben siehe Internet**
- **Hessische Staatsweingüter Kloster Eberbach • Eltville im Rheingau • Tel. 0 67 23/6 04 60 • www.kloster-eberbach.de • Kellerführung im Steinbergkeller nur nach Anmeldung**

37 Schloss Johannisberg

Auf einem Quarzithügel, der dem Taunus vorgelagert ist, thront Schloss Johannisberg inmitten der gleichnamigen exklusiven Einzellage. Sein Name geht zurück auf ein Benediktinerkloster, das Anfang des 12. Jahrhunderts hier gegründet und Johannes dem Täufer geweiht worden

Einer Laune des Schicksals ist es zu verdanken, dass im Herbst des Jahres 1775 in den Weinbergen von Schloss Johannisberg die Spätlese »erfunden« wurde.

war. Nach wechselvoller Geschichte ging das Kloster 1716 an den Fuldaer Fürstabt Konstantin von Buttlar. Der ließ sich auf dem Gelände mit dem herrlichen Blick ins Rheintal ein Barockschloss als Sommerresidenz errichten und die gesamte Domäne mit 294 000 Rieslingreben bepflanzen. So entstand im Jahr 1720 der erste reine Rieslingweinberg der Welt.

In die Zeit der Fuldaer Herrschaft fällt auch die Erfindung der Spätlese. Im Herbst des Jahres 1775 wartete man auf dem Johannisberg schon ungeduldig auf die Genehmigung zur Weinlese. Denn die Trauben waren reif, und ohne die offizielle Erlaubnis des Fürstbischofs – Fulda war seit 1752 ein Bistum – durften die Winzer nicht mit der Weinlese beginnen. Doch der bischöfliche Bote, der die Erlaubnis brachte, traf mit zwei Wochen Verspätung ein. Da waren die Beeren an den Rebstöcken bereits vollreif, geschrumpft und teilweise sogar verfault. In der Not ließ der Verwalter des bischöflichen Weinguts die Trauben trotzdem keltern – und der Kellermeister stellte bald erstaunt fest, dass aus der vermeintlich verdorbenen Ernte ein Wein allerhöchster Qualität entstanden war. Seither wird auf dem Johannisberg die Lese so weit wie möglich hinausgezögert, und die Spätlese aus edelfaulen Beeren hat von Schloss Johannisberg aus die Welt erobert.

Die Erfindung der Spätlese

Nach der Säkularisation wurde der Kirchenbesitz Schloss Johannisberg unter die Zentralverwaltung von Preußen, Russland und Österreich gestellt. 1816 gelangte die Domäne an Klemens Fürst von Metternich – in Anerkennung seiner Leistungen beim Wiener Kongress. Der aus Koblenz stammende Metternich bekam zur Auflage, ein Zehntel der Weinerträge an das österreichische Kaiserhaus zu liefern; dieser Weinzehnt geht bis heute an das Oberhaupt der Familie Habsburg-Lothringen. Metternichs Nachkommen lebten bis 2006 auf Johannisberg. Heute kann man das Schloss im Rahmen einer Führung besichtigen und an einer Weinprobe im historischen Holzfasskeller teilnehmen.

WUSSTEN SIE, DASS …

… Riesling aus dem Rheingau in England lange als die beste Medizin galt? »Good Hock keeps off the doc«, lautete die Devise – der gute Hochheimer hält den Arzt fern.

Riesling vom 50. Breitengrad

Der 50 Hektar große Weinberg, der Schloss Johannisberg umgibt, liegt genau auf dem 50. Breitengrad – seinen Verlauf kennzeichnet eine Stele inmitten der Reben. Die um 45 Grad geneigte Hanglage ist genau nach Süden ausgerichtet und tagsüber intensiver Sonneneinstrahlung ausgesetzt. Nachts kühlt es stark ab. Doch genau diese enormen Temperaturschwankungen braucht der Riesling, um feine, elegante Nuancen mit den Aromen von Kräutern, Zitrusfrüchten und süßen, gelben Früchten hervorzubringen. Zusätzlich verleiht ihm der Taunusquarzit mit seiner Löss- und Lehmauflage elegante mineralische Noten mit prononcierter Säure. In der Vinothek von Schloss Johannisberg kann man die Rieslinge verkosten, die das Johannisberger Terroir so einzigartig macht.

Der nördlich des Schlosses gelegene Eichenwald liefert das Holz für die Fässer, in denen der Riesling reift. Unter dem Schloss, im den 900 Jahre alten Kellergewölben der einstigen Benediktinerabtei, wird noch ein ganz besonderer Schatz gehütet – die »Bibliotheca Subterranea«, in deren Regalen über 25 000 Flaschen mit kostbaren Weinen lagern, die älteste aus dem Jahr 1748. Bei einer Weinprobe mit Schlosskellerführung erfährt man spannende Details rund um das Weingut und die Weinbereitung auf Schloss Johannisberg, während man drei ausgewählte Weine aus dem Schlossberg verkostet. Alternativ kann man bei einer geführen Wanderung rund ums Schloss ein Glas Spätlese genießen und dabei ausführlich erfahren, wie auf Schloss Johannisberg die positiven Auswirkungen der Edelfäule entdeckt und die Spätlese erfunden wurde.
Fürst von Metternich Winneburg'sche Domäne Schloss Johannisberg GbR • Geisenheim • Tel. 0 67 22/7 00 90 • www.schloss-johannisberg.de

38 Oestrich-Winkel

Ein historischer Weinverladekran ist das Wahrzeichen des Rheingauer Weinorts Oestrich, der zusammen mit Winkel, Mittelheim und Hallgarten die größte Weinstadt Hessens bildet. Über 1000 Hektar bestockte Rebfläche umgeben die vier historischen Weinbaugemeinden zwischen Rüdesheim und Eltville. Der Oestricher Weinverladekran, der das Ortsbild bestimmt, ist ein weithin sichtbares Symbol für die Bedeutung, die der Weinhandel einnahm. Im gesamten Rheingau hatten nur vier Städte das Privileg, Kräne zu betreiben. Der Kran wurde Mitte des 18. Jahrhunderts auf einer Kaimauer am Rheinufer errichtet und galt als sicherer und wartungsfreundlicher als die sonst üblichen Schwimmkräne, die dem ständigen Wellengang des Flusses ausgesetzt waren. Über einem Sandsteinsockel mit über 1,5 Meter tiefen Fundamenten erhebt sich das kubische Kranhaus. Es wurde in Fachwerkbauweise errichtet und mit Brettern verschalt. Aus dem schiefergedeckten Dach ragt der neun Meter lange Kranausleger hervor. Bei einer Führung erfährt man nicht nur Interessantes über die Technik des Tretkrans, sondern auch, wie viele Kranknechte sich ins Zeug legen mussten, um Lasten bis zu 2,5 Tonnen zu heben. Von 1745 bis 1926 war der Oestricher Verladekran in Betrieb, hauptsächlich zum Verladen von Weinfässern und Baumstämmen.

Lasten bis zu 2,5 Tonnen

Im benachbarten Weinort Winkel wurde bei Ausgrabungen ein römisches Rebenmesser entdeckt. Daher weiß man, dass hier bereits vor rund 2000 Jahren Weinbau betrieben wurde. Möglicherweise ist auch der Ortsname Winkel vom lateinischen »vini cella« (Weinkeller) abgeleitet. Erstmals urkundlich erwähnt wird der Ort im Jahr 850 in Zusammenhang mit Hrabanus Maurus. Der bedeutende karolingische Gelehrte, seit 847 Erzbischof von Mainz, soll 856 in Winkel gestorben sein und wurde im Stift St. Alban vor Mainz beigesetzt. In Winkel steht eines der ältesten Steinhäuser auf deutschem Boden: das sogenannte Graue Haus in der Graugasse, nicht weit vom Rhein entfernt. Der malerische, von Efeu überwucherte Sandsteinbau war Stammsitz der Rheingauer Adelsfamilie

Greiffenclau, die später auf das Schloss Vollrads übersiedelte, das nördlich von Winkel inmitten von Weinbergen liegt. Sehenswert sind auch das Brentanohaus in Winkel, in dem schon Goethe zu Gast war, und die romanische Ägidiusbasilika in Mittelheim, die mit ihren Fundamenten aus dem 10. Jahrhundert als älteste Kirche im Rheingau gilt. Von Hallgarten, dem ringsum von Weinbergen umgebenen Höhenort am Fuße des Taunus, gelangt man auf den rechtsrheinischen Rheinhöhenweg, der von Wiesbaden bis Bonn-Beuel verläuft. Wer zur »Hallgarter Zange«, einem 580 m hohen Taunusausläufer, hinaufsteigt, wird mit einem der schönsten Ausblicke über den Rheingau belohnt.

Tourist-Info Oestrich-Winkel • Tel. 0 67 23/ 6 01 28 06 • www.oestrich-winkel.de

Mit dem Tretkran am Oestricher Rheinufer wurden einst Weinfässer auf Schiffe verladen.

Ziele in der Umgebung

SEHENSWERTES

Wiesbaden

Die hessische Landeshauptstadt zählt mit ihren Mineral- und Thermalquellen zu den ältesten Kurbädern Europas. Einige Quellen sind öffentlich zugänglich, wie der Kochbrunnen mit seinem 66 °C heißen Thermalwasser. In den Thermalbädern und Badehäusern kann man herrlich relaxen, und vom Rundtempelchen auf dem 245 Meter hohen Neroberg hat man eine herrliche Aussicht über die Stadt. Am Südhang befindet sich die Einzellage »Wiesbadener Neroberg« mit einem gut vier Hektar großen Rieslingweinberg; er wird von der Weinbaudomäne Rauenthal der Hessischen Staatsweingüter bewirtschaftet.

Tourist-Info • Wiesbaden, Kurhauspl. 1 • Tel. 06 11/1 72 99 30 • www1.wiesbaden.de

Flörsheim-Wicker

Wicker, ein Stadtteil von Flörsheim am Main, gilt als östliches »Tor zum Rheingau«. Seit weit über 1000 Jahren wird hier nachweislich Wein angebaut. Bei einem Spaziergang auf dem Wickerer Weinweg erfährt man Interessantes über den Weinbau und wie er die historische und kulturelle Entwicklung von Wicker und Flörsheim beeinflusste. Bei den örtlichen Straußwirtschaften lautet das Motto: »Wo's Sträußche hängt, werd ausgeschenkt!«

Stadtbüro Flörsheim am Main • Tel. 0 61 45/ 95 51 10 • www.floersheim-main.de

MUSEEN

Jugendstilsammlung F. W. Neess

Seit 2017 präsentiert das Museum Wiesbaden herausragende Werke des Jugendstils und des Symbolismus aus der Sammlung von Ferdinand Wolfgang Neess. Über 500 Objekte, vor allem Gemälde, Plastiken, Möbel, Lampen, Gläser und andere Gebrauchskunst, zeigen, wie facettenreich der Jugendstil war und in welchem Maß er den Alltag durchdrungen hat. Zu sehen sind Werke namhafter Künstler wie Franz von Stuck, Heinrich Vogeler, Ludwig von Hofmann, Fernand Khnopff, Gustave Moreau, Emile Gallé, Louis Comfort Tiffany, Bernhard Pankok u. v. a.

Museum Wiesbaden – Hessisches Landesmuseum für Kunst und Natur • Wiesbaden, Friedrich-Ebert-Allee 2 • Tel. 06 11/3 35 22 50 • www.museum-wiesbaden.de • Eintritt 6 €

AKTIV UNTERWEGS

Rheingauer Rieslingroute

Die Rheingauer Rieslingroute erschließt die rechtsrheinische Weinregion zwischen Flörsheim am Main und Kaub am Rhein. Sie führt in fünf Etappen – alle zwischen 14 und 24 km lang – an zahllosen Sehenswürdigkeiten vorbei, darunter die verwinkelten Gassen von Walluf, die Kurfürstliche Burg in Eltville, Hattenheim mit seinen Patrizierhöfen, die spätgotische Pfarrkirche von Geisenheim – auch Rheingauer Dom genannt –, die Altstadt von Rüdesheim mit der Drosselgasse und die mittelalterliche Grenzbastion Lorch, die den kurmainzischen Rheingau gegen die Kurpfalz abschirmte. In den Weindörfern und Städtchen entlang der Strecke tischen Gutsschenken, Winzerhöfe und Straußwirtschaften regionale Spezialitäten aus Küche und Keller auf.

Rheingau-Taunus Kultur und Tourismus • Tel. 0 67 23/60 27 20 • www.rheingau.com

ESSEN UND TRINKEN

Burg Schwarzenstein

Im romantischen Burgrestaurant präsentiert Cuisinier Marco Stenger die Finessen regionaler Kochkunst. Die Kräuter stammen aus dem hoteleigenen Kräutergarten, die weiteren Zutaten von regionalen Erzeugern und die Rieslinge aus dem Rheingau. Die traumhafte Aussicht von der rebenumrankten Burgterrasse krönt den Genuss.

Geisenheim-Johannisberg, Rosengasse 32 • Tel. 0 67 22/9 95 00 • www.burg-schwarzenstein.de • €€€€

Kronenschlösschen

Mit europäisch geprägter Küche und Aromen aus aller Welt begeistert Küchenchef Simon Stirnal im Hattenheimer Gourmetrestaurant Kronenschlösschen. Auf der Weinkarte gibt es für jedes Gericht – und jede Stimmung – das passende Tröpfchen.

Eltville-Hattenheim, Rheinallee • Tel. 0 67 23/6 40 • www.kronenschloesschen.de • €€€€

Allendorf im Brentanohaus

Im Zentrum der Rheinromantik, wo einst Goethe und die Brüder Grimm zu Gast bei Familie Brentano waren, kann man heute regionale und mediterrane Küche mit gutseigenen Weinen genießen. Im denkmalgeschützten Gebäude ist Goethes Schlafzimmer weitgehend unverändert erhalten!

BUMMEL-TIPP

Eltville am Rhein

In der ältesten Stadt des Rheingaus lädt die herrliche Rheinpromenade zum Flanieren ein und die verwinkelten Gassen mit den malerischen Fachwerkhäusern und den behutsam restaurierten Adelshöfen zum Bummeln. Die kurfürstliche Burg prägt mit ihrem mächtigen Wohnturm das Ortsbild. Eine Gedenkstätte erinnert an Johannes Gutenberg, der hier im Jahr 1465 vom Mainzer Erzbischof zum Hofedelmann ernannt wurde. Tourist-Info im Besucherzentrum.
Kurfürstliche Burg • Eltville am Rhein, Burgstr. 1 • Tel. 0 61 23/9 09 80 • www.eltville.de

Oestrich-Winkel, Am Lindenplatz 2 • Tel. 0 67 23/8 85 40 70 • allendorf.de • €€

FESTE UND EVENTS

Eltviller Sekt- und Biedermeierfest

Alljährlich präsentieren die Eltviller Wein- und Sektgüter am Rheinufer zwischen 1000 blühenden Rosen die Schätze aus ihren Kellern. Zu den Attraktionen zählt der Auftritt des Eltviller Biedermeiervereins, dessen Mitglieder sonntagnachmittags in edlen Seidenroben, Rüschenhüten und hohen Zylindern über den Festplatz flanieren.
1. Wochenende im Juli • Tourist-Info Eltville am Rhein • Tel. 0 61 23/9 09 80 • www.eltville.de

Rüdesheimer Weinfest

In Rüdesheims Altstadt drängen sich am dritten Augustwochenende die Weinstände der Winzer um die Linde auf dem Marktplatz. Hier kann man junge Rieslinge, samtige Spätburgunder und weitere Köstlichkeiten aus der Region probieren. Das musikalische Begleitprogramm reicht von Blasmusik bis Blues.
3. Wochenende im August • Tourist-Info Rüdesheim am Rhein • Tel. 0 67 22/ 90 61 50 • www.ruedesheimer-weinfest.de

Rheingau Musik Festival

Mit über 140 Konzerten an mehr als 40 verschiedenen Veranstaltungsorten gehört das Festival zu den größten in Deutschland. Solisten und Orchester von Weltrang treten in den schönsten Spielstätten der Region auf – darunter Kloster Eberbach, Schloss Johannisberg, Schloss Reinhartshausen, Abtei St. Hildegard in Eibingen, Schloss Biebrich und Schloss Vollrads. Daneben stehen auch Jazz, Kabarett und literarische Weinproben auf dem Programm.
Rheingau Musik Festival Konzertgesellschaft • Tel. 0 67 23/60 21 70 • www.rheingau-musik-festival.de

WEITERE INFORMATIONEN

Im Weinkulturkalender des Deutschen Weininstituts finden Sie immer eine Auswahl der aktuellen weinkulturellen Highlights. Über Weinfeste und Events, Wander- und Radtouren, Winzer und Weinproben im Anbaugebiet Rheingau informiert:

- **Rheingauer Weinwerbung GmbH • Oestrich-Winkel, Haus der Region, Rheinweg 30 • 0 67 23/60 27 20 • www.rheingau.com**
- **Weinkulturkalender des DWI: www.deutscheweine.de (Tourismus)**

Rheinhessen

Im Land der tausend Hügel links des Rheins wachsen Reben, so weit das Auge blickt. Die jungen Winzer des größten deutschen Anbaugebiets bringen moderne Weine in Spitzenqualität hervor.

Im Rheinbogen zwischen Mainz, Worms und Bingen liegt eine sanfte Hügellandschaft, in der der Wein besonders gut gedeiht: das Anbaugebiet Rheinhessen. Mit dem Bundesland Hessen hat es allerdings nichts zu tun – es liegt vollständig in Rheinland-Pfalz. Im Süden grenzt es an das Anbaugebiet Pfalz, im Westen an das Anbaugebiet Nahe, im Norden und Osten bildet der Rhein die Grenze. Mit 26 860 Hektar Rebfläche ist Rheinhessen Deutschlands größtes Weinanbaugebiet, unterteilt in drei Bereiche, 23 Großlagen und 414 Einzellagen. Die schützenden Berge von Hunsrück, Taunus, Odenwald und Nordpfälzer Bergland sorgen dafür, dass Rheinhessen zu einer der wärmsten, aber auch trockensten Gegenden Deutschlands gehört. Die Böden in den drei Weinbaubereichen Bingen, Nierstein und Wonnegau reichen von Löss und Flugsand über Schiefer, Quarzit und Porphyr bis Tonmergel. Vor allem in der Gegend um Nierstein und im Westen Rheinhessens kommt auch »Rotliegend« vor, eine Gesteinsformation mit charakteristisch

◀ Rebzeilen bestimmen das Hügelland Rheinhessens, wie hier bei Zornheim.

roter Färbung aus dem Zeitalter des Perm. Durch die uralten Sedimente werden die Reben gut mit Nährstoffen versorgt, müssen aber tief wurzeln, um an Wasser zu kommen.

Warm und wenig Regen

Rheinhessen ist bekannt für seinen Riesling, der mit 18 Prozent den größten Anteil an den angebauten Rebsorten hat. Müller-Thurgau folgt mit 15 Prozent, auf Platz drei schafft es mit 8 Prozent der Silvaner, der in Rheinhessen eine lange Anbautradition hat. Ab der Jahrtausendwende boomten die Rotweinsorten, vor allem der Dornfelder, und die Anbaufläche für rote Rebsorten verdoppelte sich innerhalb eines Jahrzehnts. Heute nehmen die roten Sorten rund 28 Prozent der Anbaufläche ein, davon entfallen allein 13 Prozent auf Dornfelder.

Rheinhessen hat rund 2400 Winzerbetriebe. Viele von ihnen zählen dank des Engagements hoch qualifizierter und motivierter Winzer zur internationalen Spitze. Sie setzen auf Qualität – und auf Weine mit Persönlichkeit. Zum Beispiel mit terroirgeprägten Riesling- und Silvanerweinen, velschichtigen Burgundern und fruchtbetonten Rotweinen. Oder mit niedrigen Erträgen und klassischen Rebsorten bei der »Selection Rheinhessen«.

Qualität ist Programm

Der Weinbau in der Region reicht über 2000 Jahre zurück. Damals pflanzten die Römer zur Versorgung ihrer Truppen in Mogontiacum – dem heutigen Mainz – die ersten Reben. Doch das fruchtbare Land war begehrt und wurde immer wieder zum Zankapfel, erst zwischen Römern und Germanen, später zwischen Deutschen und Franzosen. Trotzdem waren Weinbau und Weinhandel über die Jahrhunderte hinweg die Haupteinnahmequelle der Bevölkerung. Heute ist Rheinhessen eine moderne Region mit Industrie, Handel, Tourismus und anderen Dienstleistungssektoren, doch der Wein ist immer noch allgegenwärtig. Fast alle Orte in Rheinhessen betreiben Weinbau. Die mit Abstand größte Weinbaugemeinde ist Worms mit einer Rebfläche von 1600 Hektar, gefolgt von Westhofen und Nierstein mit jeweils 800 Hektar. Unter den deutschen Weinanbaugebieten ist Rheinhessen der größte Exporteur. Seit 2008 gehören Mainz und Rheinhessen dem »Great Wine Capitals Network« an, einem internationalen Zusammenschluss exklusiver Weinstädte.

(39) Wormser Liebfrauenstift-Kirchenstück

Nördlich der Wormser Altstadt ragt die Liebfrauenkirche aus den Weinbergen. Sie wurde nach fast 200jähriger Bauzeit 1465 feriggestellt und gilt als einzig erhaltener monumentaler Sakralbau der Gotik am Rhein zwischen Straßburg und Köln. Eine wundertätige Madonna lockte scharenweise Pilger an, und so entwickelte sich ein reger Wallfahrtsbetrieb. Den Gläubigen, die zur Kirche pilgerten oder auf dem Jakobsweg Rast einlegten, boten die Mönche des Liebfrauenstifts Schutz, Trost, Stärkung – und edlen Wein. Der stammte von den Reben, die die Liebfrauenkirche umgaben. Der Legende nach soll er den

Pilgern vorgekommen sein wie »die Milch unserer lieben Frau«. So kam die Weinlage zum Namen »Liebfrauenmilch«, und der Ruf des gleichnamgem Weins verbreitete sich weit über Worms hinaus.

Nach der Säkularisation, zwischen 1808 und 1850, erwarb Peter Joseph Valckenberg einen Großteil der Rebflächen um die Liebfrauenkirche und exportierte den legendären Wein in alle Welt. Bald stand Wormser Liebfrauenmilch auf den Weinkarten der größten Hotels – oft sogar um einiges teurer als die großen Bordeauxweine.

Das Wormser Liebfrauenstift ist der einzig erhaltene monumentale Sakralbau der Gotik am Rhein zwischen Straßburg und Köln.

»So weit der Turm seinen Schatten werfe«

Doch mit dem Wachstum kamen auch Qualitätseinbußen. Da der Name nicht geschützt war, boten immer mehr Winzer aus der Umgebung ihren Wein als Liebfrauenmilch an. So stieg der Export im frühen 19. Jahrhundert innerhalb weniger Jahrzehnte um ein Vielfaches. Liebfrauenmilch wurde zum Synonym für Rheinwein und verwässerte den Spitzenwein aus der Wormser Vorzeigelage. Darum forderte Weinbaupionier Philipp Bronner 1834: »Nur so weit der Turm seinen Schatten werfe, wachse die eigentliche Liebfrauenmilch«. Um sich von den Nachahmern abzuheben, nannte Valckenberg den »echten« Wein aus der Lage um die Liebfrauenkirche »Liebfrauenstift-Kirchenstück«. Bis heute besitzt das zu Valckenberg gehörende Weingut Liebfrauenstift 90 Prozent der Weinberge rund um die Kirche. Die restlichen zehn Prozent teilen sich die Wormser Weingüter Schembs, Spohr und Männchen sowie das Gundheimer Weingut Gutzler. Die Nachfahren Peter Joseph Valckenbergs betreiben heute das älteste familiengeführte Weinhandelshaus Deutschlands am Wormser Weckerlingplatz.

Der Verband Deutscher Prädikatsweingüter klassifiziert »Liebfrauenstift-Kirchenstück« als Große Lage. Die großen Rieslingweine, die sie hervorbringt, stehen für herausragende Weinkultur und behaupten ihren Platz auf den Weinkarten der deutschen Spitzengastronomie. Am besten lässt sich der legendäre Wein natürlich vor Ort verkosten – vielleicht nach einer Führung durch die Liebfrauenkirche, die noch immer zu den bedeutendsten Wallfahrtskirchen Deutschlands zählt.

Die Weinberge in der Niersteiner Glöck profitieren vom Schutz der sie umgebenden Mauer, von der Hangneigung und der Nähe des Rheins.

- **Weingut Liebfrauenstift • Worms, Weckerlingplatz 1 • Tel. 01 72/6 23 55 48 • www.liebfrauenstift.com**
- **Weingut Gutzler • Gundheim, Roßgasse 19 • Tel. 0 62 44/90 52 21 • www.gutzler.de**
- **Chateau Schembs • Worms-Herrnsheim, Herrnsheimer Hauptstr. 52 • Tel. 0 62 41/5 20 56 • www.chateau-schembs.de**
- **Führung Liebfrauenkirche: Tourist-Info Worms • Tel. 0 62 41/8 53 73 06 • www.worms-erleben.de**

40 Niersteiner Glöck

Zwischen Mainz und Worms liegt Deutschlands älteste Weinbergslage, die Niersteiner Glöck. Auf nur 2,1 Hektar des berühmten Roten Hanges, einer Steillage über dem linken Rheinufer, werden Riesling und Gewürztraminer angebaut. Eine mächtige Natursteinmauer fasst die Glöck ein, deren Rebland die Kirche St. Kilian umgibt. Die Glöck selbst ist beim Verband Deutscher Prädikatsweingüter als »Großes Gewächs Rheinhessen« lageklassifiziert. Erstmals urkundlich erwähnt wurde die Niersteiner Glöck 742. Damals schenkte der fränkische Hausmeier Karlmann, ein Onkel Karls des Großen, dem Bistum Würzburg das Gelände um die Kirche, die später dem heiligen Kilian gewidmet wurde. Die nächsten Jahrhunderte ging der zehnte Teil der Weinbergserträge als Naturalsteuer an den Bischof von Würzburg.

Geschmack der roten Erde

Was die Glöck besonders wertvoll macht, ist der Boden des Roten Hanges: Rotliegend entstand vor rund 280 Millionen Jahren, als das Klima im Raum Nierstein noch subtropisch trocken und heiß war. Die rote Farbe der Sand- und Tonsteine, die dem Roten Hang den Namen gab, rührt von Eisenverbindungen her. Weinbau auf Rotliegend ist weltweit eine Seltenheit. Dabei gedeihen auf dem Boden des Roten Hangs besonders feinfruchtige und mineralische Weine, die Mineralstoffe aus der roten Erde ziehen und an die Trauben weitergeben. Hinzu kommen die optimale Sonnenbestrahlung am Hang und die Nähe zum Rhein. Nicht zuletzt spielte auch das fundierte Wissen der Mönche im Weinbau eine große Rolle: Die Mauer, die sie einst um den Weinberg errichteten, schützt die Reben vor kaltem Wind und sorgt nach wie vor für das besondere Flair der Glöck. Heute ist die Niersteiner Glöck mit Riesling und Spätburgunder bestockt; sie ist im Alleinbesitz der Staatlichen Weinbaudomäne Oppenheim, wird ökologisch bewirtschaftet und bringt Weine hervor, die durch ihr Spiel aus Fruchtigkeit und Mineralität beeindrucken.

Staatliche Weinbaudomäne Oppenheim • Oppenheim, Wormser Str. 162 • Tel. 0 61 33/ 93 03 05 • www.domaene-oppenheim.de

Der Traubensaal der Pariser Weltausstellung von 1900 befindet sich heute auf der Kupferbergterrasse in Mainz.

(41) Kupferbergterrasse Mainz

Auf einem Hügel bei Mainz errichteten einst die Römer ein Lager für zwei Legionen – ein sogenanntes Castrum. Aus dem lateinischen Wort wurde im Lauf der Jahrhunderte der Name »Kästrich«, der heute einen Teil der Mainzer Oberstadt bezeichnet. Dort findet man Wein-, Sekt- und Bierkeller, die zu den tiefsten der Welt zählen. 2000 Jahre alte Funde, die bei Arbeiten an den Kupferberg-Kellern zutage gefördert wurden, zeugen noch heute von der römischen Vergangenheit und der Vorliebe der Römer für den Wein. 1850 gründete der damals 26-jährige Christian Adalbert Kupferberg in Mainz seine »Fabrication moussierender Weine«. Als Gärkeller nutzte er bereits vorhandene unterirdische Kelleranlagen, die noch aus dem Mittelalter stammten.

Sieben Stockwerke tiefe Keller

Bereits zwei Jahre später ließ er sich den Namen »Kupferberg Gold« schützen – für den Sekt, der zum Flaggschiff der Sektkellerei wurde und heute zu den ältesten deutschen Marken überhaupt zählt. An den Besuch des späteren Reichskanzlers Otto Fürst von Bismarck, der in der Kellerei zu Gast war, erinnert das Bismarckzimmer, das heute für Trauungen und andere Veranstaltungen genutzt wird. 1872 wandelte Christian Kupferberg sein Unternehmen in eine Kommanditgesellschaft auf Aktien um, und bereits 1888 wurden die vorhandenen mittelalterlichen Keller zu klein für den wachsenden Betrieb. Die Söhne des Gründers gaben daraufhin einen Bau in Auftrag, der bis heute einmalig ist: 60 weitere Keller wurden sieben Stockwerke tief in die Erde gebaut. In den Kellern thronen prunkvoll verzierte Eichenfässer, in denen Wein lagert, aus dem später Sekt entsteht, und lange Reihen von Sektflaschen, die in der Tiefe reifen. Einen ganz anderen Verwendungszweck fanden die Kellergewölbe während des Zweiten Weltkriegs, als sich dort Tausende Menschen vor Bombenangriffen in Sicherheit brachten.

Schon früh setzte die Firma auf ungewöhnliche Werbekampagnen. So ließ Kupferberg im Jahr 1912 in Berlin die erste bewegliche Leuchtreklame Deutschlands an einer Hausfassade in der Friedrichstraße anbringen: 2600 wandergeschaltete Glühbirnen stellten auf einer Fläche von 60 Quadratmetern den Hals einer Sektflasche dar, aus der fein perlender Sekt in ein Glas floss. Viele der historischen PR-Maßnahmen, darunter Werbeplakate, Postkarten und frühe Werbefilme, sind heute auf der Mainzer Kupferbergterrasse zu sehen.

Sekt zur Weltausstellung

Firmengründer Christian Adalbert Kupferberg vermarktete seine Sekte bereits international und präsentierte sie 1862 bei der Weltausstellung in London. Seine Söhne Franz und Florian Kupferberg setzten die Tradition fort und nahmen 1900 an der Pariser Weltausstellung teil. Der »Traubensaal«, in dem während der Weltausstellung im Deutschen Haus Spitzenweine und -sekte aus Deutschland präsentiert wurden, befindet sich ebenfalls auf der Kupferbergterrasse. Dort wurde der Saal, den der Berliner Architekt Bruno Möhring im floralen Jugendstil mit reichem Weinlaub-, Trauben- und Rankendekor entworfen hatte, nach der Weltausstellung originalgetreu wiederaufgebaut.

Mitte der 1960er-Jahre reichten die Räumlichkeiten im Mainzer Stammhaus nicht mehr aus, und die Kellerei errichtete in Mainz-Hechtsheim neue Betriebsanlagen. Auf dem traditionsreichen Kupferbergareal im Mainzer Kästrich können Besucher die historischen Kelleranlagen im Rahmen einer Führung erkunden. Neben Informationen rund um die Sektherstellung gibt es auch die weltweit größte Sammlung von Sekt- und Champagnergläsern zu bestaunen – von Kristallkelchen und Sektflöten der Renaissance bis hin zu hochmodernen und sehr ausgefallenen Designerstücken.

Kupferbergterrasse • Mainz, Kupferbergterrasse 17–19 • Tel. 0 61 31/92 30 • www.hochzeiten-kupferbergterrassen.de

(42) Wasems Kloster Engelthal

Neues Leben in alte Mauern zu bringen, war das Ziel des Ingelheimer Weinguts Wasem. Dazu ließ die Winzerfamilie die denkmalgeschützten Reste des Zisterzienserinnenklosters Engelthal sanieren. Vom Kloster selbst war nicht mehr viel erhalten, lediglich der an der Edelgasse gelegene Westflügel und ein annähernd rechtwinklig dazu stehender, landwirtschaftlich genutzter Bau mit Wirtschaftshof. Diese Gebäude galt es umzubauen und durch einen Erweiterungsbau miteinander zu verbinden. Der an der Nahtstelle entstandene Neubau verbindet die historischen Bestandsbauten wie ein Scharnier.

Gegensätze verbinden

Während die Erhaltung der denkmalgeschützten Fassaden höchste Priorität hatte, wurde der Verbindungsbau als kubischer Block angelegt. Sein Flachdach und die verwendeten Materialien – allen voran Beton, Stahl und Glas – kontrastieren bewusst mit den flankierenden spätmittelalterlichen Gebäuden und ihren massiven Steinmauern, Kreuz- und Tonnengewölben, Eichenbalkendecken oder Sprengwerk. Monumentale Glasfassaden, in die korrodierter Cortenstahl eingearbeitet ist, machen den Neubau transparent und schaffen eine offene, heitere Atmosphäre. Genutzt wird er als zentrales Torhaus. Er erschließt alle Ebenen des Ensembles über Treppen, einen Personen- und einen Lastenaufzug. In den denkmalgeschützten Gebäuden sind eine Vinothek mit Degustationsräumen, eine Weinstube, eine Weinscheune mit angeschlossenem Weingarten, Event- und Tagungsräume untergebracht.

– **Weingut Wasem • Ingelheim am Rhein, Edelgasse 5 • Tel. 0 61 32/22 20 • www.wasem.de**
– **Restaurant (Kloster) • Ingelheim am Rhein, Edelgasse 15 • Tel. 0 61 32/23 04 • www.wasem.de**

Ziele in der Umgebung

SEHENSWERTES

Nibelungenstadt Worms

Worms, einer der wichtigsten Schauplätze des Nibelungenlieds, ist dem mittelalterlichen Epos noch heute mit einem Museum und Festspielen verbunden. Sehenswert sind auch der Heilge Sand – der älteste jüdische Friedhof Europas –, das ehemalige Judenviertel mit Synagoge und Raschi-Haus sowie das jüdische Museum. Wer in Worms ist, muss natürlich auch dem romanischen Dom einen Besuch abstatten. Entspannen kann man sich an der Rheinpromenade mit der historischen Parkanlage; dort erinnert ein Denkmal an Hagen von Tronje, der den Nibelungenschatz im Rhein versenkt haben soll.

Tourist-Info • Worms, Neumarkt 14 • Tel. 0 62 41/8 53 73 06 • www.worms-erleben.de

Bingen

An der Nahtstelle der Anbaugebiete Rheinhessen, Nahe, Rheingau und Mittelrhein liegt Bingen, das sich gern als heimliche Hauptstadt des deutschen Weins bezeichnet. Über 70 Winzer und zahlreiche Bürger engagieren sich, um den Binger Wein bekannt zu machen. Bingen unterhält einen – nicht ganz offiziellen – Weinsenat, zu dessen Ehrensenatoren u. a. schon Johann Lafer, Anne Will, Heino und Karl Kardinal Lehmann gehörten. Wein verkostet man in einer der Weinstuben, bei Weinproben und auf Festen. Oder in der Binger Vinothek, einem Verkostungszentrum mehrerer Weingüter, wo auch geführte Weinwanderungen angeboten werden.

– **Tourist-Info • Bingen, Rheinkai 21 • Tel. 0 67 21/18 42 05 • www.bingen.de**

WUSSTEN SIE, DASS ...

... es sich beim rheinhessischen WWW um das heimliche Nationalgericht der Region handelt? »Weck, Worscht un Woi« (Brötchen, Wurst und Wein) passen zu jeder Tageszeit – und bei Bedarf findet sich auch »was Veganes« fürs Brötchen!

Den alten Gemäuern des spätmittelalterlichen Zisterzienserinnenklosters Engelthal hat das Ingelheimer Weingut Julius Wasem neues Leben eingehaucht.

- **Vinothek • Bingen, Hindenburganlage 2 • Tel. 0 67 21/3 09 89 92 • www.vinothek-bingen.de**

Kuhkapellen

Rund 300 Weingewölbe, auch bekannt als Kuhkapellen, gibt es in Rheinhessen. Dahinter verbergen sich ehemalige Ställe, die nicht in traditioneller Holzbauweise, sondern nach dem Vorbild klösterlicher Refektorien aus festem Mauerwerk mit Kreuzgewölben errichtet wurden. So verringerte man im 19. Jahrhundert das Brandrisiko auf den Höfen. Heute werden die schicken Kuhställe als Weinprobierstuben, Verkaufsräume und für Konzerte genutzt.

- **Interessengemeinschaft Rheinhessische Weingewölbe • Katrin Mohr • Tel. 0 67 37/3 38 • www.rheinhessen.de/rheinhessische-weingewoelbe**
- **Rheinhessen-Touristik • Tel. 0 61 36/9 23 98 22 • www.rheinhessen.de**

Oppenheimer Unterwelt

Oppenheim besitzt eine einzigartige Stadt unter der Stadt: Jahrhundertealte Keller und Verbindungsgänge durchziehen den Untergrund, die ältesten an die 1000 Jahre alt. Bisher ist nur ein kleiner Teil freigelegt und erforscht, denn über dem unterirdischen Labyrinth wurde nach der Zerstörung Oppenheims 1689 eine komplett neue Stadt gebaut. Besucher können die geheimnisvolle Unterwelt bei Führungen erkunden.

Oppenheim Tourismus • Oppenheim, Merianstr. 2a • Tel. 0 61 33/49 09 14 • www.stadt-oppenheim.de • Führungen nach Vereinbarung • Eintritt 8,50 €

MUSEEN

Gutenberg-Museum Mainz

Die Wiege der Buchdruckerkunst ist ein Muss für Mainz-Besucher. Das Museum gegenüber dem Dom bietet neben der

Dauerausstellung zu Drucktechnik, Buchkunst, Schriftgeschichte, Papier u. v. m. auch eine museumspädagogische Druckwerkstatt und ein Museumscafé.
Gutenberg-Museum • Mainz, Liebfrauenpl. 5 • Tel. 0 61 31/12 26 40 • www.gutenberg-museum.de • Eintritt 5 €

Museum bei der Kaiserpfalz Ingelheim

Mit dem Bau der Kaiserpfalz durch Karl den Großen im 8. Jahrhundert erlangte Ingelheim europaweite Bedeutung. Heute sind nur noch Teile der karolingischen Residenz zu besichtigen, doch im Museum bei der Kaiserpfalz werden Funde und ein Modell der ursprünglichen Bauten ausgestellt. Ein Rundweg führt zu allen wichtigen Stationen der Ausgrabungen.

– **Museum bei der Kaiserpfalz • Ingelheim, François-Lachenal-Pl. 5 • Tel. 0 61 32/71 47 01 • www.museum-ingelheim.de • Eintritt 3 €**
– **weitere Infos: www.kaiserpfalz-ingelheim.de**

AKTIV UNTERWEGS

Wingertshäuschen-Wanderung

Alzey bietet eine Kombination aus Wanderung und Weinfest: Alljährlich am ersten Sonntag im September führt die Wingertshäuschen-Wanderung an 20 zum Teil historischen Weinbergshäusern vorbei. Entlang der Route werden regionale Weine und Speisen angeboten; ausgeschenkt wird überall, wo die Fahne hängt. Der Weg ist insgesamt 20 km lang und führt durch die Ortslagen von Alzey, Heimersheim und Weinheim; je nach Zeit und Kondition kann man auch eine Teilstrecke wandern.
Altstadtverein Alzey • Tel. 0 67 31/79 63 • www.altstadtvereinalzey.de

An die 40 Trulli findet man in Rheinhessen, der älteste Trullo stammt aus dem Jahr 1752. Zu den schönsten zählt der Flonheimer Trullo.

WANDER-TIPP

Tolle Trulli

In den Weinbergen von Flonheim im Kreis Alzey-Worms steht eines jener Bauwerke, die nördlich der Alpen nur selten zu finden sind: ein Trullo (Plural: Trulli). Die kleinen runden Weinbergshäuschen, rheinhessisch »Wingertshaisjer«, die oben spitz oder kuppelförmig zulaufen, wurden zwischen 1720 und 1760 vermutlich nach apulischem Vorbild gebaut. Der Flonheimer Trullo ist zu Fuß bequem vom Marktplatz aus zu erreichen. Eine weitere Route führt auch zum Trullo des Nachbarorts Uffhofen.

Flonheim • Tel. 0 67 34/9 13 06 57 • www.flonheim.de (Rathaus & Service)

ESSEN UND TRINKEN

Favorite

Im Gourmetrestaurant des Mainzer Favorite-Parkhotels interpretiert Küchenchef Tobias Schmitt klassische Zutaten überraschend neu und modern.

Mainz, Karl-Weiser-Str. 1 • Tel. 0 61 31/8 01 50 • www.favorite-mainz.de • €€€€

Gasthaus Willems

Weine aus Rheinhessen und ausgesuchte Tropfen aus den Great Wine Capitals begleiten im Mainzer Gasthaus Willems die anspruchsvolle Küche, die mit den Jahreszeiten geht und nur das auf den Tisch bringt, was marktfrisch angeboten wird.

Mainz, Kapuzinerstr. 29 • Tel. 0 61 31/2 10 91 70 • www.gasthaus-willems.de • €€€

Zum Goldenen Engel

Die Verfeinerung des Bodenständigen ist das Credo von Klaus Mayer, Küchenchef im Flonheimer Goldenen Engel. Die restauranteigene Vinothek versteht sich als »begehbare Weinkarte« mit über 100 Weinen von engagierten Newcomern und namenhaften Weingütern Rheinhessens, aber auch anderen deutschen und internationalen Weinregionen.

Flonheim, Marktpl. 3 • Tel. 0 67 34/91 39 30 • www.zum-goldenen-engel.com • €€€

FESTE UND EVENTS

Weinfest im Kirchenstück

Auf einem 500 Meter langen Parcours mitten in den Weinbergen laden Hechtsheimer Winzer Anfang Juli zum Weinfest im Kirchenstück. Während man die Weine probiert, zu denen es regionaltypische Speisen gibt, kann man den Blick vom rheinhessischen Hügelland über den Mainzer Dom bis hinüber zum Taunus schweifen lassen.

Anfang Juli • Winzervereinigung Mainz-Hechtsheim • Tel: 0 31 31/9 72 89 42 • www.hechtsheimer-winzer.jimdo.com

WEITERE INFORMATIONEN

Im Weinkulturkalender des Deutschen Weininstituts finden Sie immer eine Auswahl der aktuellen weinkulturellen Highlights. Über Weinfeste und Events, Wander- und Radtouren, Winzer und Weinproben im Anbaugebiet Rheinhessen informieren:

- **Rheinhessenwein • Alzey, Otto-Lilienthal-Str. 4 • Tel. 0 67 31/9 51 07 40 • www.rheinhessen.de/dabei-sein**
- **Weinkulturkalender des DWI: www.deutscheweine.de (Tourismus)**

Saale-Unstrut

Weinbergsterrassen, Trockenmauern, Streuobstwiesen und Flussauen prägen die alte Kulturlandschaft im nördlichsten deutschen Anbaugebiet für Qualitäts- und Prädikatsweine.

Steile Rebhänge, malerische Weinbergshäuser, mächtige Burgen, alte Fachwerkdörfer und geschichtsträchtige Städte gibt es an Saale und Unstrut, wo seit über 1000 Jahren Weinbau betrieben wird. Die 800 Hektar Rebfläche des nördlichsten Qualitätsweinanbaugebiets Deutschlands erstrecken sich über drei Bundesländer: Sachsen-Anhalt hat bei Weitem den größten Anteil mit Weinbergen in der Gegend um Freyburg und Naumburg, auf Thüringen entfallen 120 Hektar und auf Brandenburg etwa 10 Hektar in Werder an der Havel, unweit von Berlin.

Mit seiner Lage auf 52°23' nördlicher Breite ist der »Werderaner Wachtelberg« derzeit die nördlichste Einzellage Europas, die für den Anbau von Qualitätswein eines bestimmten Anbaugebietes zugelassen ist. Auch weiter nördlich gibt es Weinberge – etwa in Mecklenburg, Schleswig-Holstein oder auch Skandinavien –, doch diese Lagen sind (noch) nicht Q.b.A.-registriert.

◀ Unter den 90 Weinbergshäuschen am Freyburger Schweigenberg sind ein paar richtige Schlösschen.

Polarkreis des Weinbaus

Das Anbaugebiet Saale-Unstrut gliedert sich in »Schloss Neuenburg«, »Thüringen« und »Mansfelder Seen«; dazu kommen vier bereichsfreie Großlagen und 34 Einzellagen. Die weit über 50 Rebsorten werden vorwiegend trocken ausgebaut. Drei Viertel der Sorten sind weiß; am beliebesten ist Müller-Thurgau, danach kommen Weiß- und Grauburgunder, Bacchus, Riesling, Silvaner, Gutedel und Kerner. Bei den Rotweinen führen Dornfelder, Portugieser, Spätburgunder und Blauer Zweigelt die Liste an. Daneben gibt es auch »Exoten« wie Ortega, Elbling, Johanniter und Saphira, André, Acolon, Domina und Pinotin sowie edelsüße Raritäten wie Eiswein und Beerenauslesen. Außerdem werden auch Rosé-, Weißherbst-, Rotling- und Blanc-de-noirs-Weine ausgebaut.
In den Flussauen mit schroffen Durchbruchstälern finden sich Muschelkalk-Verwitterungsböden, Lösslehm, Kupferschiefer und Buntsandstein. Sie geben den Weinen ein elegantes, fruchtiges Bukett mit mineralischen Nuancen. Klimatisch gehört die im Regenschatten von Harz und Thüringer Wald gelegene Region zu den niederschlagsärmsten Landstrichen in Deutschland. Die Rebflächen sind meist nach Süden ausgerichtet und liegen geschützt in den Flusstälern; hier bilden sich Wärmeinseln mit besonders mildem Mikroklima. Kalte Winter und Spätfröste im Frühjahr führen zu einer natürlichen Ertragsreduktion auf rund 60 Hektoliter pro Hektar.

Über 50 Rebsorten

1828 hielt Johann Wolfgang von Goethe während seines Aufenthalts auf Schloss Dornburg an der Saale fest: »Die Aussicht ist herrlich und fröhlich, die Blumen blühen in den wohl unterhaltenen Gärten, die Traubengeländer sind reichlich behangen, und unter meinem Fenster seh ich einen wohl gediehenen Weinberg.« Er wird sich bestimmt auch das ein oder andere Gläschen Wein gegönnt haben.

(43) Sektkellerei Rotkäppchen

Es waren einmal zwei Brüder, Moritz und Julius Kloss, die gründeten zusammen mit ihrem Freund Carl Foerster am 26. September 1856 eine Weinhandlung in Freyburg an der Unstrut und gaben ihr den Namen »Kloss & Foerster«. So beginnt die märchenhafte Erfolgsgeschichte der Sektkellerei Rotkäppchen. Doch war anfänglich weder von Sekt noch von Rotkäppchen die Rede. Die Idee, neben der Weinhandlung auch eine Fabrik »zur Anfertigung moussierender Weine« zu gründen, kam jedoch rasch. Die ersten 6000 »Bouteillen« wurden in einer Hinterhauswohnung abgefüllt, und der erste Sektkorken knallte am 17. Juni 1858 zur Hochzeit von Firmenmitbegründer Julius Kloss mit Emma Gabler.

Das Unternehmen lief so erfolgreich, dass der Wein der Freyburger Winzer bald nicht mehr ausreichte. Im Jahr 1867 wurden erstmals Most und Wein aus Württemberg und Baden zugekauft; danach waren die Einkäufer von Kloss & Foerster auch im Rheinland, an der Mosel und am Main unterwegs, um Trauben, Most und Wein aufzukaufen, die dann in Freyburg an der Unstrut versektet wurden. Im

Jahr 1870 feierte das Unternehmen eine Rekordproduktion von 120 000 Flaschen Sekt. Ihre Etiketten zierten klangvolle französische Namen wie »Crémant Rosé«, »Sillery Grand Mousseux«, »Lemartin Frères« und »Monopol«. Als im Mai 1894 das »Gesetz zum Schutz der Warenzeichen« in Kraft trat, kam es zum Rechtsstreit mit dem französischen Champagnerhaus Walbaum-Heidsieck. Die Traditionskellerei in Reims produzierte bereits seit 1846 Champagner der Marke »Monopole« und hatte die älteren Rechte. Kloss & Foerster verloren den Prozess und beschlossen, ihren Sekt fortan nach der roten Kapsel zu nennen, die den Korken umschloss. Am 15. Juli 1895 ließen sie den Namen »Rotkäppchen« als Warenzeichen eintragen.

Auf den Rüttelpulten der Kellerei Rotkäppchen sammelt sich die Hefe im Hals der Sektflaschen.

Märchenhafter Erfolg

Dieser Markenname blieb während der weiteren wechselvollen Firmengeschichte erhalten. Er überdauerte zwei Weltkriege und wurde im Jahr 1948 schließlich namensgebend für den »Volkseigenen Betrieb Rotkäppchen-Sektkellerei Freyburg/ Unstrut«. Technischer Fortschritt und die Einrichtung einer Forschungs- und Entwicklungsstelle machten Rotkäppchen zum Musterbetrieb der DDR. Hier entstanden in den 1970er-Jahren so verwegene Kreationen wie »Mocca-Perle« – ein koffeinhaltiger Schaumwein, der bis jetzt im Sortiment ist – und »Sekt-Pils«, eine Koproduktion von Rotkäppchen mit dem VEB Brauerei Dessau im Getränkekombinat Dessau. Nach Deutschlands Wiedervereinigung wurde die Rotkäppchen-Sektkellerei in eine GmbH umgewandelt und gehörte schon bald wieder zu den größten deutschen Sektkellereien. Im Jahr 2002 sorgte das ostdeutsche Unternehmen für Aufsehen, als es die renommierten Sektmarken »Mumm«, »Jules Mumm« und »MM Extra« vom kanadischen Getränkekonzern Seagram übernahm, samt den hessischen Produktionsstätten in Eltville am Rhein und Hochheim am Main. Seither haben die Freyburger von der Unstrut weitere Firmen mit klangvollen Markennamen aufgekauft, darunter die Privatsektkellerei Geldermann sowie Eckes Edelkirsch, Chantré und Mariacron. Heute firmiert das Unternehmen unter dem Namen »Rotkäppchen-Mumm Sektkellereien GmbH«.

In den Rebenterrassen des Herzoglichen Weinbergs in Freyburg ist der Pavillon mit seiner originalen Rokokoausstattung erhalten.

Bei einer Führung durch die Kellerei erfährt man nicht nur, wie die prickelnden Perlen in die Sektflasche kommen – man kann die Sekte auch verkosten. Unbedingt empfehlenswert ist ein Rundgang durch das eindrucksvolle Industriedenkmal. Der historistische Gründerzeitbau empfängt den Besucher mit einem geräumigen Lichthof, dessen von Glasbändern durchzogenes Dach eine Meisterleistung der Ingenieurbaukunst darstellt; der über 1000 qm große Raum kann als festlicher Rahmen für Veranstaltungen mit bis zu 750 Personen genutzt werden.

Ein Fass aus 25 Eichen

Das Herzstück des Kellereigebäudes bilden die fünf Kellergeschosse. 1887 wurden sie erstmals in Betrieb genommen. Auf einer Grundfläche von 13 000 Quadratmetern lagerten hier die Weine in Eichenholzfässern, bevor sie zu Cuvées vermischt, in Flaschen gefüllt und von Hand gerüttelt wurden. Der besondere Stolz der Kellerei ist das größte Cuvéefass Deutschlands mit kunstvollen Schnitzereien. Es wurde aus dem Holz von 25 Eichen in der hauseigenen Küferei gebaut und 1896 fertiggestellt. Mit seinem gigantischen Fassungsvermögen von 120 000 Litern nimmt es im sogenannten Domkeller ganze drei Geschosshöhen ein.

Rotkäppchen Sektkellerei • Freyburg/Unstrut, Sektkellereistr. 5 • Tel. 03 44 64/3 40 • www.rotkaeppchen.de • Führung ab 4 €

(44) Weinbergshäuschen

Charakteristisch für die Region Saale-Unstrut sind die vielen Weinbergshäuschen an den Rebhängen und auf den Steilterrassen der Flussufer. Mehrere Hundert sind es wohl, das älteste ist fast 500 Jahre alt. Viele

Die monumentalen Reliefs in Großjena bei Naumburg zeigen Jesus als Weinbauern.

davon sind kleine, zweckmäßige Hütten, in denen die Winzer einst ihre Arbeitsgeräte aufbewahrten, den Proviant verzehrten und an rauen Tagen Schutz vor Wind und Wetter fanden; einige dienten auch als schmucke Wochenendhäuschen – und manche sogar als luxuriöse Lustschlösschen, in denen weinselige Feste gefeiert wurden. Im 19. Jahrhundert wurden ein paar Weinbergshäuser auch zu Ausflugslokalen ausgebaut. Die Denkmalliste des Landes Sachsen-Anhalt verzeichnet allein für das Gebiet zwischen Zscheiplitz, Saaleck, Goseck und Unstrutmündung elf historische Weinberge mit zum Teil mehreren Weinbergshäusern sowie knapp 30 einzelne Weinbergshäuser, einige davon mit dazugehörigen Rebflächen. In kaum einer anderen deutschen Weinregion gibt es so viele Weinbergshäuschen wie an den Uferhängen von Saale und Unstrut – vergleichbar ist allenfalls Rheinhessen mit seinen »Wingertshäuschen« zwischen Mainz, Alzey und Worms. Ein Grund für die ungewöhnlich hohe Zahl ist vielleicht, dass niemals eine Flurbereinigung stattgefunden hat, die die kleinen Weinbergsparzellen zu großen Anbauflächen zusammengefasst und im Zuge der Umlegung den alten Rebbestand samt Häuschen und Hütten vernichtet hätte.

Einfache Schutzhütten …

Seit dem 16. Jahrhundert förderten die sächsischen Fürsten den Weinbau und strebten im Lauf der Jahre eine immer höhere Effizienz an. Dazu gehörte in erster Linie die Terrassierung der Rebhänge »nach württembergischer Art«. Bis heute prägt der Terrassenweinbau die Landschaft an Saale und Unstrut ebenso wie an der Elbe um Dresden, Radebeul und Meißen. Besonders viele Weinbergshäuschen haben sich auf dem Schweigenberg bei Freyburg an der Unstrut erhalten. Auf dem imposanten Terrassenweinberg befinden sich sage und schreibe 90 Häuschen auf einer Fläche von 20 Hektar, alle vermutlich im Laufe des 18. Jahrhunderts erbaut. Heute bewirtschaften noch rund 40 Winzer die kleinen Weinbergsparzellen auf bis zu zehn Terrassenstufen. Wenn man die Trockenmauern und Treppen zusammenrechnet, die den Schweigenberg landwirtschaftlich erschließen, kommt man auf rund zehn Kilometer Mauerwerk und einige Hundert Meter Treppenanlagen.

… und luxuriöse Lustschlösschen

Als ältestes Baudenkmal an Saale und Unstrut gilt ein Türmchen aus dem Jahr 1555, der sogenannte »Steinkauz« in der Lage Steinmeister beim Naumburger Ortsteil Roßbach. Zu den ungewöhnlichsten Weinbergshäuschen zählt ein Bau, den man eigentlich eher als Villa bezeichnen sollte: 1722 ließ sich Johann Christian Steinauer, Hofjuwelier von Christian, Herzog zu Sachsen-Weißenfels, vor den Toren von Naumburg ein standesgemäßes Wohnhaus über seinem Weinberg »Im Blütengrund« bei Großjena errichten. Rein repräsentativ war auch die pompöse »Hütte« auf dem Schlifterweinberg, den die Gründer der Sektkellerei Rotkäppchen in Freyburg an der Unstrut errichten ließen. Vom polygonalen Fachwerkpavillon im Herzoglichen Weinberg zu Freyburg ist sogar noch die Rokokoausstattung aus dem 18. Jahrhundert erhalten. Mit seiner dreiseitig abgewinkelten Fassade bietet er Besuchern auch heute noch einen herrlichen Rundblick über das Unstruttal. Nicht zuletzt belegt außerdem das sogenannte Toskanaschlösschen auf dem Freyburger Schweigenberg (s. S. 122), dass die Wohlhabenden und Begüterten der Region die Weinberge oft als ländliche Rückzugsorte nutzten. Hier stellten sie ihren Wohlstand gern standesgemäß zur Schau und feierten rauschende Feste. Über die genaue Lage und Besichtigungsmöglichkeit der Hütten, Häuser und Villen in den Weinbergen informiert der Weinbauverband Saale-Unstrut.

Weinbauverband Saale-Unstrut • Tel. 03 44 64/2 61 10 • www.weinregion-saale-unstrut.de

(45) Steinernes Bilderbuch

An der Mündung der Unstrut in die Saale, vor den Toren Naumburgs, erhebt sich der Markgrafenberg bei Großjena. Mit seinen Rebterrassen, Trockenmauern, Weinbergshäuschen und Obstgärten ist er ein beliebtes Ausflugsziel im Burgenlandkreis. Hier erwarb der Naumburger Juwelier Johann Christian Steinauer, Hoflieferant von Christian, Herzog zu Sachsen-Weißenfels, im Jahr 1705 einen Weinberg, über dem er sich eine stattliche Villa erbauen ließ. 1722 beauftragte er einen Bildhauer, in die Felswände zu Füßen des Weinbergs einen monumentalen Bildzyklus zu hauen, den er dem Herzog zu dessen zehnjährigem Regierungsjubiläum widmete. Der Name des Künstlers ist nicht überliefert, doch sein Werk ist heute als »Steinernes Bilderbuch« über die Grenzen Naumburgs hinaus bekannt.

Riesige Reliefs

Auf einer Fläche von knapp 200 Quadratmetern treten zwölf überlebensgroße Reliefs aus dem Buntsandstein hervor. Sie schildern Szenen aus dem Alten und Neuen Testament, widmen sich dem Wein und der Jagd, zeigen den Landesherrn und nennen den Stifter. Auf der dritten Bildtafel sieht man Christian zu Sachsen-Weißenfels als stolzen Reiter zu Pferd. Im fünften Bild geht es um die Hochzeit zu Kana; die Skulpturen zeigen die Hochzeitsgesellschaft, kurz bevor Jesus Wasser in Wein verwandelt. Vor der langen Festtafel stehen sechs große Krüge, in die ein Diener gerade Wasser gießt. Auf der siebten Tafel ist Johann Christian Steinauer verewigt, der laut Inschrift am 17. März 1722 in Naumburg den Bilderzyklus gestiftet hat. Die Widmung lautet: »Ehre sei Gott in der Höhe und Frieden auf Erden und den Menschen ein Wohlgefallen.« Das achte Bild stellt Jesus dar, wie er mit nackten Füßen die Trauben im Weinbottich zerstampft, während Winzerinnen und Winzer in zeitgenössischer Tracht weitere Trauben in Holzbütten bringen. Das nächste Bild zeigt Noah als ersten Weinbauern; in der einen Hand hält er einen Rebstock, in der anderen ein Winzermesser. Der Arbeit im Weinberg widmet sich das zehnte Relief, in dem die Winzer mit Hacken über der Schulter aus dem Terrassenweinberg kommen, um sich beim Verwalter den Lohn für ihre Arbeit abzuholen; der Weinbergsbesitzer ist links im Bild auf einem Stuhl zu sehen.

Im Blütengrund

Das »Steinerne Bilderbuch« befindet sich zwar auf einem Privatgrundstück und ist nicht direkt zugänglich, doch vom Blütengrund aus sind die Reliefs ebenfalls gut zu sehen. Schautafeln informieren zusätzlich über die Bildszenen. Wer den Weg ein Stückchen weitergeht, gelangt zur Gedächtnisstätte für den »deutschen Rodin«, den Bildhauer, Maler und Grafiker Max Klinger. Auch er hatte hier ein Häuschen in den Weinbergen, das sogenannte Radierstübchen im Blütengrund. Der Spaziergang lohnt sich nicht zuletzt auch wegen des herrlichen weiten Ausblicks auf Saale und Unstrut.

Tourist-Info Naumburg • Tel. 0 34 45/ 27 31 25 • www.naumburg.de

Ziele in der Umgebung

SEHENSWERTES

Naumburg

Die Domstadt liegt im Zentrum der Weinregion an der Mündung der Unstrut in die Saale. Als Erstes sollte man der schönen Uta und den anderen Stifterfiguren im Naumburger Dom einen Besuch abstatten. Anschließend hat man beim Bummel durch die Altstadt die Qual der Wahl: Wer das Stadtmuseum »Hohe Lilie« mit seiner schönen Renaissancefassade besucht, erfährt nicht nur, dass dessen ältester Bauteil ein romanisches »Steinwerk« ist, sondern auch, was man darunter versteht. Das Nietzsche-Haus widmet sich dem Leben und Werk des Philosophen und Dichters Friedrich Nietzsche, der als Junge in Naumburg lebte. Die historische Stadtbahn fährt im 30-Minuten-Takt mit Triebwerken aus DDR-Zeiten. Und vom Wenzelsturm hat man eine herrliche Aussicht über die knapp 1000 Jahre alte Stadt mit ihren gut erhaltenen mittelalterlichen Stadtmauern.

Tourist-Info • Naumburg, Markt 6 • Tel. 0 34 45/27 31 25 • www.naumburg.de

Schloss Neuenburg

Hoch über Freyburg, dem Winzerstädtchen im Zentrum des Weinanbaugebiets Saale-Unstrut, erhebt sich die monumen-

tale Anlage von Schloss Neuenburg. Die einst größte Burg der Landgrafen von Thüringen beherbergt heute u. a. das Weinmuseum von Sachsen-Anhalt, das nicht nur über die Weinkultur in der Mitte Deutschlands informiert, sondern auch über die Rolle des Rebensafts von der Antike bis heute und seine vielfältige Verwendung – von der Küche über die Kirche bis hin zur Krankenpflege.
Schloss Neuenburg • Freyburg, Schloss 1 • Tel. 03 44 64/3 55 30 • www.schloss-neuenburg.de • Eintritt 6,50 €

Weinproben

Über 40 Privatweingüter, die Winzervereinigung und das Landesweingut Kloster Pforta sowie eine traditionsreiche Sektkellerei laden entlang der Weinstraße Saale-Unstrut von Memleben bis Bad Sulza, auf den Weinrouten an der Weißen Elster und an den Mansfelder Seen zur Weinprobe und Sektverkostung ein. An der »Straße der Romanik« und der neuen Touristikroute »Himmelswege« bewirten Weinlokale, Gutsschenken und Straußwirtschaften mit Leckereien aus Küche und Keller.
Weinbauverband Saale-Unstrut • Tel. 03 44 64/2 61 10 • www.weinbau verband-saale-unstrut.de

Werderaner Wachtelberg

Am »Weinbaupolarkreises« – 16 km westlich von Potsdam und 55 km südwestlich von Berlin – liegt in Werder an der Havel die nördlichste Einzellage Europas mit Q.b.A.-Zulassung. Der Wachtelberg erinnert an die einstige Bedeutung des Weinbaus in vielen Städten und Dörfern der Mark Brandenburg. In Werder zählte er neben der Fischerei zu den ältesten Gewerben der Stadt. Weinlehrpfad, Wein-

Die Himmelsscheibe von Nebra (s. S. 130) zeigt Vollmond, Mondsichel und Sterne. Der Sensationsfund aus der Bronzezeit wurde um 1600 v. Chr. vergraben.

bergführungen und moderierte Weinproben informieren über Tradition und Gegenwart des märkischen Weinbaus.

Weinbau Dr. Lindicke • Werder an der Havel, Am Plessower Eck 2 • Tel. 0 33 27/74 14 10 • www.weinbau-lindicke.de • Weinbergsführungen und Weinproben nach Absprache

MUSEUM

Arche Nebra

1999 brachten Raubgräber auf dem Mittelberg bei Nebra einen unschätzbar wertvollen Fund zutage: die Himmelsscheibe von Nebra. Heute ist sie im Landesmuseum in Halle ausgestellt. Am Fundort informiert das Besucherzentrum »Arche Nebra« über die Bedeutung der etwa 3600 Jahre alten Bronzeplatte mit Vollmond, Mondsichel und Sternen.

Arche Nebra • Nebra-Kleinwangen, An der Steinklöbe 16 • Tel. 03 44 61/2 55 20 • www.himmelsscheibe-erleben.de • Eintritt 7,50 €

AKTIV UNTERWEGS

Unstrut-Radweg

Auf einem Teilstück des Unstrut-Radwegs führt eine abwechslungsreiche Radtour von Naumburg entlang der Unstrut nach Freyburg, wo man dem ausgeschilderten Unstrut-Radweg bis Burgscheidungen folgt. Dort biegt man unterhalb des Schlosses scharf rechts ab und folgt der Kastanienallee Richtung Albersroda und Mücheln. Am Ufer des Geiseltalsees geht es über Frankleben und Zscherben nach Merseburg. Die 57 km lange Tour überwindet 295 Höhenmeter und dauert etwa sechs Stunden. Insgesamt ist der Radweg, der an der Unstrut Quelle im Eichsfeld beginnt und in Naumburg endet, 190 km lang.

ZEITREISE-TIPP

Sonnenobservatorium Goseck

Ein paar Tausend Jahre älter als Stonehenge ist das Sonnenobservatorium von Goseck. Die Kreisgrabenanlage wurde vor 7000 Jahren errichtet und diente in der Jungsteinzeit als Kultplatz. Mit 75 m Durchmesser und 2 m hohen Holzpalisaden ist sie das älteste Sonnenobservatorium Europas. Die Tore im heute rekonstruierten Palisadenkreis waren exakt auf die Sonne ausgerichtet: Am Tag der Wintersonnenwende ging sie im Osttor auf und im Westtor unter.

- **Informationszentrum im Schloss • Goseck, Burgstr. 53 • Tel. 0 34 43/8 20 61 10 • www.himmelswege.de • Eintritt 2 €**
- **Sonnenobservatorium • Goseck, Pflaumenweg • www.sonnenobservatorium-goseck.info • ganzjährig frei zugänglich, Führung 4 €, buchbar über die Arche Nebra, Tel. 03 44 61/2 55 20**

Tourist-Info Merseburg • Tel. 0 34 61/21 41 70 • www.merseburg.de

ESSEN UND TRINKEN

Gasthof Zufriedenheit

Die vielfach ausgezeichnete Küche, in der Gemüsebeet, Obstgarten und Jahreszeiten Regie führen, zeigt den Gästen, wie Zufriedenheit schmeckt. Zu Klassikern der mitteldeutschen Küche, europäisch inspirierten Leibspeisen und puristischen Tagesmenüs gibt es die besten Weine von Saale und Unstrut.

Naumburg, Steinweg 26 • Tel. 0 34 45/2 88 99 51 • www.gasthof-zufriedenheit.de • €€€€

Hotel Unstruttal

Im Zentrum von Freyburg wartet das Hotel Unstruttal mit saisonal wechselnder Küche und ausgesuchten Weinen der Region auf. Neben dem Restaurant gibt es auch eine Gartenterrasse und ein stimmungsvolles Weingewölbe.

Freyburg, Markt 11 • Tel. 03 44 64/ 70 70 • www.unstruttal.info • €€€

FESTE UND EVENTS

Weinfeste

Von der Naumburger Weinwoche am letzten Februarwochenende bis zu den Federweißenfesten im Oktober finden in der Weinregion das ganze Jahr über unzählige Weinfeste statt, u. a. die Weinblütenfeste in Großjena und Zappendorf, der Freyburger Weinfrühling, das Wein- und Ablassfest in Memleben, das Winzerfest auf dem Werderaner Wachtelberg, das Sommerweinfest in Steigra, die Weinfeste in Laucha, Dorndorf, Jessen, Reinsdorf, Bad Sulza, Erfurt, Burgwerben, Nebra, Naumburg, Karsdorf, Halle, Jena und Leipzig, die Saale-Weinmeile, das Hofweinfest im Landesweingut Kloster Pforta in Bad Kösen, das Wein- und Schlossfest am Schloss Balgstädt, das Winzerfest in Höhnstedt oder die Vorstellung des neuen Sekts in der Naumburger Wein- und Sektmanufaktur. Auf dem Winzerfest in Freyburg wird am zweiten Septemberwochenende die Gebietsweinkönigin Saale-Unstrut gekürt.

Alle Weinfeste der Region im Überblick: www.weinbauverband-saale-unstrut.de (Veranstaltungen)

WEITERE INFORMATIONEN

Im Weinkulturkalender des Deutschen Weininstituts finden Sie immer eine Auswahl der aktuellen weinkulturellen Highlights. Über Weinfeste und Events, Wander- und Radtouren, Winzer und Weinproben im Anbaugebiet Saale-Unstrut informiert:

- **Weinbauverband Saale-Unstrut • Freyburg, Querfurter Str. 10 • Tel. 03 44 64/2 61 10 • www.weinbauverband-saale-unstrut.de**
- **Weinkulturkalender des DWI: www.deutscheweine.de (Tourismus)**

1991 wurde in Goseck das älteste Sonnenobservatorium Europas entdeckt.

Sachsen

Terrassenweinbau mit Trockenmauern und steilen Treppen bestimmen die Weinregion an der Elbe. Auf den kleinen Parzellen bringen die sächsischen Winzer eine erstaunliche Sortenvielfalt hervor.

Wie ein blaues Band zieht sich die Elbe durch die Weinbergsterrassen Sachsens. Am Fluss entlang verläuft auch die Sächsische Weinstraße auf 55 Kilometer Länge von Pirna über Dresden, Radebeul, Coswig und Meißen bis in die idyllischen Elbweindörfer um Diesbar-Seußlitz. Schlieben im Süden Brandenburgs und Jessen im Osten von Sachsen-Anhalt gehören ebenfalls zur Weinregion Sachsen. Das Anbaugebiet gliedert sich in zwei Bereiche, vier Großlagen und 17 Einzellagen. Der Bereich »Meißen« umfasst das Elbtal mit den Großlagen »Spaargebirge« bei Meißen und Proschwitz, »Schlossweinberg« bei Seußlitz und Weinböhla, »Elbhänge« bei Pillnitz, Merbitz und Pesterwitz sowie »Lößnitz« bei Radebeul. Der Bereich »Elstertal« ist großlagenfrei. Mit gut 490 Hektar Rebfläche zählt Sachsen zu den kleinsten Weinregionen Deutschlands; nur 0,2 Prozent der deutschen Weine kommen von hier.

Goldriesling von der Elbe

Dennoch bringt die Region eine Vielfalt an Weinen hervor – derzeit sind es über

◀ Das Spitzhaus über den Terrassenweinbergen des Elbtals ist das Wahrzeichen Radebeuls.

40 Rebsorten, zu 80 Prozent weiße. Vorwiegend werden Müller-Thurgau, Riesling, Weißburgunder und Grauburgunder angebaut. Eine deutschlandweite Rarität ist der winterharte Goldriesling. Unter den roten Rebsorten hat Spätburgunder den größten Anteil. Der Einfluss des Kontinentalklimas mit warmen Sommern und kalten Wintern prägt das Gebiet. Hier gedeihen die Reben bei milden Tagestemperaturen und kühlen Nächten. Während der Vegetationsperiode gibt es ausreichend Regen und Sonne – optimale Bedingungen also. Die Höhenzüge von Erzgebirge, Sächsischer Schweiz und Lausitzer Bergland schirmen die Weinregion ab; mit einer Durchschnittstemperatur von 8,9 °C ist es ein bis zwei Grad wärmer als in benachbarten Gebieten. Auf den Terrassen über der Elbe bestimmt der Fluss als Wärme- und Wasserspeicher das Kleinklima. Mit einer Vielzahl geologischer Formationen sind die Böden im Elbtal sehr unterschiedlich. Granit, Sandstein und Kieselmergel, Löss und Flusssande geben den sächsischen Weinen je nach Weinbergslage einen anderen Charakter.

Land der Kleinwinzer

Vollerwerbswinzer sind in Sachsen die Ausnahme. Zu 38 Weingütern im Haupterwerb kommen 42 Weingüter im Nebenerwerb. Über 90 Prozent der 2000 Weinbauern sind Kleinwinzer – 40 Prozent von ihnen bewirtschaften Rebflächen von einem Ar und weniger. Die meisten sächsischen Winzer sind genossenschaftlich organisiert; größter Erzeuger der Region ist die Winzergenossenschaft Meißen. Vermutlich brachte Bischof Benno von Meißen den Weinbau Ende des 11. Jahrhunderts nach Sachsen. Erstmals urkundlich bezeugt wurde er vor 850 Jahren. Im 15. und 16. Jahrhundert erreichte die Rebfläche mit 4000 Hektar ihre größte Ausdehnung. Anfang des 17. Jahrhunderts wurde unter den sächsischen Kurfürsten Christian II. und Johann Georg I. der Terrassenweinbau eingeführt, der seither das Landschaftsbild in der Weinregion an der Elbe und ihren Nebentälern prägt.

(46) Schloss Wackerbarth

Am rechten Elbufer, vor den Toren Dresdens, ließ Reichsgraf Christoph August von Wackerbarth sich um 1730 inmitten der Weinberge ein Barockschloss errichten. Es sollte der Alterssitz des Generalfeldmarschalls von August dem Starken sein, darum nannte er es »Wackerbarths Ruh«. Dank seiner Beziehungen am sächsischen Hof konnte Wackerbarth die bedeutendsten Architekten des Landes verpflichten: Johann Christoph Knöffel, Hauptvertreter des sächsischen Rokoko, und Matthäus Daniel Pöppelmann, Baumeister des Dresdner Zwingers. Knöffel entwarf Schloss Wackerbarth, Pöppelmann den Pavillon über den Gartenterrassen – das Belvedere.

Standesgemäßer Ruhesitz

Die symmetrische Barockanlage von Schloss und Garten wirkt heute wieder so akkurat, als hätten die Planer soeben Lineal und Zirkel aus der Hand gelegt. Dabei verlief die Geschichte des Schlosses wesentlich weniger geordnet. Im Lauf der Zeit wurde das Anwesen im Rade-

Über den Gartenterrassen und dem Belvedere von Schloss Wackerbarth beginnen die Weinberge.

beuler Stadtteil Niederlößnitz zugunsten von Witwen und Waisen versteigert, als Knabenschule genutzt und zum Lazarett umfunktioniert – zu Beginn des 20. Jahrhunderts hatte es über zwanzig Mal den Besitzer gewechselt. 1952 wurde das Anwesen zum volkseigenen Gut »VEG Weinbau Radebeul«, einem landwirtschaftlichen Staatsbetrieb der DDR. Da jede Nutzungsänderung auch Umbaumaßnahmen mit sich brachte, ist es ein Glück, dass das Schloss inzwischen unter Denkmalschutz steht. So konnte seine historische Bausubstanz restauriert oder sorgfältig rekonstruiert werden.

Heute präsentiert sich das Schloss als »Erlebnisweingut«. Auf den Rebhängen über den Gartenterrassen reifen auf wärmespeichernden Böden aus vulkanischem Verwitterungsgestein elegante und ausdrucksstarke Weine. Die langsame Reife lässt den Mineralien Zeit, sich in den Trauben einzulagern. Das verleiht den Weinen ihren einmaligen mineralischen Ton. Zu den angebauten Sorten des Weinguts zählen neben Riesling, Weißburgunder und Traminer auch Goldriesling, Kerner, Bacchus, Müller-Thurgau, Scheurebe, Grauburgunder, Dornfelder, Frühburgunder und Spätburgunder.

Wie aus Trauben Träume werden

Kellermeister aus der Champagnerhauptstadt Reims brachten einst die Kunst der Flaschengärung nach Radebeul. Dem aufwendigen traditionellen Verfahren ist Schloss Wackerbarth nach wie vor verpflichtet. Wie in der Champagne erfolgt auch hier die zweite Gärung in der Flasche. Danach reift der Sekt mehrere Monate bis Jahre auf seiner Hefe im kühlen, dunklen Keller. Dann kommen die Flaschen in Rüttelpulte, wo sie vier Wochen lang täglich vorsichtig gedreht und aus der Waagerechten kopfüber nach unten gerichtet werden, bis die Hefe sich vollständig im Flaschenhals gesammelt hat. Anschließend taucht man die Flaschenhälse in eine Kältesole, wobei die Hefe gefriert. Der Hefepfropfen platzt heraus, wenn die Flasche geöffnet wird. Nach Ausgleich des Druckverlusts kann die Flasche wieder verschlossen werden. Das aufwendige Verfahren der »méthode champenoise« stellt die teuerste Variante der Sektherstellung dar und wird im Rahmen einer Sekt-Führung anschaulich erklärt – Korkenknallen und Sektverkostung inklusive. Wer wissen will, wie die Trauben in Deutschlands nordöstlichstem Anbaugebiet zu eleganten »Cool Climate«-Weinen heranreifen, kann an einer Weinführung teilnehmen und dem Kellermeister über die Schulter schauen. Während der Verkostung gutseigener Weine erfährt man Interessantes aus 850 Jahren sächsischer Weinbaugeschichte und was Sachsen von anderen Weinregionen unterscheidet. Bei einer geführten Weinbergswanderung geht es in die sonnenverwöhnten Steillagen über Schloss Wackerbarth, von wo man während der Weinprobe den Blick über das Elbtal schweifen lassen kann. Außerdem gibt es das ganze Jahr hindurch Veranstaltungen im Garten oder in der modernen Manufaktur des Weinguts, vom Deutschen Sekttag bis zum Klassikkonzert, vom Weinsommer bis zum Federweißerfest.

Sächsisches Staatsweingut Schloss Wackerbarth • Radebeul, Wackerbarthstr. 1 • www.schloss-wackerbarth.de • Führungen mit Verkostung ab 15 €

(47) Hoflößnitz

Die Hoflößnitz bei Radebeul war Sachsens erstes zertifiziert ökologisch arbeitendes Weingut. Vorwiegend im traditionellen Steillagenweinbau bewirtschaften die Winzer rund 8,5 Hektar Rebland. Das im Zentrum der Sächsischen Weinstraße gelegene Weingut umfasst im Bereich Meißen die Radebeuler Spitzenlagen »Goldener Wagen«, »Johannisberg« und »Steinrücken«. Angebaut werden in erster Linie klassische weiße Rebsorten wie Riesling, Grauburgunder, Weißburgunder und Traminer, aber auch neuere Züchtungen wie Johanniter oder Solaris. Bei den roten Sorten werden Spätburgunder und Regent klassisch ausgebaut oder aber mit weißen Trauben zum »Rotling« – einer sächsischen Spezialität, die auch als »Schieler« bekannt ist (s. S. 136) – verarbeitet.

Die elegante Flaschenform der »Sachsenkeule« wurde 1931 in der Hoflößnitz erfunden.

Sachsen

An den Lößnitzhängen, zehn Kilometer nordwestlich von Dresden, wird seit über 600 Jahren Weinbau betrieben. Wilhelm der Einäugige, Markgraf von Meißen, kaufte das Gelände des heutigen Weinguts im Jahr 1401. Die folgenden 500 Jahre blieb es im Besitz der wettinischen Fürsten, die Sachsen bis zum Jahr 1918 regierten. Sie erwarben auch weitere Weinberge in der Umgebung, vergrößerten die Anbaufläche und konzentrierten den höfischen Weinbau auf die Hoflößnitz. Wie wichtig die richtige Düngung in den Weinbergen war, war bereits vor 300 Jahren bekannt. Damals sorgten Kühe für die Versorgung der Böden mit Nährstoffen. Heute wird in der Hoflößnitz zwar nicht mehr mit Kühen, aber hauptsächlich mit organischen Substanzen und Gesteinsmehlen gedüngt, streng nach den Richtlinien des kontrolliert ökologischen Landbaus.

WUSSTEN SIE, DASS ...

... »Schieler« eine sächsische Spezialität ist, die anderswo Rotling genannt wird? Der aus roten und weißen Trauben gekelterte Wein hat eine blassrosa Farbe und entfaltet Aromen von roten Früchten und weißen Blüten. Sein Name (sächsisch für »Schüler«) soll von den Schülern der Fürstenschulen hergeleitet sein, die den preiswerteren Schieler tranken, weil sie sich teurere Weine nicht leisten konnten.

Kurfürstliches Weingut

Zentrum des Weinguts war das Pressenhaus, dessen älteste Bauteile aus dem 16. Jahrhundert stammen. Hier befand sich neben der Weinpresse auch der Sitz des Weinbergverwalters. Kurfürst Johann Georg I. ließ 1650 in unmittelbarer Nähe zum Pressenhaus ein Landschlösschen errichten, das unter seinen Nachfolgern weiter ausgebaut wurde. Hier, im Lust- und Berghaus, feierte der sächsische Hof alljährlich die Weinlese und andere rauschende Feste. August der Starke lud auch gern zu Jagdausflügen auf die Hoflößnitz. Die schlichte Außengestaltung mit Fachwerk im Obergeschoss, achteckigem Treppenturm und einem hohen Walmdach passte zur rustikalen Nutzung des Bauwerks für Wein- und Jagdfeste. Heute ist im Erdgeschoss des kurfürstlichen Lust- und Berghauses das Sächsische Weinbaumuseum untergebracht. Bei einem Rundgang wird den Besuchern die 850-jährige Weinbaugeschichte des Anbaugebiets nahegebracht; Themenschwerpunkte der Ausstellung sind die Anfänge des Weinbaus in Sachsen, seine Blüte unter der Herrschaft der Kurfürsten und Könige aus dem Hause Wettin sowie der Sächsische Weinbau im 20. und 21. Jahrhundert. Im Obergeschoss kann man neben den Privatgemächern des Kurfürsten und der Kurfürstin auch den prunkvoll ausgestatteten Festsaal bewundern, dessen herrlich bemalte Kassettendecke exotische Vögel zeigt. Die Malereien wurden Mitte des 17. Jahrhunderts unter Kurfürst Johann Georg II. von dessen Hofmaler, dem Niederländer Albert Eckhout, angefertigt.

Heimat der Sachsenkeule

Der Außenbereich des Museums ist dem Önologen Carl Pfeiffer gewidmet, der nach der Reblauskatastrophe des 19. Jahr-

Die prachtvolle Decke im Festsaal des Landschlosses Hoflößnitz entstand im 17. Jahrhundert unter Kurfürst Johann Georg II. von Sachsen.

hunderts den Weinbau im Elbtal wieder in Schwung brachte. Ab 1913 betrieb er systematisch die Aufrebung der zerstörten Weinbergsterrassen und setzte sich für die Qualitätssteigerung des Lößnitzer Weins ein, nicht zuletzt durch mineralische Vorratsdüngung. Pfeiffer wurde Leiter der »Weinbau-Versuchs- und -Lehranstalt«, die 1927 in der Hoflößnitz eingerichtet wurde. Unter seiner Ägide wurde auch eine Marketingstrategie entwickelt, die die Elbweine überregional bekannt machen sollte. Sie gipfelte 1931 in der Erfindung der »Sachsenkeule« – einer grünen Weinflasche in eleganter Keulenform. Ähnlich wie der »Bocksbeutel« mit dem Frankenwein verbunden ist, sollte man die sächsischen Weine an der keulenförmigen Flasche erkennen. Leider konnte sich diese Idee nicht allgemein durchsetzen, da die Flaschen aufgrund ihrer geringen Auflagefläche beim Transport leicht zu Bruch gingen. In den 1990er-Jahren besannen sich einige sächsische Weingüter wieder auf die charakteristische Sachsenkeule und verwendeten sie für ausgesuchte Weine und Sonderabfüllungen. Im Pressenhaus befindet sich neben der Touriszentrale Sächsische Weinstraße auch der sächsische Weinschauraum, in dem alle sächsischen Weingüter in Kurzporträts vorgestellt werden. Multimedial aufbereitete Informationen zu Winzern und zum Weinanbaugebiet Sachsen ergänzen die Präsentation. Bei schönem Wetter kann man die Hoflößnitz von der Weinterrasse auf sich wirken lassen, bei schlechtem Wetter sorgt die Winzerstube mit gutseigenen Weinen für heitere Stimmung.

Stiftung Hoflößnitz • Radebeul, Knohllweg 37 • Tel. 03 51/8 39 83 33 • www.hofloessnitz.de

Ziele in der Umgebung

SEHENSWERTES

Meißen

Die Wiege Sachsens ist zu jeder Jahreszeit einen Besuch wert. In der Albrechtsburg, der einstigen Residenz der sächsischen Herrscher, sind heute alle Etagen für Besucher zugänglich. So bekommt man einen wunderbaren Eindruck davon, wie fürstlich die Wettiner wohnten. Im ehemals kurfürstlichen Schloss ließ August der Starke 1710 die »Königlich-Polnische und Kurfürstlich-Sächsische Porzellan-Manufaktur"« einrichten; seit 1722 sind die gekreuzten Schwerter des Kursächsischen Wappens das Markenzeichen des Meissener Porzellans. Auf dem Burgberg erhebt sich auch der gotische Dom mit den überlebensgroßen Stifterfiguren von Kaiser Otto I. und seiner Gemahlin, Kaiserin Adelheid von Burgund.

– **Albrechtsburg • Meißen, Dompl. 1 • Tel. 0 35 21/4 70 70 • www.albrechtsburg-meissen.de • Eintritt 8 €**
– **Dom: Meißen, Dompl. 7 • Tel. 0 35 21/ 45 24 90 • www.dom-zu-meissen.de • Eintritt 4,50 € • Dom- oder Turmführung je 6,50 €**

ERLEBNIS-TIPP

Porzellan-Manufaktur Meissen

Ein Erlebnis für alle Freunde von Kunsthandwerk und Design! Erst in der Schauwerkstatt den Drehern, Bossierern und Porzellanmalern bei der Arbeit zusehen – und live miterleben, wie zarte Blüten und unheimliche Drachen auf den »Scherben« gebannt werden. Anschließend im Museum Kunstwerke aus allen Epochen der ältesten Porzellanmanufaktur Europas bewundern – von den Anfängen 1710 bis heute.

Staatliche Porzellan-Manufaktur Meissen • Erlebniswelt HAUS MEISSEN® • Meißen, Talstr. 9 • Tel. 0 35 21/46 82 08 • www.meissen.com • Eintritt inkl. Audioguide 12 €

Weinstadt Dresden

Frauenkirche, Semperoper und Zwinger, die bedeutenden Kunstsammlungen und die Gartenstadt Hellerau haben Dresden bei Kunstliebhabern in aller Welt bekannt gemacht. Dabei hat die sächsische Landeshauptstadt auch für Weinkenner viel zu bieten. Die Rebflächen rund um Wachwitz und Loschwitz, das Elbhangfest sowie unzählige Restaurants und Weinkeller laden zum Probieren und Genießen ein. Empfehlenswert ist der Besuch von Schloss Pillnitz. An den sonnigen Hängen der ehemals kurfürstlichen Sommerresidenz reifen die Trauben für den köstlichen Elbtalwein. Inmitten der Weinberge errichtete Matthäus Daniel Pöppelmann, Hofbaumeister unter August dem Starken, in den 1720er-Jahren hier seinen ersten Sakralbau, die »Weinbergkirche«.

Tourist-Info Dresden • Tel. 03 51/65 31 88 82 • www.touristeninformation-dresden.de

ESSEN UND TRINKEN

Caroussel

Im Gourmetrestaurant Caroussel des Dresdner Hotels Bülow Palais kann man klassisch-französische Küche, farbenfroh und spielerisch angerichtet von Sternekoch Benjamin Biedlingmaier und seinem Team, auf Meissener Porzellan genießen. Sommelière Jana Schellenberg hat zu jedem Gang die passende Weinempfehlung.

Dresden, Königstr. 14 • Tel. 03 51/8 00 31 40 • www.buelow-palais.de • €€€€

Spitzhaus

Wo einst Gräfin Cosel mit August dem Starken schäkerte, kann man heute nicht nur gutbürgerliche Küche und sächsische Weine genießen, sondern auch den Blick vom Panorama-Restaurant über das Elbtal, Radebeul und Dresden.

Radebeul, Spitzhausstr. 36 • Tel. 03 51/8 30 93 05 • www.spitzhaus-radebeul.de • €€

FESTE UND EVENTS

Große Weinfeste

Anfang September steigt das Federweißerfest auf Schloss Wackerbarth. Die zwei größten Weinfeste der Region finden am letzten Septemberwochenende statt: Während Radebeul das Weinfest mit dem Wandertheaterfestival der Sächsischen Landesbühnen verbindet, lädt Meißen traditionell zum Zechen auf dem Markt und in den Gassen der Altstadt. Anfang Oktober zieht das Hoflößnitzer Weinfest mit dem Sächsischen Winzerzug Besucher an.

Weinbauverband Sachsen • Tel. 0 35 21/76 35 30 • www.weinbauverband-sachsen.de

WEITERE INFORMATIONEN

Im Weinkulturkalender des Deutschen Weininstituts finden Sie immer eine Auswahl der aktuellen weinkulturellen Highlights. Über Weinfeste und Events, Wander- und Radtouren, Winzer und Weinproben im Anbaugebiet Sachsen informiert:

- **Weinbauverband Sachsen • Meißen, Dresdner Str. 7 • Tel. 0 35 21/76 35 30 • www.weinbauverband-sachsen.de**
- **Weinkulturkalender des DWI: www.deutscheweine.de (Tourismus)**

Der schönste Milchladen der Welt, Pfunds Molkerei in der Bautzner Straße 79 in Dresden, hat auch erlesene sächsische Weine im Angebot.

Württemberg

An den Steilhängen des Neckars und seiner Nebenflüsse gedeihen rote Rebsorten besonders gut – allen voran der Trollinger, das »Nationalgetränk« der Württemberger.

Von der Schwäbischen Alb im Süden bis zum Taubertal bei Bad Mergentheim zieht sich die Weinregion Württemberg. Mit rund 11 400 Hektar Rebfläche ist sie das viertgrößte Anbaugebiet Deutschlands. Ganz im Süden gehören auch kleine Anbaugebiete bei Kressbronn und Lindau dazu. Der württembergische und der bayerische Bodensee werden weingeografisch Württemberg zugeordnet, das ansonsten die Bereiche Kocher-Jagst-Tauber, Remstal-Stuttgart, Oberer Neckar und Württembergisch Unterland umfasst. Neben den sechs Bereichen ist das Anbaugebiet in 17 Großlagen und 210 Einzellagen aufgeteilt. Gut geschützt durch den Schwarzwald und die Schwäbische Alb, wachsen in Württemberg vor allem rote Rebsorten. Die Weinberge finden sich überall dort, wo Wasser fließt, also am Neckar und seinen Zuflüssen Rems, Enz, Tauber, Kocher und Jagst. In diesen Lagen wird es im Allgemeinen weder zu heiß noch

◀ Einfach schön: der Käsberg über der Mundelsheimer Neckarschleife mit seinen Weinbergsterrassen und Stäffele

zu kalt; ausreichende Niederschläge das ganze Jahr über bieten beste Anbauvoraussetzungen.

Steillagen am Neckar

Höchst unterschiedliche Böden sorgen dafür, dass die Württemberger Weine auch ganz verschiedene Charaktere haben. Typisch für die Böden der Bodenseeregion sind Molasse-Sedimente. Im Remstal und rund um Stuttgart herrscht vulkanisches Gestein vor. An vielen Orten Württembergs lässt sich die vulkanische Vergangenheit auch an der Kegelform der Hügel erkennen. Kennzeichen der Region Württemberg sind vor allem die felsigen Steilhänge mit Einsprengseln von Muschelkalk entlang des Neckars. Am Oberen Neckar kommen dagegen häufig Keuperböden vor.

Nationalgetränk Trollinger

Besonders prägend für Württemberg ist der Steillagenweinbau am Neckar und seinen Nebenflüssen. Der Anblick – und wohl auch die edlen Tropfen – beflügelten schon den Dichter Friedrich Hölderlin: »Seliges Land! Kein Hügel in dir wächst ohne den Weinstock …« Teilweise sind die Lagen in Terrassen angelegt, auf denen die Reben in Handarbeit kultiviert werden. Württemberg ist neben der Ahr das einzige deutsche Anbaugebiet, in dem rote Rebsorten überwiegen. Und das auf zwei Dritteln der Anbauflächen. Die Topsorten unter den Roten sind Trollinger mit 18 Prozent, Lemberger mit 16 Prozent, Schwarzriesling und Spätburgunder mit jeweils mit 12 Prozent. Wichtigste Sorte bei den Weißweinen ist der Riesling mit einem Anteil von knapp 19 Prozent. Rebsorten wie Kerner, Dornfelder und Acolon wurden in der Staatlichen Lehr- und Versuchsanstalt für Wein- und Obstbau in Weinsberg gezüchtet.

Urkundlich wird der Weinbau in Württemberg erstmals im Jahr 766 erwähnt, vermutlich gibt es ihn aber bereits seit der Zeit der Römer. Da die Reben in allen Gegenden und auf fast allen Böden der Region gut gediehen, ist es nicht verwunderlich, dass sich die Württemberger früh zu einem Volk fleißiger Weinbauern entwickelten. 45 000 Hektar Rebfläche gab es, bevor der Dreißigjährige Krieg 1618 bis 1648 das Land verwüstete. Es dauerte lange, bis sich Land, Leute und Weinbau davon erholten. Die Ausdehnung der früheren Anbaufläche wurde jedoch nicht wieder erreicht.

Ein Gesetz aus dem Jahr 1552 prägt den Weinbau in Württemberg bis in die Gegenwart: die Realerbteilung, die damals in der altwürttembergischen Landordnung verankert wurde. Sie hatte zur Folge, dass das Familienerbe unter allen Kindern zu gleichen Teilen aufgeteilt wurde. So wurden die Anbauflächen der Weingärtner immer kleiner, und im Lauf der Zeit begannen die Winzer mit kleinen Parzellen, sich genossenschaftlich zu organisieren. Genau diese Struktur zeichnet Württemberg heute aus – derzeit werden 85 Prozent der gesamten Traubenernte von 15 000 Weingärtnern an die über 50 Weingärtnergenossenschaften der Region geliefert.

(48) Sektkellerei Kessler

Mitten in Esslingen, im historischen Kern der Stadt, hat Deutschlands älteste Sektkellerei ihren Sitz. In bis zu 800 Jahre alten Kellergewölben reift unter dem ehemaligen Speyrer Pfleghof edler Sekt in Flaschen, die teilweise noch auf traditionelle Art von Hand gerüttelt und degorgiert werden. Die Geschichte des Unternehmens begann in Frankreich, genauer gesagt in der Champagne, beim damals bereits berühmten Champagnerhaus Veuve Clicquot in Reims. Dort wurde der junge Heilbronner Kaufmann Georg Christian Kessler 1807 als Buchhalter angestellt und machte eine steile Karriere. 1810 wurde er Prokurist, 1815 Mitglied der Geschäftsführung, 1824 sollte er das Unternehmen sogar übernehmen – so hatte es ihm Witwe Barbe-Nicole Clicquot, die Chefin des Hauses, versprochen. Doch dazu kam es nicht. Kessler hatte das Auslandsgeschäft für Veuve Clicquot aufgebaut und das Champagnerhaus sehr erfolgreich geführt. Warum ihm die Übernahme verwehrt wurde, ist unklar; die Akten dieser Zeit sind bis heute bei Veuve Clicquot unter Verschluss.

Schäumender Württemberger Wein

1825 kehrte Georg Christian Kessler jedenfalls in seine württembergische Heimat zurück und gründete 1826 in Esslingen sein eigenes Unternehmen, die G. C. Kessler & Compagnie, damals noch in der ehemaligen Kelter des Kaisheimer Pfleghofs unterhalb der Esslinger Burg. Nach Champagnerart stellte er die ersten 4000 Flaschen Schaumwein her, die er »schäumenden Württemberger Wein«

Mit ihrer historischen Architektur und Innenausstattung gehört Deutschlands älteste Sektkellerei zu den Sehenswürdigkeiten der Esslinger Altstadt.

nannte. 1827 war in den »Oeconomischen Neuigkeiten und Verhandlungen« zu lesen: »Herr Kessler in Esslingen hat im letzten Herbste Versuche gemacht, Most von Clevner und Elbling auf Champagnerart zu bereiten, und beiderlei Weine, besonders der Clevner, haben, soweit sie sich im ersten halben Jahre beurtheilen lassen, in Beziehung auf Geschmack, Farbe und Moussieren ein sehr günstiges Resultat geliefert.«

Kesslers Schaumwein fand reißenden Absatz – nicht nur in Württemberg, sondern auch im Ausland. Bereits in den ersten zehn Jahren verkaufte Kessler rund eine halbe Million Flaschen. 1832 erwarb er die ersten Gewölbekeller im Speyrer Pfleghof am Marktplatz. Das imposante Fachwerkgebäude aus dem frühen 13. Jahrhundert, das lange dem Speyrer Domkapitel gehörte, wurde Firmensitz und Produktionsstandort. Am 30. Oktober 1841 verlieh König Wilhelm I. dem erfolgreichen Unternehmer, der auch eine moderne Textilfabrik aufgebaut hatte, das Ritterkreuz des Ordens der württembergischen Krone und erhob Kessler in den Adelsstand. Am 16. Dezember des folgenden Jahres starb Georg Christian von Kessler in Stuttgart. Vor seinem Tod hatte er seine Unternehmensanteile an seine Teilhaber verkauft.

Sparkling Neckar

Die Sektkellerei, die weiterhin unter dem Namen Kessler firmierte, steuerte auch nach dem Tod des Gründers auf Erfolgskurs. 1850 stellte sie auf der Leipziger Messe eine Weißweincuvée unter dem Namen »Kessler Cabinet« vor – Deutschlands älteste bekannte Sektmarke. Sie entwickelte sich zum Hauptprodukt des Hauses Kessler und wurde in alle Welt exportiert. 17 Jahre später wurde das Unternehmen bei der Pariser Weltausstellung mit einer Silbermedaille ausgezeichnet.

Georg Christian von Kesslers Nachfolger bauten das Auslandsgeschäft weiter aus und machten die Sektkellerei zu einem international erfolgreichen Unternehmen. Unter dem Etikett »Sparkling Neckar«, 1867 eigens für Auslandskunden geschaffen, wurde Kessler-Sekt beispielsweise in den USA und in Indien getrunken. Könige und Fürsten in aller Welt schätzten den perlenden Schaumwein aus Württemberg. Und auch in Deutschland stand bei hochkarätigen Ereignissen Kessler-Sekt auf dem Tisch, etwa bei Konrad Adenauers Staatsempfängen.

2004 musste die Traditionsfirma nach massiven Umsatzeinbrüchen Insolvenz anmelden. Vier Monate später übernahm der Esslinger Betriebswirt Christopher Baur den Betrieb. Heute wird Kessler national wie international wieder für seine hochwertigen Produkte geschätzt. Wer selbst erleben will, was es mit Deutschlands ältester Sektkellerei auf sich hat, kann bei Kessler in Esslingen in die Gewölbe hinabsteigen. Unter dem einstigen Speyrer Pfleghof und angrenzenden Häusern hat das Sekthaus heute zwölf Gewölbekeller, die miteinander verbunden sind. In ihnen lagern im Schutz der Dunkelheit und bei einer Temperatur von 12 °C die Sektflaschen auf Rüttelpulten. Grundlage für die Sekte sind Qualitätsweine aus der Region, aber auch von namhaften Weingütern und Weinproduzenten in Deutschland und im europäischen Ausland. Die traditionell trockenen Kessler-Sekte werden in den Dosagen brut und extra brut an-

geboten. Im Rahmen einer Kellereiführung kann man die Sekte mit dem achteckigen Etikett auch verkosten. Der Platz vor dem ehemaligen Speyrer Pfleghof wurde 2012 zu Ehren des Firmengründers in Georg-Christian-von-Kessler-Platz umbenannt.
Kessler Sekt • Esslingen, Georg-Christian-von-Kessler-Pl. 12–16 • Tel. 07 11/31 05 93 10 • www.kessler-sekt.de • Führung mit Sektprobe 17 €

49 Burg Hornberg

Auf einem steilen Felsensporn bei Neckarzimmern ragen die mächtigen Mauern und Türme von Burg Hornberg, der größten und ältesten Burganlage am Neckar. Sie beherbergt auch das älteste Weingut Württembergs und das zweitälteste der Welt. Die Burg wurde im Jahr 1184 erstmals urkundlich erwähnt – und mit ihr der Weinbau. Beide sind allerdings wesentlich älter. Höchstwahrscheinlich haben die Römer den Wein nach Neckarzimmern gebracht. Der Limes ist nicht weit entfernt, und in der Nähe der Burg Hornberg wurden zwei römische Landgüter aus dem 2. Jahrhundert entdeckt. Vielleicht waren es auch die Römer, die mit Natursteinmauern die ersten Weinbergsterrassen an den steilen Neckarhängen anlegten.

Im Mittelalter wechselte Burg Hornberg mehrfach den Besitzer. Der bekannteste war der berüchtigte Götz von Berlichingen, der Ritter mit der eisernen Hand. Im April 1517 kaufte er die Burg samt ihren Äckern, Weingärten, Wiesen, Wäldern, Häusern und Höfen, Dörfern und Leuten; eine Abschrift des Kaufvertrags befindet sich im Burgarchiv. In den nächsten 45 Jahren widmete sich Götz, der bis dahin bei unzähligen Fehden, Feldzügen und Aufständen gekämpft hatte, dem Weinbau – wenn auch mit vielen Unterbrechungen. Allein elf Jahre verbrachte er in ritterlicher Haft oder in Gefangenschaft. Als Gutsherr war Götz von Berlichingen zu Hornberg, wie er sich nun nannte, allerdings sehr erfolgreich. Seinen Wein verkaufte er bis nach Wien an den Kaiserhof. 1562 starb er im Alter von 82 Jahren auf der Götzenburg. Seine Enkel verkauften sie 1594 an Hans Heinrich von Heußenstamm. 1612 erwarb sie Reinhard von Gemmingen, dessen Nachkommen heute in 12. Generation hier leben.

Götz von Berlichingen und der Wein

Derzeitiger Burgherr ist Baron Dajo von Gemmingen-Hornberg, diplomierter Ingenieur für Weinbau und Kellerwirtschaft. Er führt das Traditionsweingut, dessen zehn Hektar Rebflächen sich über die Hänge des Hornbergs ziehen. Natursteinmauern – insgesamt sind es neun Kilometer – speichern tagsüber die Wärme und geben sie nachts an die Reben ab. Auch der Neckar am Fuß der Weinberge sorgt für ein ausgeglichenes Lokalklima. Auf den terrassierten Steilhängen unterhalb der Burg gedeihen auf mineralstoffreichen Muschelkalkböden viele Rebsorten – von Weißburgunder, Grauburgunder, Riesling und Chardonnay über Trollinger, Spätburgunder und Dornfelder. Die Rebstöcke verteilen sich auf die Einzellagen »Burg Hornberger Wallmauer« und »Burg Hornberger Götzhalde«, beide im Alleinbesitz des Weinguts. Wie vielerorts in Württemberg müssen auf Burg Hornberg die Weinberge von Hand bearbeitet werden. Nach der Lese werden die Trauben im Schloss

Aus den Reben über dem Neckar ragt Burg Hornberg bei Neckarzimmern. Hier lebte einst der berüchtigte Götz von Berlichingen – und baute Wein an.

von Neckarzimmern, direkt unterhalb der Rebflächen, gekeltert und im historischen Gewölbekeller ausgebaut. Alle Weine können auf Burg Hornberg verkostet und gekauft werden. Führungen durch die historische Burganlage sind ebenso möglich wie Führungen durch den Schlossgewölbekeller. Weinproben finden im 800 Jahre alten Burgarchiv und im 400 Jahre alten Gewölbekeller des Schlosses Neckarzimmern statt.

Rentamt Burg Hornberg • Neckarzimmern, Burg Hornberg 1 • Tel. 0 62 61/50 01 • www.burg-hornberg.de • Führung 5 €

50 Pfedelbacher Fürstenfass

Auf halber Strecke zwischen Heilbronn und Schwäbisch Hall, direkt an der Württemberger Weinstraße, liegt der Weinort Pfedelbach. Seine Rebflächen gehören zur Großlage Lindelberg im Bereich Württembergisch Unterland. Über die lange Weinbautradition in der Region Hohenlohe informiert der Themenwanderweg »Keltern-Runde«, der zwischen Pfedelbach und dem Nachbarort Öhringen verläuft. Entlang der Strecke standen früher acht Weinkeltern; heute markieren Keltersteine mit Infotafeln die historischen Standorte. Der Rundweg ist mit einem stilisierten Kelterhaus ausgeschildert.

Am Ausgangs- und Endpunkt der Keltern-Runde befindet sich das Pfedelbacher Weinbaumuseum im einstigen Herrenkeller. Highlight der Sammlung ist ein prunkvolles barockes Fürstenfass, eines der größten in Deutschland. Es hat einen Durchmesser von 4,5 Metern und ein Fassungsvermögen von 220 württembergischen Eimern. Das historische Schankmaß entspricht 64 664 Litern Wein – eine unvorstellbare Menge, die

59 Jahre und 26 Tage reichte, wenn man sich auf drei Liter pro Tag beschränkte. So haben es jedenfalls die Museumsmacher ausgerechnet.

Zehntwein für den Fürsten

Das Pfedelbacher Riesenfass war für den Zehntwein bestimmt, den die Untertanen als Steuer an den Landesherrn zahlen mussten. Dessen Name prangt reich verziert unter dem Familienwappen: »Joseph Fürst zu Hohenloe und Waldenburg Pfedelbach« hat das Fass im Jahr 1752 beim fürstlichen Hofküfer in Auftrag gegeben. Die nur spärlich verhüllte Bacchusfigur im unteren Teil der Vorderseite diente als Fassriegel, mit dem das Fasstürchen gesichert wurde. 1828 wurde das Fürstenfass zum letzten Mal mit dem Zehntwein für den Fürsten gefüllt. Heute ist es leer und kann nur noch bestaunt werden. Die Weinkellerei Hohenlohe, der 500 Winzerfamilien aus 26 Weinorten angehören, hat sich die Marke »Fürstenfass« für ihre Weine und Sekte schützen lassen. Sehenswert ist auch das wunderschön restaurierte Renaissanceschloss in der Ortsmitte. Graf Eberhard von Waldenburg hat es sich 1568 bis 1572 als Winterresidenz bauen lassen, weil er das Klima in Pfedelbach so angenehm mild fand. Im Marstall des Wasserschlosses ist heute das Heimatmuseum untergebracht.

In unmittelbarer Nähe verlief auch der Obergermanische Limes, die Außengrenze des Römischen Reichs im 2. Jahrhundert. Von seinem schnurgeraden Verlauf durch die Region Hohenlohe kann man sich in Pfedelbach und den Nachbargemeinden Zweiflingen und Öhringen auf den Aussichtsplattformen »Limes-Blicke« überzeugen.

Drittgrößtes Fass Deutschlands: das Pfedelbacher Fürstenfass aus dem Jahr 1752

Die abgewinkelte Natursteinwand aus Quarzit verleiht der Vinothek des Winzerhofs Gierer innen wie außen eine markante Note.

Weinbaumuseum • Pfedelbach, Baierbacher Str. 12 • Besichtigung mit Wein- und Sektverkostung: Tel. 0 79 41/60 81 11 • www.pfedelbach.de • weitere Infos: www.hohenloher-perlen.de (Pfedelbach)

51 Vinothek Winzerhof Gierer

Am sonnenverwöhnten Nordufer des Bodensees, von Reben umgeben, liegt das Weingut Gierer in Nonnenhorn. Seit über 300 Jahren widmet sich die Familie dem Weinbau und gibt ihre Erfahrung Generation für Generation weiter. Um auf der Höhe der Zeit zu bleiben, sind immer wieder Veränderungen notwendig. Darum entschloss sich Winzer Josef Gierer, sein Traditionsunternehmen zu erweitern; einerseits um die Produktionsabläufe zu optimieren, andererseits um ansprechende Räumlichkeiten für die Präsentation seiner Weine sowie deren Verkostung und Verkauf zu schaffen. Und das Ganze unter der Vorgabe, dass die neue Vinothek den vorhandenen Holzfasskeller mit einbezog. Das Ergebnis war eine Erweiterung der bestehenden Scheune, die im Zuge der Bauarbeiten renoviert wurde. Nach Süden, zur Straße hin, erhielt sie einen voll verglasten Anbau, der durch eine markant abgewinkelte Natursteinwand aus Valser Quarzit abgeschlossen wird. Der ungewöhnliche Eingangsbereich ist die Visitenkarte des Weinguts. Nach Norden hin lenkt die verglaste Rückfront den Blick direkt in den unmittelbar angrenzenden Weinberg. Der unter der Scheune liegende Barriquekeller wird durch ein begehbares Fenster im Fußboden mit einbezogen. Und nach Süden hin reicht der Blick durch die gläserne Eingansfront über den Bodensee nach Sankt Gallen und zum Säntis.

Die geschwungenen Öffnungen in der Fassadenverkleidung zitieren die hügelige Weinbergslandschaft, die das Weingut Wilhelm Kern umgibt.

Reizvolle Aus- und Einblicke

Für die Winzerfamilie Gierer vereint die neue Vinothek außergewöhnliche Formen, regionale Materialien und umwerfende Ausblicke – nicht nur auf die nahe und ferne Umgebung, sondern auch in den Keller, in dem die Weine des Guts lagern. Einen passenderen Probierraum kann man sich eigentlich nicht vorstellen. Das finden offenbar auch die Besucher. Positive Resonanz erhalten die Gierers jedenfalls nicht nur von Stammkunden, die Architektur zieht auch viele Neugierige an. »Das Durchschnittsalter der Kunden wird nun deutlich jünger, und es gab Umsatzzuwächse von etwa einem Fünftel pro Jahr«, bestätigt Josef Gierer. Seine innovative Vinothek wurde 2011 mit dem Bayerischen Tourismusarchitekturpreis »artouro« ausgezeichnet. Zuvor hatte sie schon den »Architekturpreis Wein 2010« erhalten.

Winzerhof Gierer • Nonnenhorn, Sonnenbichlstr. 31 • Tel. 0 83 82/8 95 81 • www.winzerhof-gierer.de

(52) Weingut Wilhelm Kern

Ein moderner Kubus, komplett mit Lärchenholz verkleidet, zieht im Remstal seit 2012 die Blicke auf sich: der Neubau des Weinguts Kern im württembergischen Kernen-Rommelshausen. Das Besondere: Die Holzfassade ist mit dynamisch geschwungenen Öffnungen durchsetzt, die an die Silhouette einer hügeligen Weinbergslandschaft erinnern. Sie brechen die strenge Geschlossenheit des flach gestreckten Hallenbaus auf und setzen reizvolle Akzente in der ansonsten schlicht gehaltenen Fassade. »Die Schnörkellosigkeit, die unsere Weine und uns selbst ausmacht, findet sich auch in unseren Räumlichkeiten wieder«, sagen Ulrich Kern und Sohn Friedrich. Mit großen, weitgehend ungestörten Flächen wollen sie eine Atmosphäre der Ruhe und Gelassenheit schaffen, in der die Besucher sich auf das Wesentliche konzentrieren können: die Weine der Kellerei. Die Vinothek ist nach Norden hin ausgerichtet und öffnet sich im Erdgeschoss über die Ecke hinweg mit einer großzügigen Glasfassade. Ein gläserner Innenhof schafft auch innerhalb des Gebäudes eine freundliche, lichtdurchflutete Atmosphäre – ideal zum Verkosten. Mobile Trennwände ermöglichen es, den Veranstaltungsbereich bedarfsgerecht einzurichten.

Dynamische Holzfassaden

Keller und Verwaltungsbereich wirken ebenfalls hell und luftig. Im Obergeschoss ist der Wohnbereich untergebracht. »Mit dem Bau des neuen Weinkellers hatten wir die einmalige Gelegenheit, alles individuell auf unsere Bedürfnisse abzustimmen und zu gestalten«, betont Familie Kern. Das Raumkonzept lässt die Erzeugnisse des Weinguts ihren Charakter entfalten und schafft eine angenehme Arbeitsatmosphäre. Denn, so die Devise der Kerns, »Architektur soll in erster Linie den Menschen zugute kommen und nicht zum Selbstzweck werden«.

Weingut Wilhelm Kern • Kernen-Rommelshausen, Wilhelm-Maybach-Str. 25 • Tel. 0 71 51/2 76 67 90 • www.kern-weine.de

Ziele in der Umgebung

SEHENSWERTES

Stauferpfalz Bad Wimpfen

Die riesige Burg ist die größte Kaiserpfalz nördlich der Alpen. Wo einst die staufischen Herrscher Hof hielten, kann man heute bei einer der vielen Themenführungen in die spannende Geschichte der Stadt eintauchen. Vom Blauen Turm, dem Wahrzeichen Wimpfens, hat man einen wunderbaren Ausblick ins Neckartal; seit 650 Jahren ist der Turm ohne Unterbrechung von einem Türmer bzw. einer Türmerin bewohnt – das ist deutscher Rekord.

Tourist-Info • Bad Wimpfen, Hauptstr. 45 • Tel. 0 70 63/9 72 00 • www.badwimpfen.de

WUSSTEN SIE, DASS …

… der Schillerwein, eine Württemberger Spezialität, nichts mit Friedrich Schiller zu tun hat? Der aus weißen und roten Trauben desselben Weinbergs gekelterte Rotling wird dem Dichter aus Württemberg vielleicht auch geschmeckt haben – die Bezeichnung kommt allerdings von der schillernden Farbe des Weins.

Schillerstadt Marbach

Wer Marbach besucht, kommt an Friedrich Schiller nicht vorbei. Dem bedeutendsten Sohn der Stadt sind das Deutsche Literaturarchiv Marbach, das Schiller-Nationalmuseum und das Literaturmuseum der Moderne gewidmet. Sehenswert ist auch die historische Altstadt, die als Gesamtensemble unter Denkmalschutz steht. Schillers Geburtshaus befindet sich in der Niklastorstraße 31.

– **Tourist-Info • Marbach am Neckar, Marktstr. 23 • Tel. 0 71 44/10 20 • www.schillerstadt-marbach.de**

MUSEUM
Faust-Museum

Georg Johann Faust ist einer der bekanntesten und geheimnisvollsten Söhne Württembergs. Sein Geburtsort Knittlingen hat dem Alchemisten, Astrologen, Wahrsager und Mediziner ein Museum gewidmet, in dem man viel über den faustischen Mythos erfährt – und den Mann, den im Jahr 1540 der Teufel geholt haben soll.
Knittlingen, Kirchpl. 2 • Tel. 0 70 43/9 50 69 22 • www.faustmuseum.de • Eintritt 5 €, Führung nach Anmeldung

AKTIV UNTERWEGS
Kocher-Jagst-Radweg

Entlang der Flüsse Kocher und Jagst führt einer der beliebtesten Radwege Deutschlands. Auf 330 Kilometern Gesamtstrecke mit nur mäßigen Steigungen lässt sich der Norden der Weinregion Württemberg abseits der verkehrsreichen Straßen in wunderschöner Landschaft erkunden. Geübte Radfahrer schaffen die Strecke in fünf bis sieben Tagen; es sind aber auch gemütliche Eintagestouren möglich.
Arbeitsgemeinschaft Kocher-Jagst-Radweg • Tel. 07 91/7 55 74 44 • www.kocher-jagst.de

ESSEN UND TRINKEN
Olivo

Im Stuttgarter Gourmetrestaurant Olivo wurde Anton Gschwendtners kreative Küche, bei der schottische Jakobsmuschel auf japanischen Koshihikari-Reis trifft, mit zwei Michelin-Sternen belohnt. Vom Amuse-Bouche bis zu den Petits Fours gibt es korrespondierende Weine und Sake.
Stuttgart, Arnulf-Klett-Pl. 7, im Steigenberger Graf Zeppelin • Tel. 07 11/2 04 82 77 • www.steigenberger.com • €€€€

Wirtschaftsgebäude im Maulbronner Klosterhof: links der Getreidespeicher »Haberkasten«, rechts daneben die Pfisterei mit der Wohnung des Bäckers

KULTUR-TIPP

Kloster Maulbronn

Die ehemalige Zisterzienserabtei gilt als die am vollständigsten erhaltene mittelalterliche Klosteranlage Europas. Von der Romanik bis zur Spätgotik sind alle Stilepochen in der Architektur vertreten. Im Mittelalter war Maulbronn ein bedeutendes politisches, wirtschaftliches und gesellschaftliches Zentrum. 1993 nahm es die UNESCO in die Liste des Weltkulturerbes auf.
Maulbronn, Klosterhof 5 • Tel. 0 70 43/ 92 66 10 • www.kloster-maulbronn.de • Eintritt mit Führung 11 €

Rappenhof

Das biozertifizierte Restaurant hat Landküche mit Pfiff, aber auch edel Raffiniertes auf der Karte. Von der Gutsgaststätte mit Wintergarten genießt man den Blick auf die Weinberge und Burg Weibertreu.
Weinsberg, Rappenhofweg 1 • Tel. 0 71 34/51 90 • www.rappenhof.de • €€€

FESTE UND EVENTS

Nacht der Keller

Die Erlebnistour durch den »Weinstädter Untergrund« führt durch rund 30 historische Gewölbekeller, darunter der größte Holzfasskeller Süddeutschlands. Neben Weinen der örtlichen Winzer gibt es auch regionale Küchenklassiker, (Live-)Musik und andere kulturelle Angebote. Ein Shuttlebus fährt alle Veranstaltungsorte in den fünf Stadtteilen an.
3. Wochenende im September • Weinstadt • Tel. 0 71 51/69 32 84 • www.nacht-der-keller.de • Shuttlebus 4 € je Tag

Stuttgarter Weindorf

Im Spätsommer verwandelt sich die Schwabenmetropole in ein Weindorf mit rustikalen Weinlauben, in denen man über 500 Weine aus Württemberg und Baden probieren kann.
Ende August/Anfang September • Stuttgart, Innenstadt • Tel. 07 11/ 29 50 00 • www.stuttgarter-weindorf.de

Fellbacher Herbst

Baden-Württembergs größtes Wein- und Erntedankfest ist zugleich eine große Partymeile mit Rummel und Feuerwerk. In Fellbach, nordöstlich von Stuttgart, schenken am zweiten Oktoberwochenende renommierte Privatweingüter und Genossenschaften an Ständen und in Zelten im Oberdorf ihre Weine aus.
2. Wochenende im Oktober • Fellbach • Tel. 07 11/57 56 17 91 • www.fellbach.de

WEITERE INFORMATIONEN

Im Weinkulturkalender des Deutschen Weininstituts finden Sie immer eine Auswahl der aktuellen weinkulturellen Highlights. Über Weinfeste und Events, Wander- und Radtouren, Winzer und Weinproben im Anbaugebiet Württemberg informieren:

- **Weininstitut Württemberg • Möglingen, Raiffeisenstr. 6 • Tel. 0 71 41/2 44 60 • www.weininstitut-wuerttemberg.de**
- **Weinheimat Württemberg • Möglingen, Raiffeisenstr. 6 • Tel. 0 71 41/2 44 60 • www.weinheimat-wuerttemberg.de**
- **Weinbauverband Württemberg e. V. • Weinsberg, Hirschbergstr. 2 • Tel. 0 71 34/5 27 97 12 • www.weinbauverband-wuerttemberg.de**
- **Weinkulturkalender des DWI: www.deutscheweine.de (Tourismus)**

Die schönsten Weinsichten

belohnen Wanderer mit spektakulären Ausblicken über die rebenbewachsenen Hügel, Terrassen- und Steillagen der deutschen Weinregionen.

Das Deutsche Weininstitut kürt seit 2012 die »Schönsten Weinsichten« – landschaftlich reizvolle Aussichtspunkte, die auf Wanderwegen zur Verschnaufpause einladen und atemberaubende Blicke auf Rebhänge, Flussläufe und Weinorte bieten. Der Mainzer Künstler Ulrich Schreiber gestaltete die Metallstelen, die auf die weintouristischen Ziele in den dreizehn deutschen Anbaugebieten hinweisen. Geodaten im GPX-Format stellt das Deutsche Weininstitut hier zum Download bereit: www.deutscheweine.de/tourismus/weinsichten.

A1 Schönste Weinsicht Ahr 2012

Der Blick vom Altenahrer Eck wurde zur »Schönsten Weinsicht Ahr 2012« gewählt. Die Lagenbezeichnung »Altenahrer Eck« geht auf die Burganlage Ekka zurück, die im Jahr 1249 geschleift wurde. Nach Westen hin grenzt die Weinlage an die Ruine der Burg Are, im Osten an die Ravenley, eine markante Felspartie oberhalb von Reimerzhoven. Die Terrassenlagen sind hier besonders steil, und ihre Grauwacke- und Schieferverwitterungsböden bringen hervorragende Weine hervor. An

◀ Der Panoramablick über das Neckartal ist den mühevollen Aufstieg allemal wert.

der Weinsicht-Stele angekommen, wird man mit einem herrlichen Blick auf Burg Are belohnt. Sie wurde um das Jahr 1100 oberhalb des Ortes errichtet und 1714 zerstört; ihr Bergfried stammt aus dem 14. Jahrhundert. Das Gebiet um Altenahr war schon in fränkischer Zeit besiedelt, der Ort selbst entstand allerdings erst mit dem Bau der Burg. In den 1930er-Jahren wurde das erste Weinfest in Altenahr gefeiert. Bis heute ist der Weinort ein beliebtes Ausflugs- und Urlaubsziel.

Start:	Dernau, Bahnhof
Ziel:	Altenahr, Bahnhof
Strecke:	9,4 km
Zeit:	3 Stunden, 30 Minuten
Anspruch:	mittel

A2 Schönste Weinsicht Ahr 2016

Einen spektakulären Blick ins Ahrtal bietet der Aussichtspunkt Sondersberg, der sich über dem Weindorf Dernau erhebt. Das älteste Dernauer Weingut, der Schlosshof, ließ inmitten der Einzellage Schieferlay eigens eine Aussichtsplattform auf dem Sondersberg errichten. Von dort kann man die »Schönste Weinsicht Ahr 2016« genießen. Sie reicht über die Weinbergssteilhänge bis zum Krausberg. Im Vordergrund ist die Toplage Schieferlay zu sehen, Pfarrwingert und Hardtberg schließen sich ahrabwärts an. »Lay« oder »Ley« sind uralte, im Rheinischen noch gebräuchliche Begriffe, die Fels oder Schiefer bedeuten – Schieferlay weist also gleich doppelt auf die Bodenbeschaffenheit der Weinlage hin. Die Dernauer Schieferlay umfasst 21 Hektar und ist nach Südosten hin ausgerichtet; 15 Hektar sind mit Spätburgunder bestockt. Die überwiegend steile Hanglage erreicht Höhen zwischen 125 und 260 Meter.

Start:	Dernau, Bahnhof
Ziel:	Aussichtspunkt Sondersberg
Strecke:	3,9 km
Zeit:	1 Stunde, 15 Minuten
Anspruch:	mittel

A3 Schönste Weinsicht Ahr 2020

Die Wanderung zur »Schönsten Weinsicht Ahr 2020« führt rund um die Saffenburg. Vom Bahnhof in Mayschoß geht der Weg hinauf in die Weinberge auf den Sattel der Saffenburg. Der Aufstieg wird mit grandiosen Aussichten auf das Ahrtal, die umliegenden Winzerorte und die steilen Weinbergsterrassen belohnt. Über einen schattigen Waldweg führt die Wanderung bergab nach Rech mit seinen schönen Fachwerkhäusern. Auf der 1764 fertiggestellten ältesten Steinbrücke der Ahr kommt man am Hl. Johannes von Nepomuk vorbei, dem Wahrzeichen von Rech. Nach Überquerung der Ahrrotweinstraße führt der Weg hinauf in die Weinberge zum Rotweinwanderweg (s. S. 15). Über die besonders attraktive Etappe von Rech bis Mayschoß, vorbei am Mönchberg, erreicht man nach 8,6 Kilometern wieder den Ausgangspunkt.

Start/Ziel:	Mayschoß, Bahnhof
Strecke:	8,6 km
Zeit:	2 Stunden, 30 Minuten
Anspruch:	leicht

Panoramablick vom Sondersberg über Dernau auf den Krausberg (s. S. 153)

B1 Schönste Weinsicht Baden 2012

Die Wanderung zur »Schönsten Weinsicht Baden 2012« führt über den Weinkundeweg durch Spätburgunderreben zum Ehrenmal Lerchenberg. Von dort hat man einen umwerfenden Panoramablick über die glitzernde Oberfläche des Bodensees mit der Insel Mainau, auf Konstanz und die Alpengipfel Österreichs und der Schweiz. Über die Weinbergslagen Meersburger Lerchenberg und Meersburger Bengel geht der Blick in den Überlinger See hinein bis hin zu den beiden prachtvollen Gebäuden über dem Ausflugshafen von Meersburg: das rosafarbene Gebäude des ehemaligen Priesterseminars, in dem heute das Droste-Hülshoff-Gymnasium untergebracht ist, und das gelbe Gebäude des Staatsweinguts Meersburg.

Start/Ziel:	Meersburg, Parkplatz Töbelestraße
Strecke:	9,8 km
Zeit:	3 Stunden
Anspruch:	mittel

B2 Schönste Weinsicht Baden 2016

Wo der Schwarzwald auf die Rheinebene trifft, erstreckt sich das Rebland um Kappelrodeck. Inmitten der Weinberge erhebt sich der Dasenstein – ein sagenumwobener Fels, an dem vor vielen Hundert Jahren die »Hex vom Dasenstein« in einer Höhle gehaust haben soll. Heute verzaubert am Dasenstein die »Schönste Weinsicht Baden 2016«. Die atemberaubende Aussicht geht über die Kappelrodecker Weinberge bis zur Hornisgrinde, dem höchsten Berg des Nordschwarzwalds. Nach der Wanderung kann man sich mit einem Glas »Hex vom Dasenstein« belohnen – der Name steht für die sagenhaft guten Weine der Winzer aus dem Achertal.

Start:	Kappelrodeck, Burgunderplatz
Ziel:	Dasensteinhütte
Strecke:	4,5 km
Zeit:	2 Stunden
Anspruch:	leicht

B3 Schönste Weinsicht Baden 2020

Die Wanderung zur »Schönsten Weinsicht Baden 2020« beginnt in Vogtsburg-Oberbergen bei der Winzergenossenschaft. Von dort geht es die Badbergstraße ortseinwärts, dann links in die Kirchstraße. 100 Meter nach der Kirche zweigt rechts ein kleiner Fußgängerweg ab, dem man 100 Meter folgt. Dann geht es 650 Meter den Radweg entlang bis zur Einmündung der Rebenstraße. Hier biegt man links ab, den steilen Anstieg hinauf in die Weinberge. Nach 45 Minuten erreicht man den Waldrand. Unten im Tal sieht man Oberbergen, am Horizont die Silhouette der Vogesen. Weiter geht es durch kühlen Laubwald bis zum Wegweiser an der alten Eiche. Dort geht man Richtung »Bassgeigenhütte« weiter. Am Waldrand angekommen überquert man die Straße und genießt den grandiosen Panoramablick über den Texas-Pass (s. S. 27). Von der Bassgeigenhütte geht es weiter zum »Rentnerbänkle«, danach schlängelt sich die Straße bergab durch die Weinberge zum Ausgangspunkt zurück.

Start/Ziel:	Vogtsburg, Badbergstr. 2
Strecke:	8,5 km
Zeit:	3 Stunden
Anspruch:	mittel

Sagenhaft schön: der Blick vom Dasenstein über die Kappelrodecker Weinberge

C1 Schönste Weinsicht Franken 2012

Durch die Weinbergslagen Schlossberg, Reitsteig und Kirchberg geht es hinauf zur »Schönsten Weinsicht Franken 2012«. Von dort gleitet der Blick über den Hang, an dem 1659 der erste Silvaner auf deutschem Boden wuchs. Rechts, am Kastanienhügel, war früher die Vorburg. Dort sind auch noch die Wurzelausschläge der ehemaligen Gerichtslinde zu sehen, deren Alter auf 400 Jahre geschätzt wird. Ganz rechts ragt der Treppenturm der Oberen Burg aus den Bäumen. Weiter schweift der Blick über Castell, die Weinberge an den Steigerwaldhängen und die abwechslungsreiche Landschaft bis zum Main und zur Rhön. Unterwegs erfährt man Interessantes über die Rebsorten und Böden am Schlossberg und wie das besondere Mikroklima den Charakter der Weine prägt. Ein Hohlweg führt über die Weinlage Bausch zurück zum Startpunkt.

Start/Ziel:	Castell, Schlossplatz
Strecke:	2,3 km
Zeit:	1 Stunde
Anspruch:	leicht

C2 Schönste Weinsicht Franken 2016

Am Iphöfer Schwanberg wurde der Aussichtspunkt »Terroir f« vom Deutschen Weininstitut als »Schönste Weinsicht Franken 2016« ausgezeichnet. Neben der spektakulären Aussicht bietet »Terroir f« in der berühmten Iphöfer Weinlage Julius-Echter-Berg auch interessante Einblicke in die Welt des Weins – vom fränkischen Weinland bis in ferne Anbauregionen, etwa

Vom Casteller Schlossberg geht der Blick über die Reben auf die südlichen und westlichen Ausläufer des Steigerwalds.

in Nordamerika oder Südafrika. Neben Wissenswertem über die klassischen europäischen Weinbaunationen erfährt man auch Interessantes über Exoten wie Dänemark und China. Die Entfernungen zu den verschiedenen Weinländern kann man am Aussichtsturm ablesen. Unter dem Motto »Die Ferne so weit, der Wein so nah – Wein verbindet« veranschaulicht ein Stelengarten die Weinmengen, die in den größten Weinländern der Welt produziert werden. Sitzgelegenheiten laden zum Picknick oder zu einer Weinprobe in den Weinbergen ein.

Start:	Rödelsee, Wanderparkplatz Mönchshöflein
Ziel:	Aussichtsturm am Schwanberg
Strecke:	6 km
Zeit:	1 Stunde, 30 Minuten
Anspruch:	mittel

C3 Schönste Weinsicht Franken 2020

Vom Parkplatz Weinwanderweg, den man von der Verbindungsstraße (MSP 8) zwischen Himmelstadt (B27) und Stetten erreicht, geht es Richtung Rotberg. Entlang des Weges findet man Infos über den Weinbau und die Flurbereinigung. Weiter führt der Weg zum historischen Weinberg und zur Weinbergskapelle. Von dort geht es weiter zur Stein-Weinhütte, wo es beim Blick auf das Maintal mit seinen Rebhängen die Möglichkeit zur Rast gibt. Auf dem weiteren Weg gibt es Infotafeln zu Trockenmauern im Weinbau und zur Geologie der Weinregion Franken. Am »Terroir f«-Punkt Stetten wartet die »Schönste Weinsicht Franken 2020«: Von der Aussichtsplattform hoch über dem Main hat man eine atemberaubende Rundumsicht. Der Blick reicht bis Würzburg und zum Spessart. Die terrassenförmig angelegten Trockenmauern mit Sitzgelegenheiten sind aus Steinen der Fränkischen Trias: Buntsandstein, Muschelkalk und Keuper.

Start/Ziel:	Karlstadt-Stetten, Parkplatz Weinwanderweg
Strecke:	4,5 km
Zeit:	1 Stunde, 30 Minuten
Anspruch:	leicht bis mittel

D1 Schönste Weinsicht Hessische Bergstraße 2012

Von Heppenheim geht es hinauf in die Weinberge. Über drei abwechslungsreiche Themenrouten – den Weinlagenwanderweg, den Blütenweg und den Erlebnispfad »Wein und Stein« (s. S. 50) – wandert man durch die Rebhänge der Hessischen Bergstraße, vorbei an vielen kleinen Weinbergshäuschen. In der Einzellage Bensheimer Paulus gelangt man schließlich zur Stele an der »Schönsten Weinsicht Hessische Bergstraße 2012«. Der einzigartige Panoramablick reicht von der Starkenburg im Süden über das Ried und den Rheingraben bis zu den bewaldeten Kuppen von Pfälzerwald und Donnersberg im Westen. In nördlicher Richtung blickt man auf Bensheim und den Hemsberg. Eine kleine Terrasse mit Tischen und Bänken lädt am Aussichtspunkt zum Ausruhen und Genießen ein.

Start/Ziel:	Bensheim, Hemsbergstraße
Strecke:	6 km
Zeit:	1 Stunde, 30 Minuten
Anspruch:	mittel

Vom Bensheimer Paulus sieht man im Süden den Bergfried der Starkenburg (s. S. 157).

D2 Schönste Weinsicht Hessische Bergstraße 2016

Am »Gute Zeit, böse Zeit«-Brunnen in Heppenheim informiert eine Karte über sämtliche Weinlagen der Hessischen Bergstraße, insbesondere über die Einzellage Heppenheimer Eckweg, die zur Großlage Heppenheimer Schlossberg gehört. Der Eckweg wurde bereits um das Jahr 1200 in einer Urkunde erwähnt. Sein Name stammt vermutlich von dem Bergvorsprung – dem »Eck« – im oberen Teil der Weinlage. Über zum Teil steile, aber gut ausgebaute Wege wandert man durch die Weinberge zur Stele, die die »Schönste Weinsicht Hessische Bergstraße 2016« markiert. Von dort blickt man über die Oberrheinische Tiefebene und das Hessische Ried bis zur Haardt und zum Donnersberg. Typisch für die Bergstraße sind das bunt bemalte Weinbergshäuschen und die Mandelbäume in unmittelbarer Umgebung. Weinberge mit Rotem Riesling rahmen den Aussichtspunkt ein; die Genossenschaft Bergsträßer Winzer bestockt weltweit die größte Anbaufläche mit dieser historischen Rebsorte.

Start:	Heppenheim, Parkplatz am Friedhof
Ziel:	Weinlage Heppenheimer Eckweg
Strecke:	4 km
Zeit:	1 Stunde
Anspruch:	leicht

D3 Schönste Weinsicht Hessische Bergstraße 2020

Der Rundweg beginnt in Groß-Umstadt am Altstadtparkplatz beim Darmstädter Schloss. Von dort geht es nach Norden über die Kappesgärten und nach Querung der Richer Straße hinauf zum Ziegelwald. Nach einem Kilometer schwenkt der Weg Richtung Osten ab und führt durch die Weinlage Stachelberg zum »Wennelhaisje« (Wendelinuskapelle). Durch die Weinberge geht es weiter Richtung Süden in die Lage Steingerück. Nach einem Kilometer geht es bergab ins Raibacher Tal. Nach der Landstraße folgt der Anstieg zum Buschel. Oben erreicht man den Aussichtspunkt Petermanns Ruh, die »Schönste Weinsicht Hessische Bergstraße 2020«. Von dort geht es über einen Feldweg mit herrlicher Aussicht in südwestlicher Richtung zum Herrnberg. Nach einem Kilometer folgt man in westlicher Richtung dem Weinlehrpfad. Durch einen Lösshohlweg, die Steinbornshohl, geht es abwärts in die historische Altstadt und über den Marktplatz zurück zum Darmstädter Schloss. Der Wanderweg wurde vom Odenwaldklub mit dem Qualitätssiegel »Wanderbarer Odenwald« ausgezeichnet.

Start/Ziel:	Groß-Umstadt, Darmstädter Schloss
Strecke:	11 km
Zeit:	3 Stunden
Anspruch:	mittel

E1 Schönste Weinsicht Mittelrhein 2012

Das Wingertshäusje in Leutesdorf liegt direkt im Steilhang der Andernacher Pforte – jener Talenge, wo der Rhein vom Neuwieder Becken kommend die Felsen durchbrach und sich seinen Weg nach Norden suchte. Selten sieht man die charakteristische Mittelrheinlandschaft so konzentriert wie an der »Schönsten Weinsicht Mittelrhein 2012«. So bildet Leutesdorf mit seinen flurbereinigten Steillagen einen deutlichen Kontrast zu den alten Weinbergsterrassen mit Trockenbruchsteinmauern. Und die massiven Felsenformationen deuten an, wie gering der Bodenauftrag in den unmittelbar darunter liegenden Weinbergen ist – eine Besonderheit, die die einzigartige Stilistik der Mittelrhein-Rieslinge ausmacht. Am Horizont zeigt sich linker Hand der Eifelvulkan Hohe Buche, rechts die »Loreley des Nordens«, die Ruine Hammerstein auf ihrem mächtigen Felsmassiv, das fast senkrecht zum Rhein abfällt.

Start/Ziel:	Leutesdorf, Ortsmitte
Strecke:	8,7 km
Zeit:	2 Stunden
Anspruch:	mittel

E2 Schönste Weinsicht Mittelrhein 2016

Der Krahnenberg ist der Hausberg der Stadt Andernach. Seinen Namen verdankt er dem Alten Krahnen, einem historischen Turmdrehkran am Rheinufer, der bis 1911 in Betrieb war, vor allem zum Verladen von Mühlsteinen, Tuff und Wein. Durch den Andernacher Stadtwald geht der Wanderweg hinauf zum Aussichtspunkt am Krahnenberg. Von der »Schönsten Weinsicht Mittelrhein 2016« hat man einen wundervollen Blick ins nördliche Mittelrheintal und das Neuwieder Becken mit der Andernacher Pforte. Im Nordwesten beginnt die Voreifel. Nach Norden hin steigen die bewaldeten Berghänge wieder steil an. Auf der gegenüberliegenden Seite sind die Weinberge des Winzerorts Leutesdorf zu sehen, nördlich davon auch das Hammersteiner Werth. Als größte

Weinbaugemeinde am unteren Mittelrhein blickt Leutesdorf auf eine lange Weinbautradition zurück, die bis ins Jahr 565 reicht. Oberhalb der Leutesdorfer Weinberge verläuft der Premiumwanderweg Rheinsteig (s. S. 64).

Start/Ziel:	Andernach, Parkplatz Krahnenberg
Strecke:	6,7 km
Zeit:	2 Stunden
Anspruch:	leicht

E3 Schönste Weinsicht Mittelrhein 2020

Der Rundweg beginnt gleich am Wanderparkplatz mit dem Aufstieg. Nach 450 Metern auf dem Neuen Weg biegt man links in den Nürer Weg ab. Nach gut 1 km erreicht man den Nürer Kopf und die Stele an der »Schönsten Weinsicht Mittelrhein 2020«. Direkt neben der Stele lädt eine riesige Weinbergschaukel dazu ein, die Seele baumeln zu lassen und die grandiose Aussicht zu genießen. Danach geht es leicht bergauf Richtung Norden auf einen Teilabschnitt des Rheinsteigs, den »Kunst- und Kulturweg Leutesdorf«. Nach 1,7 km erreicht man den Wendepunkt des Rundweges. Auf dem Rückweg durch die Reben hat man immer wieder einen herrlichen Blick ins Rheintal. Über den Klinkerweg geht es zurück auf den Neuen Weg. Im Naturfreundehaus Edmundhütte kam man eine Rast einlegen und noch einmal den Panoramablick auf Leutesdorf und das Mittelrheintal genießen.

Vom Aussichtspunkt auf dem Krahnenberg öffnet sich der Blick ins Rheintal.

Blick auf die Moselschleife bei Leiwen und Trittenheim

Start/Ziel:	Leutesdorf, Parkplatz Grillhütte/Schützenhalle
Strecke:	4 km
Zeit:	1 Stunde
Anspruch:	mittel

F1 Schönste Weinsicht Mosel 2012

Die Weinbauregion Mosel umfasst auch die Rebflächen in den Tälern von Saar und Ruwer. Dies erklärt, weshalb das Deutsche Weininstitut 2012 die Schönste Weinsicht der Region an der Kleinen Saarschleife zwischen Wiltingen und Kanzem kürte. Von Konz führt der Saar-Wein-Wanderweg durch die Weinberge der Lagen Wiltinger Gottesfuß und Wiltinger Kupp zum Aussichtspunkt. Unweit der Mündung der Saar in die Mosel steht die Weinsicht-Stele in den Steillagen. In westlicher Richtung reicht der Blick vom Altarm der Saar bei Kanzem (links) bis zur Steillage Kanzemer Altenberg (rechts). Über die Kommlinger Höhe geht es weiter zum Aussichtspunkt Galgenberg. Hier bietet sich erneut ein fantastischer Panoramablick ins Saartal, bevor der Weg bergab in die Weinberge führt. Über den Geschichts- und den Weinlehrpfad erreicht man Wiltingen. Von dort verkehrt stündlich eine Regionalbahn nach Konz.

Start:	Konz, Hauptbahnhof
Ziel:	Wiltingen, Bahnhof
Strecke:	9 km
Zeit:	2 Stunden
Anspruch:	mittel

F2 Schönste Weinsicht Mosel 2016

Der Fernwanderweg Moselsteig umrundet auf der Etappe von Leiwen nach Neumagen-Dhron die Moselschleife bei Trittenheim. Auf abwechslungsreichen

Von der Friedensbrücke blickt man die Nahe aufwärts auf das Rotenfelsmassiv.

Pfaden über Felsen und Bachläufe, durch Weinberge und Wälder, passiert der Weg auch die Zummethöhe. Von der »Schönsten Weinsicht Mosel 2016« hat man einen wirklich grandiosen Panoramablick auf die Moselschleife und die Winzerorte der Mittelmosel. Von der Flussschleife eingerahmt sieht man Trittenheim, links ist Leiwen zu sehen; beide Gemeinden liegen an der Römischen Weinstraße. Nach rechts, flussabwärts, geht es weiter nach Neumagen-Dhron, den ältesten Weinort Deutschlands. Dort endet die Wanderung an der Anlegestelle der »Stella Noviomagi«, einem detailgetreu rekonstruierten römischen Weinschiff, dessen Name auf Deutsch »Stern von Neumagen« bedeutet.

Start:	Leiwen, Kreuzung Mühlenstraße/Euchariusstraße
Ziel:	Neumagen-Dhron, Kreuzung Moselstraße/Pelzersgasse

Strecke:	14 km
Zeit:	4 Stunden
Anspruch:	leicht

F3 Schönste Weinsicht Mosel 2020

Die Rundwanderung beginnt im Weinort Lieser in unmittelbarer Nähe zur Mosel. Vom Startpunkt am Markt geht es in nördlicher Richtung durch die Weinberge auf den Paulsberg zur Paulskirche, einer der ältesten Kirchen der Region. Während der Deutschen Revolution 1848 demonstrierten hier 15 000 Menschen für demokratische Reformen. Weiter geht die Wanderung auf dem relativ flachen Abschnitt des Kueser Plateaus. In Wehlen informiert der Obstartweg über Tiere und Pflanzen der Region. Gegen Ende der Tour wartet oberhalb von Lieser bei der Hambuchhütte die »Schönste Weinsicht Mosel 2020« mit einem wunderbaren Blick über das Moseltal.

Start/Ziel:	Lieser, Am Markt
Strecke:	16,5 km
Zeit:	4 Stunden, 30 Minuten
Anspruch:	mittel

G1 Schönste Weinsicht Nahe 2012

Zwischen Bad Münster am Stein-Ebernburg und Norheim beginnt der Rundwanderweg an der Friedensbrücke über die Nahe. Rechts von der Brücke steht die Stele, die den Blick flussaufwärts auf die »Schönste Weinsicht Nahe 2012« lenkt: den spektakulären Rotenfels mit den Weinlagen Bastei und Steigerdell. Das Felsmassiv aus rötlichem Vulkangestein bildet mit 202 Metern Höhe und 1200 Metern Länge die größte Steilwand zwischen den Alpen und Skandinavien. Rege vulkanische Aktivität ließ vor 270 Millionen Jahren glutflüssiges Magma aufsteigen, das zu dem ausgesprochen witterungsbeständigen Rhyolith erstarrte, dem der Rotenfels seine Farbe und seinen Namen verdankt.

Start/Ziel:	Bad Münster am Stein, Parkplatz P2
Strecke:	9 km
Zeit:	2 Stunden, 30 Minuten
Anspruch:	mittel

G2 Schönste Weinsicht Nahe 2016

Zwischen Idar-Oberstein und Bad Kreuznach zeichnete das Deutsche Weininstitut 2016 die Schönste Weinsicht des Anbaugebiets Nahe aus: den Blick auf die Meddersheimer Weinlagen Altenberg, Edelberg und Rheingrafenberg. Sie alle gehören zur Großlage Paradiesgarten. Den Aussichtspunkt, an dem sich die Weinsicht-Stele befindet, könnte man auch als Meddersheimer Balkon oder Vulkanblick bezeichnen. Von hier hat der Betrachter einen einzigartigen Ausblick über das vulkanisch geprägte Nahetal, nach Norden hin über den Soonwald bis in den Nationalpark Hunsrück-Hochwald und Richtung Südsüdosten bis zum Donnersberg, dem mit 687 Metern höchsten Berg der Pfalz.

Start/Ziel:	Meddersheim, Ortsmitte
Strecke:	11 km
Zeit:	3 Stunden
Anspruch:	mittel

G3 Schönste Weinsicht Nahe 2020

Der Rundwanderweg startet in Niederhausen am Parkplatz beim Bürgerhaus. 100 Meter westlich, am Remischenstein (s. S. 85, Wussten Sie, dass …), befindet sich das Eingangstor zum Niederhäuser Weinwanderweg. Er führt durch die Weinberge und ist zu jeder Jahreszeit mit normalem Schuhwerk begehbar. Unterwegs gibt es viele Aussichts- und Infopunkte sowie wunderschöne Ruheplätze. Wer aufmerksam in die Weinberge schaut, entdeckt originelle künstlerisch gestaltete Holzpfähle. Der Weg führt durch die Weinbergslagen Rosenheck, Klamm und die bekannte Hermannshöhle. Unweit des höchsten Punktes kann man an der Niederhäuser Grillhütte im Kertzer Wäldchen eine Rast einlegen. Etwa 100 Meter unterhalb, direkt neben dem Weinwanderweg, steht die Metallstele an der »Schönsten Weinsicht Nahe 2020«. Außerdem gibt es zwei Relaxliegen, von denen man den Blick nach Südwesten über das Nahetal und die Hügel schweifen lassen kann. Danach geht es entspannt bergab, und nach eineinhalb Kilometern hat man wieder den Ausgangspunkt erreicht.

Start/Ziel:	Niederhausen, Parkplatz Schulstr. 17
Strecke:	4,4 km
Zeit:	1 Stunde, 15 Minuten
Anspruch:	mittel

H1 Schönste Weinsicht Pfalz 2012

In der Bilderbuchlandschaft um Rhodt, dem zauberhaften Weinort mit der von Kastanien gesäumten Theresienstraße, wurde 2012 die Schönste Weinsicht der Pfalz ausgezeichnet. Vom Aussichtspunkt mit der Stele hat man einen wunderbaren Rundblick. Im Westen sieht man über die Weinberge hinweg die pastellgelbe Fassade der Villa Ludwigshöhe (s. S. 98). Im Nordwesten thront das Hambacher Schloss auf einer Bergkuppe am Ostrand des Pfälzerwalds. Im Süden setzt sich die gezackte Bergkette der Haardt fort, an deren bewaldeten Hängen Esskastanien gedeihen. Ostwärts reicht der Blick über die Rheinebene auf das Kraichgauer Hügelland, den Schwarzwald im Südosten und den Odenwald im Nordosten.

Start/Ziel:	Rhodt, Parkplatz Edesheimer Straße
Strecke:	14 km
Zeit:	3 Stunden, 30 Minuten
Anspruch:	mittel, teils anspruchsvoll

H2 Schönste Weinsicht Pfalz 2016

Am Ortsrand von Wachenheim bietet die »Schönste Weinsicht Pfalz 2016« einen Blick auf die Ruine Wachtenburg – das Wahrzeichen der traditionsreichen Wein- und Sektstadt an der Deutschen Weinstraße. Die ältesten Teile der Burg stammen aus dem 12. Jahrhundert; ihr rechteckiger Bergfried diente als Wohn- und Verteidigungsbau. 1689 wurde die Anlage während des Pfälzischen Erbfolgekriegs größtenteils zerstört. Der Aussichtspunkt liegt am Rundwanderweg Rieslingtour, der über den Mundhardter Hof hinauf zur Wachtenburg führt. Von dort hat man einen herrlichen Blick auf die Rheinebene. Der Rückweg führt durch die Wachenheimer Weinlagen Schlossberg und Altenburg – vorbei an der Weinsicht – bis zum Marktplatz mit der Simultankirche St. Georg, der Ludwigskapelle und dem Marktbrunnen. Über die Weinstraße gelangt man zurück zum Ausgangspunkt.

Start:	Wachenheim, Parkplatz am Weinstraßenfenster
Ziel:	Burgruine Wachtenburg
Strecke:	7,5 km
Zeit:	2 Stunden, 30 Minuten
Anspruch:	mittel

H3 Schönste Weinsicht Pfalz 2020

Über dem Weinort Ilbesheim erhebt sich die Kleine Kalmit über das Rebenmeer und bietet einen atemberaubenden Blick über die malerischen Weindörfer nach Westen zum Pfälzerwald. Auf dem Gipfel thront eines der Wahrzeichen der

Blick auf die Wachtenburg, das Wahrzeichen von Wachenheim

Region – die weithin sichtbare Mater-Dolorosa-Kapelle. Die »Schönste Weinsicht Pfalz 2020« liegt im Biosphärenreservat Pfälzerwald nahe der Stadt Landau. Auf dem Rebenmeerweg kann man den Aussichtspunkt bei einer gemütlichen Wanderung erreichen. Der Rundweg startet in Ilbesheim beim Parkplatz am Alla-hopp-Spielplatz. Zunächst geht es durch den Ort und weiter in östlicher Richtung durch die Weinlagen in Richtung Wollmesheim. Anschließend folgt der sanfte Aufstieg auf die Kleine Kalmit bis zum spektakulären Aussichtspunkt an der Kapelle. An Rast- und Picknickplätzen vorbei führt der Weg zum Kalmitwingert und wieder zurück zum Abenteuerspielplatz. Die Tour ist leicht zu begehen und führt auf überwiegend befestigten Wegen durch die Weinberge. Auf dem Bergrücken und beim Abstieg ist der Weg geschottert und naturbelassen – eingeschränkt kinderwagengeeignet, aber durchaus machbar.

Start/Ziel:	Ilbesheim, Alla-hopp-Spielplatz
Strecke:	5 km
Zeit:	1 Stunden, 30 Minuten
Anspruch:	leicht

I1 Schönste Weinsicht Rheingau 2012

Seit der Blick vom Rothenberg zu den Schönsten Weinsichten Deutschlands gehört, genießen immer mehr Menschen das prächtige Panorama. Im Norden recken sich die Höhenzüge des Taunus empor, rheinaufwärts blickt man über Schloss Johannisberg (s. S. 106) und die Rebhänge nach Wiesbaden und Mainz. Über den Inselrhein mit der größten Rheininsel Mariannenaue und der breitesten Stelle des Flusses (1 km) gleitet der Blick ins Rheinhessische Hügelland, bleibt kurz am Rochusberg bei Bingen sowie dem Donnersberg am Horizont hängen und endet schließlich im Westen beim weltberühmten Weinort Rüdesheim, dem Tor zum Oberen Mittelrheintal. Das Benediktinerkloster der Heiligen Hildegard in den Weinbergen und das Denkmal auf dem Niederwald geben vom Geisenheimer Rothenberg aus die Richtung für eine Wanderung vor, die alles bietet, was den Rheingau prägt: Wein, Wald, Wiesen und Wasser.

Start/Ziel:	Geisenheim, Bahnhof
Strecke:	13,5 km
Zeit:	3 Stunden, 30 Minuten
Anspruch:	mittel

12 Schönste Weinsicht Rheingau 2016

Hoch über der Weinbaugemeinde Kiedrich ragt der markante Bergfried der Burgruine Scharfenstein über den Reben hervor. Von der Ortsmitte führt ein Wanderweg durchs Kiedricher Bachtal den Burgberg hinauf. Am Fuß des Bergfrieds würdigt eine Stele die »Schönste Weinsicht Rheingau 2016«. Von dort geht der Blick ins Rheintal, auf das Rheinhessische Hügelland und auf Kiedrich, dessen mittelalterlicher Ortskern besser erhalten ist als sonst wo im Rheingau. Wer zur Burg Scharfenstein wandert, sollte im Kiedricher Rathaus nach dem Schlüssel zum Bergfried fragen; der Turm, in dem Hunderte Dohlen nisten, darf außerhalb der Brutzeit bestiegen werden, und von der zinnenbewehrten Aussichtsplattform ist die Weinsicht noch überwältigender!

Von Burg Scharfenstein aus hat man einen fantastischen Ausblick in den Rheingau.

Start:	Kiedrich, Ortsmitte
Ziel:	Burgruine Scharfenstein
Strecke:	3 km
Zeit:	45 Minuten
Anspruch:	mittel

I3 Schönste Weinsicht Rheingau 2020

Zu den schönsten Aussichtspunkten des Rheingaus gehört der Blick von dem kleinen Rastplatz unterhalb der Ruine Nollig. Von der Wisperbrücke in Lorch gelangt man in knapp 30 Minuten den Nollig hinauf – so heißt der Schieferfelsen, von dem die Ruine ihren Namen hat. Das steilste Wegstück ist mit Stahlseilen gesichert; wer will, gelangt über eine Alternativroute zum Aussichtspunkt. Oben angekommen, wird man mit der »Schönsten Weinsicht Rheingau 2020« belohnt. Die Sitzgruppe, von der aus man die grandiose Aussicht über das Rheintal genießen kann, befindet sich direkt am Rheinsteig (s. S. 64). Die Ruine ist in Privatbesitz und kann nicht besichtigt werden; vor 700 Jahren wurde der mächtige Wehrturm errichtet – möglicherweise als Teil der Lorcher Stadtmauer.

Start/Ziel:	Lorch, Steinerne Brücke
Strecke:	0,5 km
Zeit:	30 Minuten
Anspruch:	schwer

J1 Schönste Weinsicht Rheinhessen 2012

Die »Schönste Weinsicht Rheinhessen 2012« hat man auf dem Brudersberg bei Nierstein. Bei schönem Wetter reicht der Blick im Osten über das Hessische Ried bis nach Frankfurt, im Nordosten bis zum Taunus mit dem Großen Feldberg und südostwärts über die Rheinbiegung bei Oppenheim bis zum Odenwald mit dem Melibokus. Der Rheinhöhenweg führt auf halber Strecke zwischen Alsheim und Mainz auf den Brudersberg, der auch als Niersteiner Loreley bezeichnet wird. Inmitten der Weinbergslagen Ölberg, Kranzberg, Pettenthal, Hipping und Spiegelberg ist der Brudersberg das Filetstück am Roten Hang (s. S. 115). Dieser besticht durch seine Rieslinge, die zu den besten der Welt zählen.

Start/Ziel:	Nierstein, Marktplatz
Strecke:	6 km
Zeit:	1 Stunde, 30 Minuten
Anspruch:	mittel

J2 Schönste Weinsicht Rheinhessen 2016

Von Siefersheim aus erreicht man über den Prädikatswanderweg »Hiwweltour Heideblick« die Winzeralm. Dort kann man auf urigen Holzbänken und geräumigen Relaxliegen nicht nur die »Schönste Weinsicht Rheinhessen 2016« genießen, sondern auch Weine, Traubensaft und kleine Snacks vom Siefersheimer Weingut Zimmermann. Der grandiose Panoramablick reicht vom Soonwald über die Rebhänge von Mittelrhein, Rheingau und Nahe. Bei guter Fernsicht erkennt man außerdem den Großen und Kleinen Feldberg im Taunus, den Melibokus im Odenwald und den Donnersberg im Nordpfälzer Bergland. Dazwischen erstreckt sich das Rheinhessische Hügelland mit seinen idyllischen Dörfern und sonnenverwöhnten Weinbergen.

Start/Ziel:	Siefersheim, Parkplatz am Gänsborn
Strecke:	10 km
Zeit:	3 Stunden, 30 Minuten
Anspruch:	leicht bis mittelschwer

J3 Schönste Weinsicht Rheinhessen 2020

Vom Parkplatz am Zornheimer Lindenplatz mit dem Drei-Grazien-Brunnen führt ein Weg zum Ruhkreuz Zornheim. Dort beginnt die »Hiwweltour Zornheimer Berg« mit zehn Stationen, an denen man Interessantes über die Natur und Kultur der Region erfährt. Der erste sprichwörtliche Höhepunkt der Wanderung ist der Hasenberg, von dem aus man eine wunderbare Sicht auf den Taunus hat. Am Jubiläumswald kann man kurz verschnaufen; hier wurden 2016 zum 200. Geburtstag Rheinhessens 200 Bäume gepflanzt. Weiter führt der Weg an Feldern, Wiesen und Weiden mit grasenden Kühen vorbei durch die Zornheimer Obstanlage, wo Äpfel und Birnen, Kirschen und Mirabellen gedeihen. Danach geht es bergab zum artenreichen Rohrwiesen-Biotop, bevor die Hiwweltour in die Weinberge hinaufführt. Am Wingertshäuschen »Auf dem Winkel« kann man wieder verschnaufen und den Taunusblick genießen. Die nächste Etappe führt auf den Selzer Berg mit der ehemaligen Selztal-Stellung aus dem ersten Welt-

Von der Winzeralm kann man an klaren Tagen Taunus, Odenwald und Pfälzerwald sehen.

»Wie in der Toskana, bloß näher!«, rief Max Klinger im Naumburger Blütengrund.

krieg. Über das Wingertshäuschen »Am Hohberg« geht es zurück zum Ruhkreuz. Dort macht man es sich auf der Wanderliege bequem und genießt die »Schönste Weinsicht Rheinhessen 2020«.

Start/Ziel:	Zornheim, Lindenplatz
Strecke:	7,6 km
Zeit:	2 Stunden
Anspruch:	mittel

K1 Schönste Weinsicht Saale-Unstrut 2012

In Großjena bei Naumburg liegt der idyllische Blütengrund, kurz vor der Mündung der Unstrut in die Saale. Das milde Licht und die kräftigen Farben der Landschaft begeisterten den Künstler Max Klinger so sehr, dass er 1903 einen Weinberg im Blütengrund erwarb (s. S. 128), wo er 1920 auch seine letzte Ruhe fand. Noch heute ist zwischen Reben und Fluss der besondere Zauber zu spüren, der den vielseitigen Künstler einst inspirierte. 2012 kürte das Deutsche Weininstitut den Blick vom Max-Klinger-Weinberg als Schönste Weinsicht der Region Saale-Unstrut. Vom idyllischen Saaletal schweift das Auge über sanfte Hügel zur Stadtsilhouette von Naumburg. Der Weg durch die Weinberge führt auch am Steinernen Bilderbuch (s. S. 127) vorbei.

Start:	Naumburg, Zentrum
Ziel:	Max-Klinger-Weinberg, Blütengrund 3
Strecke:	5,4 km
Zeit:	1 Stunde, 30 Minuten
Anspruch:	leicht

K2 Schönste Weinsicht Saale-Unstrut 2016

Im nördlichsten deutschen Weinanbaugebiet, zwischen Saale und Süßem See, liegt der Weinort Höhnstedt. Durch seine kleinparzelligen Weinberge, in denen vorwiegend klassische Rebsorten wie Müller-Thurgau, Silvaner und Weißburgunder angebaut werden, gelangt man auf den Höhnstedter Kelterberg, an dem 2016 der Blick zum Höhnstedter Kreisberg als Schönste Weinsicht der Region Saale-Unstrut ausgezeichnet wurde. Von dem kleinen, am Ufer des Bindersees gelegenen Winzerort Rollsdorf mit seinen Terrassenlagen wandert das Auge über die mit Weinbergshäuschen gespickten Rebhänge bis an den Süßen See, dessen Wasser – wie bei den anderen Seen im Mansfelder Land – salzig ist. Im Sommer kann man die Wanderung auf den Kelterberg wunderbar mit einem Besuch der vielen Straußwirtschaften verbinden.

Start/Ziel:	Höhnstedt, Ortsmitte
Strecke:	7 km
Zeit:	2 Stunden, 30 Minuten
Anspruch:	leicht bis mittelschwer

K3 Schönste Weinsicht Saale-Unstrut 2020

Westlich von Merseburg wurde die Mondlandschaft des stillgelegten Braunkohlereviers Geiseltal rekultiviert und mit über 20 000 Rebstöcken bestockt. Wo früher Braunkohle abgebaut wurde, werden inzwischen Müller-Thurgau, Weißburgunder, Traminer, Spätburgunder und Cabernet Mitos angebaut. Passend zum außergewöhnlichen Standort heißen die Weine »Goldener Steiger«. Der Weinberg am Geiseltalsee ist einzellagenfrei und gehört zum Bereich Schloss Neuenburg. Die europaweit einmalige Weinanbaufläche wurde als »Schönste Weinsicht Saale-Unstrut 2020« ausgezeichnet. Von der Weinsicht-Stele blickt man über die Reben auf den Geiseltalsee, den größten künstlichen See Deutschlands; er entstand ebenfalls im Zuge der Renaturierung des früheren Braunkohlereviers. Zur Weinsicht-Stele im Weinberg führt der Weg von der Marina Mücheln über Stöbnitz (7,5 km); vom Parkplatz am Wasserwerk Stöbnitz ist man in zwanzig Minuten da (1,2 km).

Start/Ziel:	Mücheln, Hafenplatz
Strecke:	7,5 km
Zeit:	2 Stunden
Anspruch:	mittel

L1 Schönste Weinsicht Sachsen 2012

Im Radebeuler Stadtteil Niederlößnitz liegt Schloss Wackerbarth, das der Generalfeldmarschall des sächsischen Kurfürsten Augusts des Starken sich als Alterssitz errichten ließ (s. S. 133). Von der 2012 gekürten Schönsten Weinsicht der Region Sachsen hat man einen herrlichen Blick auf das einzigartige Ensemble aus Lusthäuschen »Belvedere«, barocker Gartenanlage und Schloss Wackerbarth inmitten der lieblichen Landschaft des sächsischen Elbtals.

Start:	Radebeul-Zitzschewig, Bahnhof
Ziel:	Radebeul, Borstraße
Strecke:	5,4 km
Zeit:	2 Stunden
Anspruch:	mittel

L2 Schönste Weinsicht Sachsen 2016

In Zadel bei Meißen bewirtschaftet Georg Prinz zur Lippe das älteste private

Blick durch die Weinsicht-Stele auf Schloss Wackerbarth

Weingut Sachsens, das Weingut Schloss Proschwitz. Dort steht zwischen Grau- und Weißburgunderreben die Stele, die die »Schönste Weinsicht Sachsen 2016« markiert. Von den Proschwitzer Bergen geht der Blick über das Elbtal zum Meißner Burgberg mit der Albrechtsburg und dem Meißner Dom (s. S. 137). Die Lage Schloss Proschwitz gehört zur Großlage Spaargebirge innerhalb des Bereichs Meißen. Bei der Wanderung durch die Proschwitzer Weinberge kann man auch dem neubarocken Schloss Proschwitz mit seinem sehenswerten, öffentlich zugänglichen Park einen Besuch abstatten.

Start:	Meißen, Elbtalbrücke
Ziel:	Weingut Schloss Proschwitz
Strecke:	6 km
Zeit:	1 Stunde, 30 Minuten
Anspruch:	leicht

L3 Schönste Weinsicht Sachsen 2020

Der Wanderweg zum Aussichtspunkt startet in Diesbar-Seußlitz beim Weingut Lehmann an der Weinstraße. Auf dem Elbe-Radweg geht man Richtung Meißen bis zur Gabelung und folgt der Straße Am Brummochsenloch bis zum Ende. Dort passiert man links das Tor zu den Weinbergen des Weinguts Lehmann. Nun wandert man links oder rechts der Weinberge, bis man wieder an ein größeres Tor kommt. Dort hält man sich links und passiert das nächste Tor mit einer Infotafel zu Schloss Wackerbarth. An der kleinen Mauer entlang geht es zur Sitzgelegenheit, von der aus man die herrliche Aussicht auf die Elbschleife genießen kann. Der Rückweg führt weiter gerade aus durch die Weinberge. Bei der Infotafel zu Diesbar-Seußlitz geht es durch das Zauntor (bitte wieder schließen!) bergab durch den Seußlitzer Wald und über eine Treppe hinunter in den Schlosspark. Dort hält man sich links und folgt der Sächsischen Weinstraße, von der man in die Forststraße abbiegt. Nach 150 Metern biegt man rechts zwischen den Häusern des Seußlitzer Hofs ab und folgt dem Radweg nach links Richtung Meißen bis zum Ausgangspunkt.

Start/Ziel:	Diesbar-Seußlitz,
	An der Weinstr. 28
Strecke:	3,5 km
Zeit:	1 Stunde
Anspruch:	leicht

M1 Schönste Weinsicht Württemberg 2012

Über 400 Stufen führt die Himmelsleiter durch die Weinbergssteillagen am Besigheimer Niedernberg. Der Aufstieg wird mit einem fantastischen Panoramablick belohnt, den das Deutsche Weininstitut 2012 als Schönste Weinsicht Württembergs ausgezeichnet hat. Hoch über dem malerischen Weinort am Zusammenfluss von Neckar und Enz blickt man nach rechts, in südlicher Richtung, auf das Enztal mit seinen terrassierten Steillagen – Niedernberg an der westlichen Seite und Enzhälde im Osten. Bei klarer Sicht ist am Horizont

Die Himmelsleiter führt zum Aussichtspunkt über Neckar und Enz.

der Stuttgarter Fernsehturm zu erkennen. Geradeaus, in östlicher Richtung, erstreckt sich das Neckartal mit den Hessigheimer Felsengärten. Richtung Norden blickt man neckarabwärts auf weitere eindrucksvolle Steilhangterrassen.

Start/Ziel:	Besigheim, Alte Kelter
Strecke:	8 km
Zeit:	2 Stunden
Anspruch:	mittel

M2 Schönste Weinsicht Württemberg 2016

Die Hessigheimer Felsengärten, wegen ihrer spektakulären Form auch Schwäbische Dolomiten genannt, sind ein echtes Stück Wildnis in den Weinbergen. Mit ihren steil aufragenden Wänden sind sie nicht nur ein Paradies für Wanderer und Kletterer, sondern auch ein idealer Aussichtspunkt, der 2016 zur schönsten württembergischen Weinsicht gewählt wurde. Über dem nach Süden geneigten Steilhang hat man einen atemberaubenden Blick auf die Täler von Neckar und Enz. Zu Füßen der Felsengärten liegen die terrassierten Weinberge der Premiumlage Wurmberg. Direkt gegenüber, in westlicher Richtung, liegt Besigheim. Dahinter, an der Enzmündung in den Neckar, sind die terrassierten Lagen Besigheimer Niedernberg und Walheimer Schalkstein zu erkennen.

Start:	Hessigheim, Am Felsengarten 1
Ziel:	Hessigheimer Felsengärten
Strecke:	1,6 km
Zeit:	30 Minuten
Anspruch:	kinderwagentauglich

M3 Schönste Weinsicht Württemberg 2020

Der Michaelsberg ist eine markante Erhebung im Zabergäu. Er liegt südöstlich von Cleebronn und ist das Wahrzeichen des Weinorts an der Württembergischen Weinstraße. Von dem fast 400 Meter hohen Berg hat man die »Schönste Weinsicht Württemberg 2020«. Der überwältigende Panoramablick reicht bis zum Königstuhl und Katzenbuckel im Odenwald, zu den Löwensteiner Bergen und zur Schwäbischen Alb. Wegen der 360-Grad-Aussicht wird der Michaelsberg auch »Wächter des Zabergäus« genannt. Sein Plateau war bereits vor 2500 Jahren von Kelten besiedelt.
Im frühen Mittelalter wurde über den Resten eines römischen Tempels der Erzengel Michael verehrt. Die heutige Michaelskirche stammt größtenteils aus romanischer Zeit. In ihrem Turm hängen die Glocken »Catharina« und »Susanna«, die früher zur Unwetterwarnung geläutet wurden – daher die Bauernregel: »Katharein und Susein treiben's Wetter vom Rhein.« Im ehemaligen Kapuzinerkloster befindet sich heute ein Jugend- und Tagungshaus. Ein schöner Wanderweg zur Weinsicht startet südöstlich von Cleebronn am Parkplatz Katharinenplaisir an der K 2150. Südlich des Michaelsbergs liegt der Erlebnispark Tripsdrill mit Wildparadies.

Start/Ziel:	Cleebronn, Parkplatz Katharinenplaisir an der K 2150
Strecke:	3,5 km
Zeit:	1 Stunde
Anspruch:	leicht

WISSENSWERTES ÜBER *Deutschlands Weinregionen*

Die Weinlese gehört für den Winzer zu den spannendsten Momenten im Jahr. Nun entscheidet sich, ob die Arbeit im Weinberg erfolgreich war.

Die Welt des Weins: nützliche Hintergrundinformationen über das Weinland Deutschland und ein Glossar der wichtigsten Weinbegriffe

Hintergrundinformationen

Mehr erfahren über die deutschen Weinregionen – Informationen über die Anbaugebiete, die Weingüter und Genossenschaften, die Winzer und ihre Weine.

Die deutschen Weinregionen gehören zu den nördlichsten Anbaugebieten der Welt. Über 103 000 Hektar Rebfläche verteilen sich auf 13 Weinregionen, die für Qualitäts- und Prädikatsweine zugelassen sind. Die meisten liegen im Südwesten entlang des Rheins und seiner Nebenflüsse; zwei Regionen liegen im Osten Deutschlands, an Elbe, Saale und Unstrut. Darüber hinaus gibt es 26 Landweingebiete.

Rebsorten

Die Vielfalt der Böden und die unterschiedlichen mikroklimatischen Bedingungen bringen eine außergewöhnliche Sortenvielfalt hervor. An die 140 Rebsorten sind in Deutschland zugelassen – von A wie Acolon bis Z wie Zweigelt. Es gibt ausgesprochene Weißweingebiete, etwa an der Mosel, im Rheingau und am Mittelrhein, und Regionen, in denen vorwiegend rote Sorten angebaut werden, so an der Ahr und in Württemberg. Ingesamt überwiegen jedoch die weißen Rebsorten mit einem Anteil von etwa 67 Prozent im Sortenspektrum.

Qualitätsstufen

Jeder deutsche Wein muss mit einer Qualitätsbezeichnung deklariert werden. Für den Laien ist das gar nicht so leicht zu durchschauen. Der wichtigste Parameter zur Bestimmung der Qualität ist das Mostgewicht. Dazu wird unmittelbar nach der Weinlese der Zuckergehalt in den Trauben ermittelt und in Grad Oechsle, abgekürzt °Oe, angegeben. Grundsätzlich gilt: je höher das Mostgewicht, desto höher die Qualität der Trauben. Abhängig von Klima, Bodenbeschaffenheit und Rebsorte legen die Regierungen der Weinbau betreibenden Bundesländer das Mindestmostgewicht fest und prüfen für die jeweiligen Qualitätsstufen die Einhaltung der vorgegebenen Standards. Dabei finden folgende Unterscheidungen statt:

QUALITÄTSWEIN

Das deutsche Weingesetz schreibt vor, dass Qualitätswein zu 100 Prozent aus einem der 13 Anbaugebiete stammen muss. Der Qualitätswein stellt die größte Gruppe unter den deutschen Weinen dar. Alle Qualitätsweine werden, bevor sie auf den Markt kommen, von einer amtlichen Stelle sensorisch und analytisch daraufhin überprüft, ob sie den Qualitätsanforderungen entsprechen und typisch für die Rebsorte und die Region sind. Nach erfolgreicher Prüfung wird dem Wein eine amtliche Prüfnummer (AP-Nummer) zugeteilt, die auf dem Etikett der Flasche angegeben ist.

PRÄDIKATSWEIN

Prädikatsweine sind eine deutsche Besonderheit. Für sie gelten bei der amtlichen Qualitätsweinprüfung die höchsten Anforderungen an Reife, Harmonie und Eleganz. Prädikatsweine dürfen grundsätzlich nicht mit Zucker angereichert werden. Je nach Reifegrad und Herstellungsart werden sie in folgende Prädikatsstufen eingeteilt:

Kabinett: Feine, leichte Weine aus reifen Trauben; das Mindestmostgewicht liegt je nach Weinbauzone, Weinbaugebiet und Rebsorte bei 70 bis 85°Oe.

Spätlese: Reife und gehaltvolle Weine aus vollreifen Trauben, die in einer späteren Lese geerntet wurden; das Mindestmostgewicht beträgt 80 bis 95°Oe.

Auslese: Edle Weine aus vollreifen Trauben, bei denen unreife Beeren zuvor ausgelesen wurden; das Mindestmostgewicht liegt zwischen 88 und 105°Oe.

Beerenauslese: Vollfruchtige, edelsüße Weine aus überreifen oder edelfaulen

WEINREGIONEN IM ÜBERBLICK

RHEINHESSEN	**26900 ha**
PFALZ	**23700 ha**
BADEN	**15800 ha**
WÜRTTEMBERG	**11400 ha**
MOSEL	**8700 ha**
FRANKEN	**6100 ha**
NAHE	**4200 ha**
RHEINGAU	**3200 ha**
SAALE-UNSTRUT	**800 ha**
AHR	**560 ha**
SACHSEN	**490 ha**
MITTELRHEIN	**470 ha**
HESSISCHE BERGSTRASSE	**460 ha**

(Zahlen gerundet, basierend auf Angaben des Statistischen Bundesamtes)

TOP TEN DER WEISSWEINSORTEN	
Riesling	24 000 ha
Müller-Thurgau	11 700 ha
Grauburgunder	7000 ha
Weißburgunder	5700 ha
Silvaner	4700 ha
Kerner	2400 ha
Chardonnay	2200 ha
Bacchus	1600 ha
Scheurebe	1500 ha
Gutedel	1100 ha

TOP TEN DER ROTWEINSORTEN	
Spätburgunder	11 700 ha
Dornfelder	7500 ha
Portugieser	2700 ha
Trollinger	2100 ha
Schwarzriesling	1900 ha
Lemberger	1900 ha
Regent	1800 ha
Merlot	740 ha
St. Laurent	610 ha
Acolon	460 ha

Beeren mit einem Mindestmostgewicht von 110 bis 128°Oe; ab dieser Prädikatsstufe verfügen die Weine über ein hohes Lagerpotenzial.

Trockenbeerenauslese: Edelsüße bis honigartige Weine aus rosinenartig eingeschrumpften, edelfaulen Beeren mit einem Mindestmostgewicht von 150 bis 154°Oe. Oft werden diese Weine aus Beeren hergestellt, die für Eiswein gedacht waren, aber keinen Frost erlebten.

Eiswein: Edelsüße Weine, die bei mindestens –7°C gelesen, transportiert und gekeltert werden. Dadurch erreichen sie extreme Konzentrationen. Eisweinmoste müssen mindestens Beerenauslesequalität aufweisen. Eisweine sind wie Trockenbeerenauslesen über Jahrzehnte lagerfähig.

GÜTEKLASSEN

Neben den Prädikatsstufen findet man bisweilen auch den Begriff »Classic« auf dem Etikett. Der Begriff signalisiert, dass es sich um einen Wein aus einer klassischen, gebietstypischen Rebsorte handelt, der einem gehobenen Qualitätsanspruch genügt und harmonisch trocken schmeckt. Sehr hochwertige trockene Weine werden im Rheingau als »Erstes Gewächs« gekennzeichnet. Ausgewählte Standorte, geringer Ertrag und Handlese sind Garanten der besonderen Qualität dieser Weine. Sie dürfen frühestens am 1. September des auf die Ernte folgenden Jahres verkauft werden. Von den rund 200 Mitgliedsbetrieben des Verbands der Prädikatsweingüter (VDP) werden außerhalb des Rheingaus trockene Weine dieser hohen Qualität als »Großes Gewächs« bezeichnet und auf dem Etikett mit dem Hinweis »GG« versehen.

Geschmacksrichtungen

Nach dem deutschen Weingesetz wird beim Wein zwischen vier Geschmacksrichtungen unterschieden:

Trocken: Weine mit einem Restzuckergehalt bis 4 g/l bezeichnet man als »trocken«; wenn der Säuregehalt höchstens 2 g/l niedriger ist, sind bis zu 9 g/l Restzucker erlaubt (Formel: Säure + 2, max. 9 g/l). Der natürliche Zucker ist vollkommen

zu Alkohol vergoren oder nur noch in sehr geringen Mengen vorhanden. Ein trockener Wein schmeckt nicht zwangsläufig sauer.
Halbtrocken: Weine mit einem Restzuckergehalt bis 12 g/l nennt man »halbtrocken«; wenn der Säuregehalt 10 g/l nicht übersteigt, sind maximal 18 g/l Restzucker zulässig (Formel: Säure + 10, max. 18 g/l).
Lieblich: So nennt man Weine mit einem Restzucker bis 45 g/l. Der Restzuckergehalt muss höher sein als bei halbtrockenen Weinen.
Süß: Weine mit einem Restzuckergehalt über 45 g/l gelten als »süß«; bei ihnen kommt die Gärung aufgrund des ausgesprochen hohen Gehalts an natürlichem Zucker zum Stillstand. Wie süß ein Wein schmecken soll, kann man bestimmen, indem man die Gärung schonend reguliert.
Feinherb: Über die vier gesetzlich definierten Geschmacksangaben hinaus findet man seit einigen Jahren auch den Begriff »feinherb« auf dem Etikett. Er wird in der Regel für geschmacklich halbtrockene Weine verwendet, ist aber nicht an bestimmte Restzuckergehalte gebunden. Weine, die auf dem Etikett nicht als trocken, halbtrocken oder feinherb gekennzeichnet sind, sind meist lieblich oder süß.

GESCHMACKSRICHTUNGEN BEIM SEKT

Da die Kohlensäure die Wahrnehmung des Zuckers abschwächt, gelten für die Klassifizierung von Schaumweinen andere Richtlinien als beim Wein. Sekt wird nach dem Weingesetz in die folgenden Geschmacksgruppen eingeteilt – die Angabe Gramm pro Liter bezieht sich auf den Restzuckergehalt:
naturherb (brut nature): 0–3 g/l
extra herb (extra brut): 0–6 g/l
herb (brut): 0–12 g/l
extra trocken: 12–17 g/l
trocken: 17–32 g/l
halbtrocken: 32–50 g/l
mild: über 50 g/l

Aromarad

Wer nicht darin geübt ist, seine Wahrnehmungen bei der Weinverkostung in Worte zu fassen, kann das Aromarad für Weiß- und Rotweine zu Hilfe nehmen. Auf ihm haben Experten in sieben Segmenten Einordnungen und Beschreibungen zusammengestellt, die den Geruch und den Geschmackseindruck erläutern. Damit kann man nicht nur mitteilen, was man riecht und schmeckt, sondern auch den Genuss intensiver erleben.

Weingästeführer

Dies sind ausgebildete Gästeführer, die dem interessierten Publikum das Charakteristische eines Anbaugebiets und seiner Weine, seiner geologischen und klimatischen Besonderheiten, seiner Geschichte und Kultur vermitteln. Weingästeführer bieten u. a. Themenwanderungen, Erlebnistouren, Wein- und Sektverkostungen sowie spezielle Führungen zu Weinbaugeschichte, Terroir und weinkulinarischen Themen vom Käse bis zur Schokolade an. Auf der Website www.deutscheweine.de gibt das DWI einen Überblick über die

Weinerlebnis- und -gästeführer, Kultur- und Weinbotschafter.

Winzergenossenschaften

Die Winzergenossenschaften sind integraler Bestandteil der deutschen Weinbaukultur. Rund ein Drittel der deutschen Rebfläche wird von ihnen bewirtschaftet. In den Genossenschaften haben sich Winzer zusammengeschlossen, um ihre Weine gemeinschaftlich zu erzeugen und zu vermarkten. Sie haben in den letzten Jahren enorm in das Qualitätsmanagement investiert. Dadurch ist es ihnen gelungen, sich bei Weinliebhabern und -kritikern gleichermaßen über Deutschlands Grenzen hinaus einen Namen zu machen.

BEGRIFFE ZUR WEINBESCHREIBUNG

abgerundet: harmonisch
blumig: mit Blütenaromen
brandig: mit unangenehm starkem Alkoholgeschmack
erdig: mit ausgeprägtem Bodenton
fruchtig: mit Fruchtaromen
herb: tanninbetont (bei Rotwein)
körperreich: gehaltvoll
lebendig: trocken, mit harmonischem Säuregehalt
mild: mit geringerem Säure- bzw. Tanningehalt
mineralisch: Geschmacksnote für Weine, die z. B. auf Schiefer, Kalk und Vulkangestein kultiviert wurden
prickelnd: mit erhöhtem Kohlensäuregehalt
reintönig: sauber, fehlerfrei
schwer: mit hohem Alkoholgehalt
spritzig: mit spürbarer Kohlensäure

Weinglossar

Abfüller: Betrieb, der Weine abfüllt und vermarktet; er ist für den Wein verantwortlich, auch wenn er nicht der Erzeuger ist.
Abgang: Nachgeschmack des Weins
Adstringenz: meist durch hohen Tanningehalt erzeugtes pelziges Gefühl auf der Zunge
Agraffe: Drahtkonstruktion zur Fixierung von Champagner- und Sektkorken an der Flasche
Ampelografie: Wissenschaft vom Bestimmen und Beschreiben der Rebsorten
Amtliche Prüfnummer (AP-Nummer): Kontrollnummer der amtlichen Prüfung deutscher Qualitätsweine
Anreichern: Zugabe von Zucker vor und während der Gärung zur Erhöhung des Alkoholgehalts
Ausbau: kellerwirtschaftliche Behandlung des Weins von der Gärung bis zur Abfüllung
Barrique: Eichenholzfass zum Ausbau von Rot- und Weißwein
Blanc de noirs: hell gekelterter Wein aus roten Trauben
Blindverkostung: sensorische Weinprobe, bei der die Testpersonen nicht wissen, welchen Wein sie verkosten
Bukett: gesamtes Duftspektrum eines Weins, auch Blume oder Nase genannt
Chambrieren: Rotwein auf Zimmertemperatur bringen
Classic: Bezeichnung für trockene Weine aus gebietstypischen Rebsorten von gehobener Qualität
Degorgieren: Entfernen des Hefesatzes im Sekt bei Flaschengärung
Degustation: sensorische Prüfung eines Weins mit beschreibender Erklärung der Geruchs- und Geschmackseindrücke nach festgelegten Kriterien
Dekantieren: vorsichtiges Umfüllen des Weins in eine Karaffe, um ihm Sauerstoff zuzuführen oder um ihn vom Bodensatz zu trennen
Domäne: Weingut in Staatsbesitz
Düngen: Anreichern des Bodens mit mineralischen und organischen Mitteln, um den Nährstoffverlust während der Wachstumsperiode auszugleichen
DWI: Deutsches Weininstitut mit Sitz in Bodenheim; die weinwirtschaftliche Organisation fördert die Qualität und Vermarktung deutscher Weine
Edelfäule: Schimmelpilzbefall durch Botrytis cinerea, der bei warmem Herbstwetter und voll ausgereiften Trauben die Beerenhaut perforiert, die Wasserverdunstung erhöht und die Zuckerkonzentration sowie die Aromastoffe steigen lässt, was die Weinqualität erheblich steigert; auf unreifen Beeren ruft der Schimmelpilz allerdings Rohfäule hervor und verursacht große Schäden.
Erste Lagen: VDP-klassifizierte Weinbergslagen mit optimalen geologischen und klimatischen Bedingungen; sie nehmen rund 10 Prozent der VDP-Anbauflächen ein.
Erstes Gewächs: Gütezeichen des Rheingauer Weinbauverbands für Riesling und Spätburgunder aus klassifizierten Lagen; Anbau- und Erzeugungsbestimmungen, Prüfverfahren und Vermarktungskriterien regelt die Hessische Ausführungsverordnung zum Weingesetz.
Erzeuger: Betrieb, der nach gesetzlich geregelten Vorgaben Trauben aus eigenem Anbau zu Wein verarbeitet; Winzergenos-

senschaften gelten als Erzeugergemeinschaften; füllen Erzeuger ihre Weine selbst ab, spricht man von Erzeugerabfüllung.

Etikett: Das Etikett ist so etwas wie die Visitekarte eines Weins und zeigt die gesetzlich vorgeschriebenen Angaben. Bei deutschen Qualitäts- und Prädikatsweinen müssen Anbaugebiet, Qualitätsstufe, Inhalt in Litern, Alkoholgehalt in Volumenprozent, Erzeuger/Abfüller und AP-Nummer, das Herkunftsland und »enthält Sulfite« angegeben sein; optionale Angaben sind Jahrgang, Weinort, Weinlage, Rebsorte, Geschmacksrichtung und Restzuckergehalt.

Extrakt: alle im Wein enthaltenen nicht flüchtigen Stoffe wie Zucker, Säure, Tannine, Mineralstoffe etc.

Federweißer: ungefilterter, kohlensäure- und hefehaltiger Most, dessen Gärung noch nicht abgeschlossen ist

Feinherb: Bezeichnung für Wein, dessen Geschmack zwischen halbtrocken und süß liegt.

Flaschenreife: letzter Entwicklungsschritt in der Weinproduktion; nach dem Abfüllen wird Wein oft mehrere Jahre gelagert, wobei sich Aroma und Geschmack noch stark verändern.

Gärung: Einige Tage bis mehrere Monate dauernder biochemischer Prozess, bei dem aus Most Wein entsteht.

Großes Gewächs: höchste Güteklasse für trockene Weine aus VDP-Weingütern (s. S. 178)

Gutsabfüllung: Strengere Form der Erzeugerabfüllung, bei der u. a. der Kellermeister eine abgeschlossene önologische Ausbildung braucht.

Hanglage: Weinberg mit 5 bis 20 Prozent Gefälle: je stärker das Gefälle, desto größer die Sonneneinwirkung; ab 30 Prozent Gefälle spricht man von Steillage oder Steilhang (in Franken beginnen Steillagen bei 40 Prozent); 60 Prozent der deutschen Rebflächen befinden sich in Hang- und Steillagen.

Hochgewächs: Typenwein besonderer Herkunft, der ausschließlich aus Riesling gekeltert wird und hohe Anforderungen bei Mostgewicht, Alkoholgehalt etc. erfüllt

Kellereiabfüllung: Wein aus Trauben, die nicht vom Abfüller geerntet und/oder ausgebaut wurden

Lage: Weinberge mit gleichen Boden- und Klimabedingungen werden in Einzel- und Großlagen zusammengefasst; in Deutschland gibt es rund 2600 Einzel- und 168 Großlagen

Landwein: Bezeichnung für Wein mit geschützter geografischer Angabe

Maische: für die Gärung zerquetschte Trauben

Monopollage: offiziell klassifizierte Einzellage, die einem einzigen Besitzer gehört

Oechsle: Maßeinheit für das Mostgewicht, nach Christian Ferdinand Oechsle (1771–1852); der Apotheker, Goldschmied und Physiker erfand die Senkspindel, auch Oechslewaage genannt, die zur Bestimmung des Mostgewichts dient.

Ökologischer Weinbau: nach strengen Richtlinien gemäß EU-Verordnung durchgeführter und kontrollierter Weinbau, bei dem keine chemisch-synthetischen Spritz- und Düngemittel verwendet werden

Önologie: Wissenschaft vom Wein

Prädikatswein: höchste Qualitätsstufe beim deutschen Wein (s. S. 177)

Qualitätsstufen: gesetzliche Einteilung deutscher Weine; das Stufenmodell umfasst – in aufsteigender Reihenfolge – Wein ohne Herkunftsbezeichnung (früher: Tafelwein), Landwein, Qualitätswein und Prädikatswein.

Qualitätswein: Wein mit geschützter Ursprungsbezeichnung (s. S. 177)

Rebenerziehung: Maßnahmen, mit denen der Wuchs des Rebstocks gelenkt und das Aussehen des Weinbergs gestaltet wird, z. B. mit Pfählen, Spanndrähten und Rebschnitt

Reblaus: 1860 aus Amerika eingeschleppter Schädling, der die Wurzeln und die Blätter der Rebstöcke befällt und vernichtet

Rebsorte: Unterart der Rebengewächse; in Deutschland werden rund 140 Rebsorten kultiviert.

Refraktometer: optisches Instrument, das den Zuckergehalt eines Mostes in Oechsle durch Lichtbrechung anzeigt

Restextrakt: Gesamtextrakt abzüglich Zucker und Säure

Restzucker: unvergorener Zucker im Wein

Rosé: blassroter Wein aus Rotweintrauben; die Farbe entsteht durch das rasche Abpressen des Safts von den Beeren

Rotling: blassroter Wein, der durch die gemeinsame Kelterung von Weiß- mit Rotweintrauben hergestellt wird

Schillerwein: Rotling aus dem Anbaugebiet Württemberg

Schorle: Mischung aus Wein und Mineralwasser

Schwefeln: Zugabe von Schwefel zur Konservierung des Weins

Sensorische Prüfung: mit Augen, Nase, Zunge und Gaumen durchgeführte Prüfung des Weins auf Aussehen, Geruch und Geschmack

Sommelier/Sommelière: Weinkellner/Weinkellnerin in der gehobenen Gastronomie

Steillage: Weinberg mit mehr als 30 Prozent Neigung

Sulfite: Salze der Schwefligen Säure

Tannine: Gerbstoffe, die in Stielen, Schalen und Kernen der Traube vorkommen; sie haben entscheidenden Einfluss auf Geschmack und Qualität eines Weins

Terroir: Begriff für das Zusammenspiel von Klima, Boden, Rebsorte und Winzerkunst, das einem Wein seinen unverwechselbaren Charakter verleiht

Trester: feste Bestandteile der Trauben (Stiele, Schalen, Kerne), die nach dem Keltern zurückbleiben

VDP: Verband Deutscher Prädikatsweingüter e. V.

Verkostung: Weinprobe

Verschnitt: Mischen von Weinen aus mehreren Sorten, Jahrgängen oder Fässern zu einer Cuvée, Marriage oder Mélange

Vinifikation: Weinherstellung

Weinansprache: verbale Beschreibung eines Weins während der professionellen Verkostung und Beurteilung durch Weinexperten

Weinbauzone: EU-rechtlich festgelegte Zonen, in denen jeweils gleiche oder ähnliche Richtlinien für den Weinan- und -ausbau gelten; das kälteste Klima herrscht in Zone A.

Weißherbst: roséfarbener, aus Rotweintrauben einer bestimmten Rebsorte hergestellter Qualitätswein, der zu 95 Prozent aus hell gekeltertem Most hergestellt wird

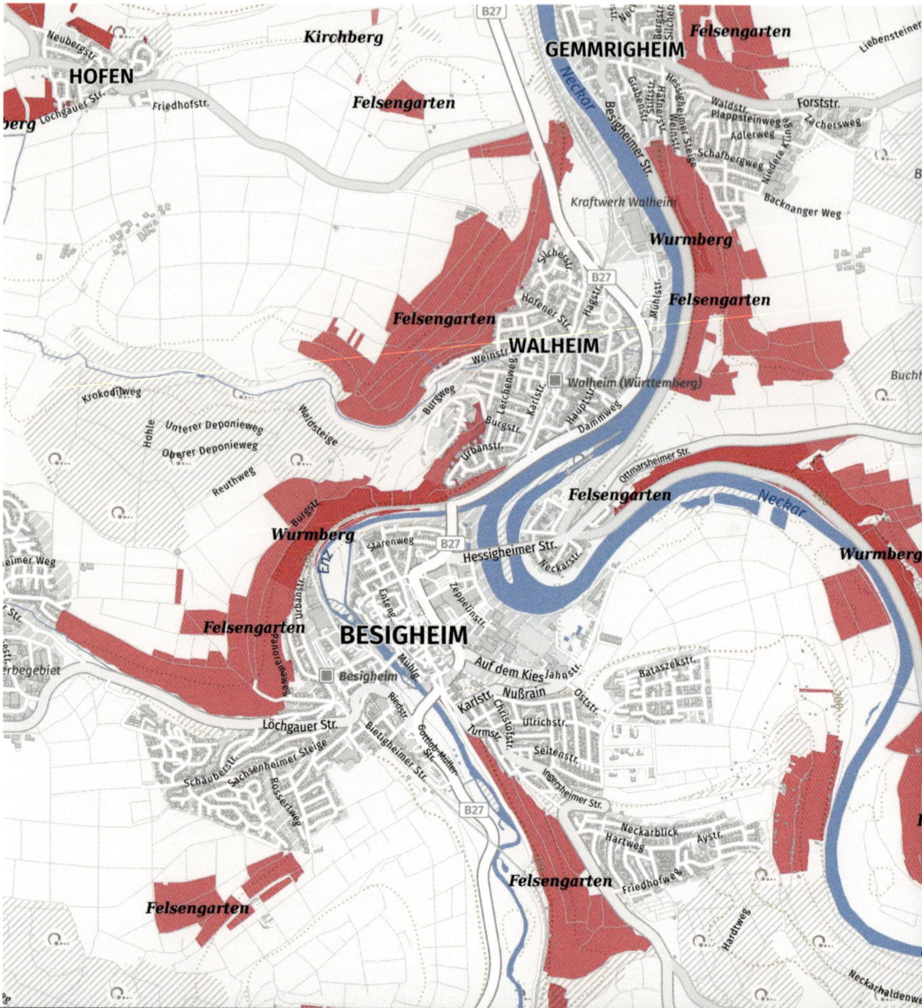

ONLINE UNTERWEGS IN *Deutschlands Weinregionen*

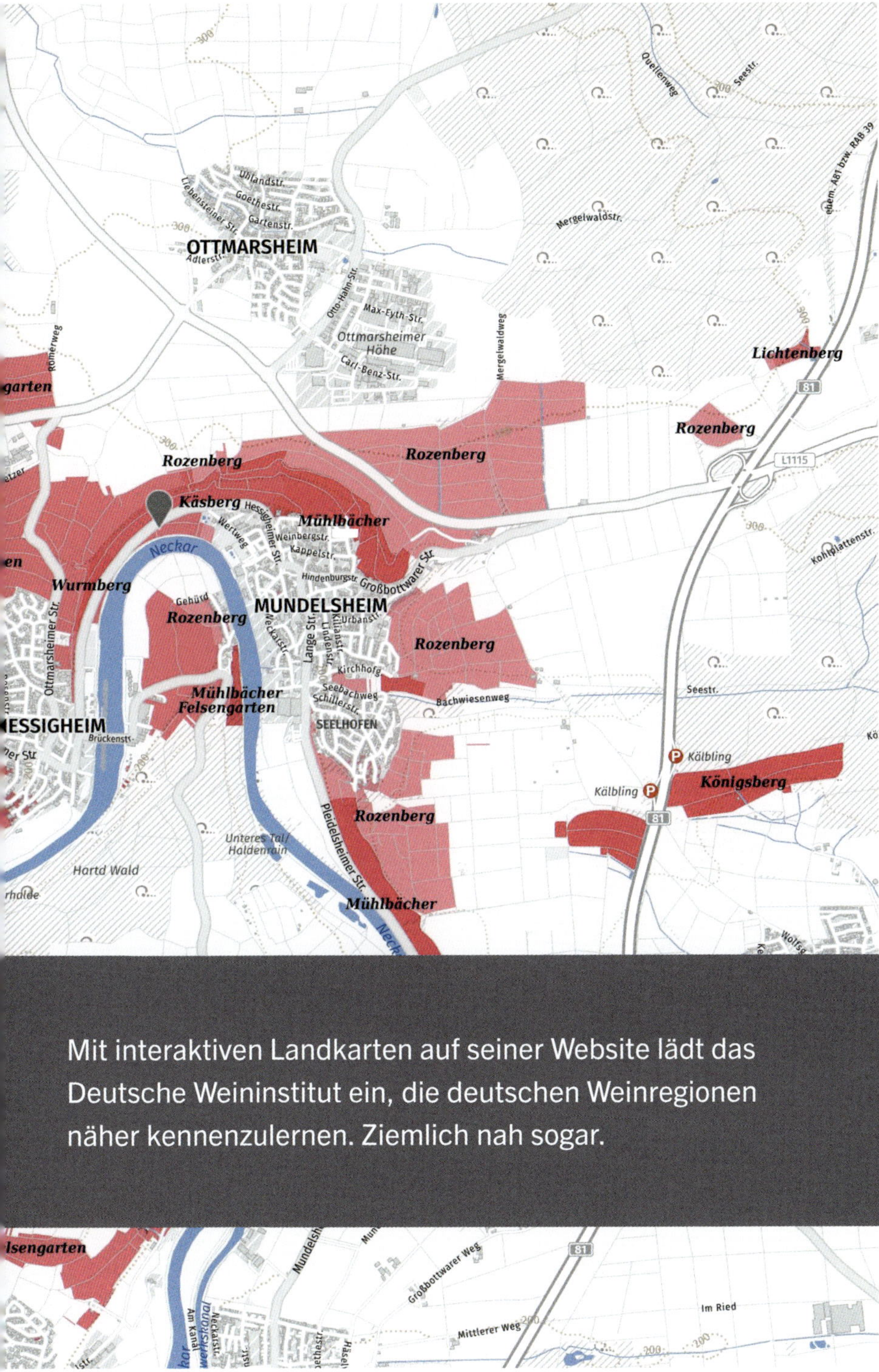

Mit interaktiven Landkarten auf seiner Website lädt das Deutsche Weininstitut ein, die deutschen Weinregionen näher kennenzulernen. Ziemlich nah sogar.

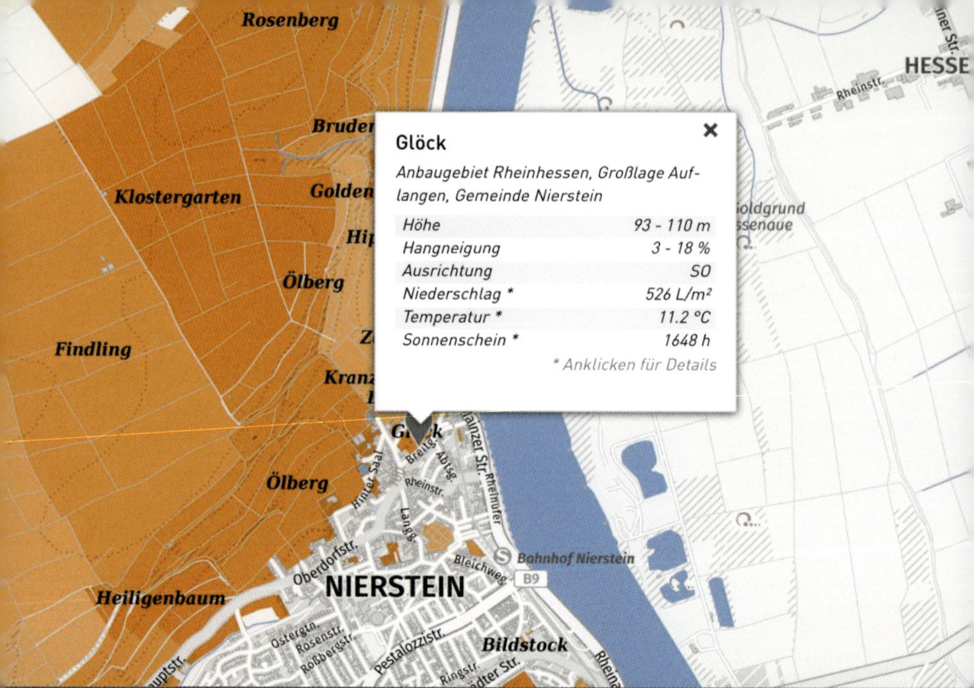

Die Karten

Auf der Website des Deutschen Weininstituts www.deutscheweine.de gelangt man über »Service« zur »Lagenkarte«. Dort erhält man einen Überblick über sämtliche Weinlagen in den 13 deutschen Anbaugebieten. Über das Eingabefeld »Freitextsuche« kann man die einzelnen Lagen aufrufen und bekommt detaillierte Informationen zu Höhe, Hangneigung und Ausrichtung, Niederschlag, Temperatur und Sonnenscheindauer der betreffenden Lage.

Lagenkarte der deutschen Weinregionen

Bei der Suche nach »Glöck« (vgl. Bild oben) erfährt man zum Beispiel, dass die Lage zum Anbaugebiet Rheinhessen und zur Großlage Auflangen in der Gemeinde Nierstein gehört. Die Höhe der Glöck reicht von 93 bis 110 Meter über Normalhöhennull, sie hat eine Hangneigung von drei bis 18 Prozent und ist nach Südosten ausgerichtet.

Die Suche nach »Juffer Sonnenuhr« (vgl. Bild auf der rechten Seite oben) ergibt, dass die Lage zum Anbaugebiet Mosel und zur Großlage Kurfürstlay in der Gemeinde Brauneberg gehört. Im Jahresdurchschnitt betragen die Niederschläge 651 Liter pro Quadratmeter, die Temperaturwerte 10,7 Grad Celsius, und die Sonne scheint 1572 Stunden. Beim Klick auf die mit Sternchen versehenen Rubriken erhält man die Angaben Monat für Monat.

◀ Ausschnitt der Lagenkarte mit Informationen zur Niersteiner Glöck

Interaktive Karte der deutschen Weinregionen

Auf www.deutscheweine.de gelangt man über »Service« auch zur »Interaktiven Karte«. Dort kann man »Höhepunkte der Weinkultur«, »Die schönsten Weinsichten«, »Winzer«, »Ausgezeichnete Vinotheken« und »Veranstaltungen« suchen – in einem bestimmten Anbaugebiet oder in mehreren gleichzeitig. »Importeure« werden weltweit angezeigt.

Über die Suchkriterien »Sachsen« und »Höhepunkte der Weinkultur« erhält man Informationen zu Schloss Wackerbarth (vgl. Bild links unten) und weiteren weinkulturellen Highlights im Anbaugebiet.

Über die Suchkriterien »Hessische Bergstraße« und »Die schönsten Weinsichten« (vgl. Bild rechts unten) sieht man detailliert, wo genau sich der gesuchte Aussichtspunkt befindet.

Bild oben: Ausschnitt der Lagenkarte mit Informationen zur Brauneberger Einzellage Juffer Sonnenuhr

Bild unten links: Ausschnitt der Interaktiven Karte mit Informationen zu Schloss Wackerbarth

Bild unten rechts: Ausschnitt der Interaktiven Karte mit Informationen zum Aussichtspunkt, der 2012 zur schönsten Weinsicht der Hessischen Bergstraße gewählt wurde

Register

Fett gedruckte Seitenangaben verweisen auf die Hauptnennung, *kursive* auf ein Foto; [R] steht für Restaurant.

Register

Impressum

© 2020 GRÄFE UND UNZER VERLAG GmbH, München
Hallwag ist ein Unternehmen der Gräfe und Unzer Verlag GmbH, München, Ganske Verlagsgruppe.

Projektleitung: Roswitha Riedel, Simone Kohl
Lektorat, Korrektorat, Bild- und Schlussredaktion: Campbell & Weber
Umschlaggestaltung, Layout & Satz: Eva Stadler, München
Druck und Bindung: Dimograf, Polen

Wir danken dem Deutschen Weininstitut für seine wertvolle Unterstützung und die hilfreichen Hinweise.

Umwelthinweis: Dieses Buch ist auf PEFC-zertifiziertem Papier aus nachhaltiger Waldwirtschaft gedruckt.

ISBN 978-3-8338-7794-0

Bildnachweis

Umschlagvorderseite Unsplash/Karsten Würth • ad lumina 90 • Augenstein, CC BY-SA 3.0, https://commons.wikimedia.org/w/index.php?curid=52404374 150 • Berthold Werner 45 • Berthold Werner, CC BY-SA 3.0, https://commons.wikimedia.org/w/index.php?curid=7799918 79 • Bildagentur Geduldig 47 • Bildagentur Huber/R. Schmid 2, 61, 92, 154 • Bildagentur Huber/Spiegelhalter 23 • Bildagentur Huber/Szyszka 132 • Bildagentur Huber/von Dachsberg 6/7 • Caro/Scheffbuch 142 • ddp images 20 • Deutsches Weininstitut www.deutscheweine.de 8, 10, 11, 13, 14, 21, 27, 30, 32, 36, 38, 39, 40, 42, 48, 50, 55, 56, 57, 58, 60, 66, 68, 69, 73, 75, 80, 82, 84, 87, 88, 93, 95, 96, 99, 100, 102, 105, 106, 109, 112, 114, 115, 116, 119, 120, 122, 124, 125, 126, 134, 137, 140, 147, 148, 155, 156, 158, 160, 161, 162, 165, 168, 169, 171, 172, 180, 184/185, 186, 187 • Eva Stadler 25 • Falk von Traubenberg 18 • Getty Images 152 • Grossbildjaeger, CC BY-SA 3.0, https://commons.wikimedia.org/w/index.php?curid=28449641 29 • Heinz K. S., CC BY-SA 4.0, https://commons.wikimedia.org/w/index.php?curid=491399s47 16 • Heinz Wohner/LOOK-foto 52 • Immanuel Giel, CC BY-SA 3.0, https://commons.wikimedia.org/w/index.php?curid=33271591 53 • Jahreszeiten Verlag/Guenter Beer 176 • JoachimKohlerBremen, CC BY-SA 4.0, https://commons.wikimedia.org/w/index.php?curid=53576665 19 • Knoll/laif 131 • Mario Leismann, CC BY-SA 4.0, https://commons.wikimedia.org/w/index.php?curid=62260460 70 • Muck, CC BY-SA 4.0, https://commons.wikimedia.org/w/index.php?curid=77010245 51 • Museumsfotograf, CC BY-SA 4.0, https://commons.wikimedia.org/w/index.php?curid=47909006 135 • Peter Endig dpa/lah 129 • Peter Stehlik PS-2507, CC BY 3.0, https://commons.wikimedia.org/w/index.php?curid=16133615 64 • Pfedelbacher, CC BY 3.0, https://commons.wikimedia.org/w/index.php?curid=4174264 146 • Raimond Spekking, CC BY-SA 4.0, https://commons.wikimedia.org/w/index.php?curid=3254125 62 • Rufus46, CC BY-SA 3.0, https://commons.wikimedia.org/w/index.php?curid=54516049 43 • S. Lubenow/LOOK-foto 174/175 • Thomas Haertrich/transit 139 • Weingut Abril 22 • Weingut am Stein 41 • Weingut Juliusspital Würzburg 35 • Weingut Müller-Catoir 101 • www.zoonar.de 145 • Your_Photo_Today 24, 76